重返经典
在中国西北角重读人类经典
第一辑

徐兆寿　符得团　主　编
杨　华　王德祥　陈积银　副主编

中国社会科学出版社

图书在版编目(CIP)数据

重返经典：在中国西北角重读人类经典．第一辑／徐兆寿、符得团主编．
—北京：中国社会科学出版社，2016.8
ISBN 978-7-5161-8735-7

Ⅰ．①重… Ⅱ．①徐…②符… Ⅲ．①社会科学—文集 Ⅳ．①C53

中国版本图书馆 CIP 数据核字（2016）第 189857 号

出 版 人	赵剑英
选题策划	罗　莉
责任编辑	刘　艳
责任校对	陈　晨
责任印制	戴　宽

出　　版	中国社会科学出版社
社　　址	北京鼓楼西大街甲 158 号
邮　　编	100720
网　　址	http://www.csspw.cn
发 行 部	010-84083685
门 市 部	010-84029450
经　　销	新华书店及其他书店
印　　刷	北京君升印刷有限公司
装　　订	廊坊市广阳区广增装订厂
版　　次	2016 年 8 月第 1 版
印　　次	2016 年 8 月第 1 次印刷
开　　本	710×1000　1/16
印　　张	14.25
插　　页	2
字　　数	249 千字
定　　价	45.00 元

凡购买中国社会科学出版社图书，如有质量问题请与本社营销中心联系调换
电话：010-84083683
版权所有　侵权必究

传媒只是一种手段，文化才是灵魂。传播如果有深厚的文化做支撑，那么我们将会有更加美好的精神家园。

——徐兆寿

重返人类的精神家园(代序)

——在商务印书馆"重读经典·倡行价值阅读"
兰州分会场上的演讲

徐兆寿

今天是3月26日。西方文化中的一个重要日子——复活节。也是中国当代文学中一个意味深长的日子。26年前的这一天,诗人海子在山海关卧轨自杀。他在绝望问道的这一天,手里拿着四本书:《圣经》《孤筏重洋》《瓦尔登湖》和《康拉德小说选》。最后一本也许还未成为伟大的经典,但前三本已然是我们公认的经典。

为什么他在自杀前仍然怀揣经典?为什么他会自杀?这是人们询问了二十多年的深刻问题。但我要问的是:为什么在他的口袋里没有一本来自母国文化的经典?进一步思考,是否那些来自异域的经典恰恰是将他推向死亡的文化"他者"?

曾经,我并不知道有海子这样一位天才诗人。海子自杀的那个早晨,我也正好平静地写下一首诗,并属上"海子"的笔名。我的笔名恰恰也叫海子。是诗人叶舟在那个盛夏来到我的宿舍,告诉了我有一个叫海子的诗人,他自杀了。于是,我终止了海子的笔名。但也就此与这位诗人结下了一生的心缘。

我继续思考他遗留下来的几个问题:人活着到底是为了什么?什么才是我们赖以信仰的力量?我们从哪里来?又往哪里去?

我因此开始读尼采、萨特、海德格尔、叔本华、博尔赫斯、赫尔德林、德里达等,溯源而上,便读康德、柏拉图、苏格拉底。最后,我读到了《荷马史诗》与《圣经》,触摸到了西方文化的源头,遇到了古希腊的神祇与希伯来人的上帝。

有一段时间,我们也许比西方人还要爱他们的上帝以及那些古代的圣贤。然而,尼采把我们拉回了现代,我们从未把他确认为是西方文化的凶手,而是推崇其为英雄。同样,我们从来也不会把鲁迅当成我们文化的凶手,而是那个时代骨头最硬的文化英雄。

现代性就这样矗立在我们的身体里,发芽,开花。然而有一天,我们都发现它没有根。

老子说:反者,道之动。从今天来看,中国文化在清末已经到了腐朽之期,其烦琐的礼制、衰老的血脉都已经到了非得动大手术的时候,需要一个反动者,以此来更新文化。鲁迅做了这件事。胡适借来实证主义,陈独秀借来马克思主义。然而,一百多年之后,我们发现我们骨子里仍然有两个人端坐着,一个是孔子,一个是老子,还有一个人远远地看着我们,那就是释迦牟尼。

黑格尔看不起孔子,讲孔子的思想没有逻辑性,充其量只是个作家。雅斯贝尔斯在德国接纳了孔子,将孔子定性为人性道德模式的创立者。那一天,中国人被德意志的哲学所接受,那是20世纪60年代。

然而那时候,中国正在奉行闭关锁国的政策。

然而那时候,恰恰又逢整个西方世界与我们对峙。

之后,我们又一次批判孔子,将他打入死囚。

整整一百年,我们与亲人隔绝。我们的心上,也有一个幽灵在古老的中国大地上游荡,那就是中国伟大的传统。

尼采使我们疯狂。弑父情绪弥漫在我们每一个中国青年的血液里,鲜红而热烈。

但海子的自杀惊醒了我们这一代人。我们既不能重复鲁迅的路,也不能重复海子的路。我们必须寻找新的道路。

也许是无路了,我们便情不自禁地向后看。这一次,我们发现了灰尘中的孔子、老子、释迦牟尼,还有耶稣、苏格拉底。

终于回归故乡,魂归故里了。

我们找到了中国古老的经典:《论语》《道德经》《易经》,甚至《金刚经》。

我的心才似乎定了。

但它的旅途其实才刚刚开始。我们不是要做一个古代的中国人,而是要做一个中国文化意义上的世界人。雅斯贝尔斯提出"世界公民",发现了中国。我们在找到我们的"天下观"、"世界人"的时候,是要站在中国这片土地上接纳西方。如果从世界各地区文化史的发展规律来看,每一种文化在经历一段时期后，它必然会遭遇没落，而先前被否定的文化可能会重新被人类发现，再次被重新赋予新的价值。于是，在嫁接外来文化的同时，它也会重新焕发出新的力量。佛教与印度教的此消彼长，欧洲文艺复兴对古希腊古罗马文化的继续，以及中国文化中与北方民族文化的数次经变都是例子。所以，我们有必要相信，在坚持一部分已有文化的基础上，复兴中国文化传统，同时广泛接纳世界文化，从而创立一套新的全球性文化是中国未来的道路。而这种强烈的冲动则必然来自中国传统文化的复兴，而非他者。

在古代，我们从来都认为中国就是世界，一部《山海经》就是一部古代中国的《全球史地志》。但一觉醒来，我们仅仅是在世界之外描绘地图，此种屈辱文人犹甚。

因此，我现在要说的一句话就得和鲁迅先生唱一些反调了。他对青年人说：要多读外国的书，中国人的书可以不读。现在我要说：古代圣人的经典要多读一些，然后再去读西方的书。

也许大部分德国人只读西方的书籍，他们就以为在读整个世界的经典了。多么自负而狭隘。而我们中国人，一百年读遍了整个世界的书，甚至对拉丁美洲都比对故乡中国熟悉，却仍然没有去读我们自己的书。因此我要提倡，泛读我们自己的历史、地理和圣人，然后去周游世界，心怀天下，独立而自在。

这就是我为什么在学校提倡举办"重返经典电视大讲堂"的原因，也是我把传统文人士子的"六艺"借来做"传媒六艺"的原因，礼乐仍在，其他的都成了现代的技艺。

但是，在我们大力倡导重读经典的时候，我发现一个重要的问题，那就是如何去阐释经典。而在这个问题上，我们已过多地局限在文学语言上。而90后、00后已经发生了巨大的变化，视觉语言已经远远超过了文字语言。这就推出了一个新的命题，即如何在互联网时代和视觉语言为主的时代去阐释经典、传播经典，并确立我们的现代全球价值观。这些都需要我们去探索。

子曰，士不可以不弘毅，任重而道远。子又曰，天行健，君子以自强不息。当为座右铭。

2015.3.26

目　录

《论语》的现代意义 ·· (1)
　　"丧家狗"的误解 ·· (1)
　　"子见南子"之说 ·· (3)
　　《论语》与孔子思想 ·· (4)
　　伟大的精神导师 ·· (5)
　　《论语》的现代意义 ·· (6)
　　社会语境下《论语》的建构 ····································· (22)
　　"轴心时代"的经典与现代诉求的碰撞 ···························· (23)
　　"行己无耻"与"以德报怨" ······································ (24)
　　"有教无类"与"因材施教" ······································ (25)
　　赞扬与批评的立场 ··· (26)
　　"纪律主义"的继承与摒弃 ······································· (29)

庄子：旦暮遇之也 ··· (32)
　　难以企及的文化珠峰 ··· (32)
　　只在僻处自说 ·· (38)
　　"气功"与生命的学问 ·· (41)
　　道 ·· (44)
　　逍遥游 ··· (46)
　　法天贵真 ··· (48)
　　心斋　坐忘 ·· (50)
　　庄子是大气功师 ·· (54)
　　语言的遮蔽 ·· (57)

2 重返经典

　　老庄之道 …………………………………………… (57)
　　为恶无近刑 ………………………………………… (60)
　　天人之间 …………………………………………… (62)

"庄生梦蝶"的幻美与现实思考

　　——杨光祖教授访谈 ………………………………… (66)
　　喜爱庄子 …………………………………………… (66)
　　推荐庄子 …………………………………………… (66)
　　解读"吾丧我" ……………………………………… (67)
　　庄子游世 …………………………………………… (68)
　　老庄异同 …………………………………………… (69)
　　自由主义 …………………………………………… (70)
　　庄孟相通 …………………………………………… (71)
　　庄孟于妻 …………………………………………… (71)
　　吾之庄子 …………………………………………… (72)
　　庄子心境 …………………………………………… (72)

《理想国》：柏拉图的精神家园 …………………………… (74)

　　出身名门的柏拉图 ………………………………… (75)
　　柏拉图学园 ………………………………………… (77)
　　柏拉图式爱情 ……………………………………… (80)
　　柏拉图和他的老师苏格拉底 ……………………… (82)
　　《理想国》的主要思想和观点 ……………………… (83)
　　三个阶层的由来 …………………………………… (87)
　　柏拉图式教育 ……………………………………… (89)
　　后世流传的伟大思想 ……………………………… (92)
　　洞喻论对电影形象的影响 ………………………… (95)

《理想国》究竟"理想"在哪里？

　　——李朝东教授访谈 ………………………………… (100)
　　正义论？极权主义？ ……………………………… (100)
　　现实中的理想国 …………………………………… (101)

男女平等 …………………………………………………… (102)
　　选择性教育 ………………………………………………… (103)
　　法律,进步还是退步? ……………………………………… (104)
　　不义者幸福,正义者不幸? ………………………………… (112)
　　理念论的质疑 ……………………………………………… (112)
　　柏拉图之爱 ………………………………………………… (115)

后网络时代的《娱乐至死》 ………………………………… (117)
　　波兹曼与《娱乐至死》 …………………………………… (118)
　　电视何以"娱乐至死" ……………………………………… (119)
　　施尔玛赫与《网络至死》 ………………………………… (124)
　　网络缘何至死 ……………………………………………… (126)
　　"……至死"之缘由 ………………………………………… (129)
　　娱乐业时代的反思——媒介素养教育 …………………… (135)
　　理性面对网络 ……………………………………………… (138)
　　标题党与职业规范 ………………………………………… (140)
　　娱乐至死与审美文化 ……………………………………… (141)

读《娱乐至死》:反思现今时代的视觉文化滥觞
　　——曹进教授访谈 ………………………………………… (144)
　　选择"后网络时代"的原因 ………………………………… (144)
　　"后"和微文化、快餐文化的关系 ………………………… (145)
　　"文化精神枯萎"的两种方法 ……………………………… (146)
　　电视对我们的影响 ………………………………………… (147)
　　媒介即隐喻 ………………………………………………… (148)
　　波兹曼《消逝的童年》 …………………………………… (149)
　　微文化、"速食"文化 ……………………………………… (150)
　　限娱令与娱乐节目 ………………………………………… (151)
　　对媒体从业者的寄语 ……………………………………… (151)

《学记》:"化民成俗,必由学乎" …………………………… (153)
　　论"学"之本源 …………………………………………… (154)

著作背景解读 …………………………………… (158)
教育为本和教育兴国 …………………………… (158)
《学记》中的教育原则与方法 ………………… (159)
教师的作用和基本要求 ………………………… (163)
启示与收获 ……………………………………… (164)
为师之道 ………………………………………… (169)
理论与实践的关系 ……………………………… (170)
寓教于乐 ………………………………………… (172)
授人以鱼 ………………………………………… (174)
如何避免学习当中的错误 ……………………… (175)

《学记》的"为师之道"与"学习之道"
——王鉴教授访谈 …………………………… (178)
《学记》诞生记 ………………………………… (178)
为师者"学为君也"? …………………………… (178)
"新教师"革命 …………………………………… (179)
东西方教育体系 ………………………………… (180)

"野性"和"血性"的张扬
——《红高粱》的经典价值 ………………… (183)
认识和评判经典 ………………………………… (184)
寻根的潮流 ……………………………………… (187)
记忆中的那个地方 ……………………………… (189)
历史的样子 ……………………………………… (191)
蓬勃的欲望 ……………………………………… (194)
历史的书写 ……………………………………… (199)
女性问题 ………………………………………… (200)
《红高粱》的意向 ……………………………… (201)
张艺谋的《红高粱》 …………………………… (202)

理解,源于一种个人隐秘
——丛治辰访谈录 …………………………… (207)

与文学的遇见 …………………………………………（207）
所迷恋的某种反差 ………………………………………（208）
提供多样可能的文本 ……………………………………（211）

《论语》的现代意义

主讲嘉宾：马世年（西北师大文学院副院长，教授）
主持人：　徐兆寿（西北师大传媒学院院长，教授，作家）
互动嘉宾：李　红（西北师大传媒学院老师）
时间：2014 年 9 月 19 日
地点：西北师范大学四号楼演播厅

马世年

"丧家狗"的误解

我今天讲的话题是《论语》的现代意义。首先要讨论的是有关孔子生平的问题。有几个小的方面需要注意。比如,从《论语》里,我们看到的孔子,是一位温和、敦厚的长者,但是现在有些人对孔子形象的描绘却特别严肃,好像是一个高高在上的人物。其实这完全是对孔子的一种误解和误读。孔子自己曾说:"吾十有五而志于学,三十而立,四十而不惑,五十而知天命,六十而耳顺,七十而从心所欲不逾矩。"(《为政》)后人把这一段话称为"圣人心法"、"夫子之道",认为它是一个圣人在晚年对自己一生的回顾和总结。确实是这样的,孔子说这段话的时候年龄已经很大了,他说"七十而从心所欲不逾矩",可见他当时至少已经过了七十岁。另外,司马迁在《史记·孔子世家》当中讲:"孔子贫且贱。"孔子自己也说:"吾少也贱。"(《子罕》)他说:"我小时候家里面非常的贫穷,生活很贫困。"可见他出身很低贱。今天还有人在争论孔子的出身问题,我觉得这样的争论实在没有必要。我们读《论语》、读孔子的传记,所感受到的是一个人从年轻的时候就不断向上努力、不断奋斗的历程。所以我觉得大家首先应当从中感受到一种向上的力量。不管是什么样的经典,什么样的书籍,什么样的人物,他总是要教人向上,向上向善是古今中外所有伟大的哲学家、思想家都要关注的一个重要的问题。

孔子

孔子周游列国时,在郑国和弟子走散了。走散之后,他的学生找不到他,就问了一个人,那人问他你的老师在什么地方,是不是那个"累累若丧家之犬"的人,说他是不是过得非常凄惶,像一只无家可归的犬一样。后来,弟子把这个话告诉孔子,孔子听了之后就说,哎呀,他刚才讲的关于我的容貌的那些话都是细枝末节,但他对我的神态的描述,真是非常真实、非常传神的,是本质的,所以就讲这个"累累若丧家之犬"说得非常好。这句话到后来就被一些人有意识地加以引用,或者是歪曲。比如,前些年我很尊敬的一位学者,他出过一本关于《论语》的书,书名就用"丧家狗",我觉得这个题目起得不好。虽然这句话是从《史记》里面来的,但你在当下的语境用这样一个书名,显然会造成一种误导,我觉得这是很不严肃的。"丧家狗"当然是可以讲的,但是在现在这个语境下,和司马迁当年记载的时候相比,它的语境已经变了。语境发生变化,一些话的含义也就发生了变化,所以将以前的那个话放在现在的语境当中去,自然就产生了一种误解、误导。我觉得这一点也是大家应当警惕的。

"子见南子"之说

南子是卫灵公的夫人,长得非常漂亮,但是名声不太好。孔子想到卫国去,恰好南子想要见他。国君的夫人请他去见的时候,孔子是不得不见的,而且他希望在卫国有所作为,孔子就去见南子了。孔子见南子之后,子路不高兴了。子路是孔子的学生,性格非常直率,老师有什么问题,他会把老师也批评一顿,这和我们现在提倡的学生的个性有点相似。但是子路确实是一个非常率真的人,所以"子见南子,子路不悦"(《雍也》)。结果这一"不悦",就逼得孔子对子路赌咒发誓说:"予所否者,天厌之!天厌之!"如果我对你说的不是实话,那就让老天爷也来惩罚我。"天厌之!天厌之!"一个学生在一些问题上把老师逼得赌咒发誓。我想,即便是现在,恐怕也还没开明到这个程度。"子见南子"这件事,本来是一个非常正常的礼节性的活动。但是后来的人就在这方面做文章,为孔子编一些"感情戏"。前些年拍了一部电影,周润发演的《孔子》,好像在这个问题上也是做足了文章。有一些不明就里的人跟着起哄,有人知道怎么回事,但是别有用心的人就在这个问题上故意误导、歪曲。我觉得大家要有一种认识,就是一个人心中有什么,他眼中就有什么。你心中是那种下三滥的东西,或者是龌龊的东西,你眼中所见的也就是那些龌龊之物。我们不能说孔子没有情感,他也有,但是我们在讲他作为一个伟大的思想家的时候,和他的情感世界是没有关系的。而且"子见南子"也绝不是那些演绎家所讲的这种情感。大家在了解孔子的时候,确实应该怀着一种非常尊敬的、崇敬的心态,我们现在缺少的是一种敬畏感。我们这个时代的人,对于一切经典、一切伟大的历史人物,都可以消解他、颠覆他。颠覆他可不可以?消解他可不可以?在这方面,后现代主义、解构主义,当然是做了一些工作。但是我觉得在一些人类的基本价值面前,在一些基本的判断面前,我们应当保持的还是一种敬畏之心。

《论语》

《论语》与孔子思想

《论语》并非孔子手著。大家在阅读先秦典籍时,有一点需要注意,很多书托名于某个人,不见得就全部是他自己所写,所以有一句话叫做"先秦典籍非皆出于手著"。至于《论语》这本书,就更复杂了。《论语》是孔子的学生以及再传学生,把老师的或者老师从孔子那里听到的话记录下来,最后整理、汇编成一册的。所以《论语》基本上代表了孔子的思想。至于它是否代表了孔子的全部思想,这就不好说了,因为《论语》本身在汉代就有齐论、鲁论、古论等多种不同的传本。我们今天看到的这个本子,是一个叫安昌侯张禹的人在上述几种本子的基础之上选定的。他选定这个本子的目的,本来是要给帝王作为教材的,相对要通俗简单一些。张禹编选这本书时,有一种政治投机的心理。所以,张禹编成的这本书能有多高的价值,是值得怀疑的。因此,从理论上来说,《论语》的确不是孔子思想的一个最全面的展现。比如,复旦大学已故的一位教授朱维铮先生就提出,我们看到的《论语》不能够作为孔子思想的真实材料,从理论上讲,我觉得这一观点是正确的。但是事实上,《论语》是流传到今天并为我们所见的有关孔子思想的一个最集中的体现。而且我们今天在《论语》之外可以看到的一些关于孔子的资料（比如，《礼记》里面的一些材料），其原始性远远无法和《论语》相比。所以我们依然觉得《论语》是我们今天解读孔子思想的一个最重要的依据和文献材料。

伟大的精神导师

《论语》可以看作是孔子思想的一个核心体现。我们在理解孔子思想的时候，应当如何来评价这个人。我们是把他看作一位伟大的思想家，一个圣人，还是用新的维度去定义他？我想到德国的一个哲学家，叫卡尔·雅斯贝尔斯，他在《历史的起源与目标》一书中提出，人类历史上有一个阶段是人类历史的"轴心时代"。在这个时期，人类的思想界、哲学界出现了一个大的飞跃和突破，从而带来了一大批的伟大的思想家，雅斯贝尔斯把这些人称作人类的精神导师。我觉得我们现在可以把孔子和《论语》放在这样一个层面上去审视。即从人类的精神导师的角度去读《论语》、去看孔子，也是不为过的。当然，如何理解"轴心时代"，大家可以自己去思考。雅斯贝尔斯毕竟是德国的哲学家，他对于中国传统典籍和历史的了解不像今天的我们这样深刻，所以他只提到下面这些人。他在讲"轴心时代"的时候说，在公元前600年到公元前300年之间这一个集中的时间段，世界各地都涌现出这样一批精神导师，例如古希腊有亚里士多德、柏拉图、苏格拉底等，古印度有释迦牟尼，中东有犹太教的先知，而在古老的东方，则有像老子、孔子这样一批伟大的思想家，他们是人类的精神导师。雅斯贝尔斯这个说法是很有道理的，西方人做学问讲究科学性，他把这些人出现的地域范围都给我们限定出来了。在什么位置呢？他说在北纬30度到35度的范围内，在公元前600年到公元前300年这段时间内，集中地涌现出了一批非常优秀的思想家。我们可以对雅斯贝尔斯的话做一个新的阐释，雅斯贝尔斯所讲的"轴心时代"是立足于人、立足于这些思想家的。但是对中国的历史而言，讲到先秦历史和先秦思想家的时候，我们不仅要讲这些人，讲先秦时期的哲人留给我们的那些经典。正如我们今天这个题目叫做"重返经典"，更多的是要关注那些经典。所以你讲老子的时候说的是哪个老子呢？老子这个人很复杂，司马迁在《史记·老子韩非列传》里讲到老子的时候，就列出了四个老子，说老子姓李名耳,字老聃,老聃和李耳这显然就是两种称呼了。然后又讲到还有一个老莱子,又有一个叫太史儋。他已经给我们列出了四个老子,他自己说:"亦不能明也。"意思是说:"我也不知道。"所以,我们只能说他讲到的老子就是我们今天所读到的《老子》这部典籍中的思想的主要创造者。

今天读到的《老子》这本书,它本身也有一个流变的过程。《老子》传本和后来发现的一些先秦两汉时期的本子之间的差异很大,有些地方甚至是完全矛盾的。我们今天看到的这个传本是后人整理过的,而1973年马王堆出土的帛书甲、乙本《老子》的思想就和我们今天的本子有差异。1993年,湖北郭店出土的竹简本的《老子》的思想和以上三种本子也不一样。2000年北京大学从文物市场收购了一大批竹简,其中就有《老子》。北大简本《老子》和我们前面讲的这几种本子又有不同。所以我们讲《老子》时,立足的文本本身也是值得我们重视的。《论语》和孔子也是如此,我们所讲的"轴心时代"的精神导师孔子,不是一个单纯的、抽象的符号,也不是司马迁在《孔子世家》里面写到的那简单的几笔,我们更要赋予它经典的意义。我们今天读到的《论语》和孔子是有非常密切的关系的,其中的思想都是孔子本人的思想。在这种情况下,讲"轴心时代"就有了更深的意义。我们要把人和典籍结合起来看。

《论语》的现代意义

另外,在把握《论语》的现代意义时,有一些问题还需要我们思考。比如,个体和群体的关系,今天所讲到的这些伟大的思想家,过去都是作为一个个独立的个体来看待的,但是事实上这些个体本身也是出现在人类的一个特定阶段。在这个阶段,即使他们不出现,也会有其他人出现,这是必然的事情。有学生问我:"老师,那你说为什么在人类的历史阶段上突然就出现了'轴心时代'?以后还会不会出现人类的'轴心时代'?"我说我不知道。反正现在一些人所提倡的"后轴心时代"或"第二次轴心时代",我都是不赞同的,我觉得不可能出现那样的情况。打一个不太恰当的比方,"轴心时代"在人类历史上的出现,就好像是一个人的成长一样,从呱呱落地到长大成人,本来就是一个自然而然的过程,他什么时候学会说话,什么时候开始上学,或者说他就开始有他自己的一些思维了,这在人的生长过程当中都是无法逆转、不可重复的,你说以后还会不会出现这种情况呢?我觉得,对于有些事情,过度地强调它的客观性,不见得能够让我们信服。

关于《论语》的现代意义,我想谈这样六个方面:

第一,仁者爱人和人生修养。

《论语》的核心思想可以总结成一个字——"仁"。如果要把它再展开,加一个字就是"仁爱",孔子所讲到的这种仁爱之心,贯穿整部《论语》始终,而且也是孔子最核心的思想的体现。当然围绕"仁"还有一些其他的思想,比如"礼"的思想。孔子的"仁"和"礼"都是贯穿始终的。但是我觉得最基本的、最根本的还是这个"仁"字。"仁"字的本意孔子讲得很清楚,《论语》的《颜渊》篇里,樊迟问仁,樊迟是孔子的学生,问什么是仁德,孔子的回答只有两个字:"爱人。"爱人就是仁德。其实,这种爱人的思想不光是孔子在讲,我们再回顾一下,在人类历史上,凡是伟大的思想家,哪一个不是讲"爱人"?有些思想家是从极端的角度出发,但归宿点依然在"爱人"方面。孔子讲爱人的思想是仁德本质的思想,用《孟子》里面的言论来表述,就是"仁者爱人",意思和《论语》是一致的。我们今天理解"仁"的内涵的时候,可以将它放在两个不同的层面去把握。最基本的层面是"恕","己所不欲,勿施于人"的这种"恕"。而讲的更高的一种要求就是忠,己欲立而立人,己欲达而达人。所以忠和恕是孔子关于仁德思想的一个最为核心的体现和表述。

子贡问老师说,"有一言而可以终身行之者乎?"有没有一句话可以一辈子去实践它呢?孔子回答:"其恕乎!己所不欲,勿施于人。"自己不想做的事情就不要再强加给别人去做,因为连你自己都不想做,你为什么要让别人去做呢。所以,"己所不欲,勿施于人"是孔子认为一个人要达到仁德的最基本的要求,要有这种"恕",以前的人把它叫做"恕道",要有"恕道",要有容人之心。比如,你自己晚上休息的时候不希望被夜半歌声吵醒,那么在别人休息的时候你也不要引吭高歌,这就是"己所不欲,勿施于人"。孔子有一次对曾参说:"参乎!吾道一以贯之。"(《里仁》)曾参啊!我的思想、我的学术,可以用一句话来概括。孔子说完之后曾子也理解了,曾参说:"唯。"是的。师生之间打了个哑谜,就这样作罢了。他们两人是了然于心了,但是别人并不理解。所以,"子出,门人问曰:'何谓也?'"你和老师刚才说的什么意思呢?曾子就回答了:

子贡

"夫子之道,忠恕而已矣!"夫子的学说、思想就是"忠"和"恕"两个字罢了。曾参对孔子思想的理解是非常准确、非常核心的,正因为如此,他和老师之间也才能形成那种了然于心的微笑。孔子说:"吾道一以贯之。"曾子说:"唯。"这样就结束了,但是他的着眼点、他所说的核心就是"忠"和"恕"。刚才我们讲到了"恕",下面我们就再解释这个"忠","忠"是什么呢?在《论语》的《雍也》篇中,孔子这样说:"夫仁者,己欲立而立人,己欲达而达人。"自己想要立足于这个社会,就要先帮助别人立起来,自己想要通达于这个社会,就要先帮助别人通达起来。在我们今天这个社会,这种思想不但非常理想化,甚至有些迂腐。今天更多的是强调一种竞争型的社会,人和人之间就是一种竞争,就是你死我活的拼搏,所以有一首歌叫《爱拼才会赢》。就差说"鱼死网破"这样的话了。但是目前的这种状况,并不是人类社会发展的一种理想状态。这个竞争当然是合理的,但是一味强调竞争,会把这个社会导向一种歧途。我们在一个时期内可能过多地受到达尔文进化论的影响,"物竞天择,适者生存",于是产生了一种庸俗的社会进化论,在人的世界里也主张"物竞天择,适者生存"。这种庸俗的社会进化论导致目前竞争思想的愈演愈烈。我觉得,我们需要对这个现象有一些自己的认识,要有纠弊的意识。怎么纠弊呢?就是孔子的仁德思想里,讲"忠","己欲立而立人,己欲达而达人",把利人利己、达人达己结合起来。我们现在不是讲和谐社会讲以人为本嘛,为什么提出这种口号?其实根本的原因就是看到了这个社会的一些负面的东西,希望用一种正面的思想来引导。孔子讲的"己欲立而立人,己欲达而达人",就是真正的和谐社会的根本。能做到这点,社会自然就和谐了。所以我觉得,孔子的有些思想尽管看上去是很理想化的,甚至大家觉得很迂腐的,但是它对我们确确实实是有一些启示作用的。

讲到"仁德"的时候就提出来,有些思想对于一个人来说,实践起来确确实实很有难度,但是它对于整个人类社会来说却起着一种前导性的、标志性的作用。所以,我们要讲"轴心时代"。雅斯贝尔斯说,"轴心时代"的这些思想家,他们在对人类自身的终极关怀中实现了一种思想的飞跃,而人类正是靠着轴心时代所产生的思想的力量不断前进。每当人类社会面临着分歧与困惑的时候,每当我们不知所措的时候,我们总是回过头去看一看"轴心时代"的这些先哲们是怎么说的。我们现在就遇到这样的困惑,我们就有这样的分歧,我们正需要回过头去看看这些先哲们,看看孔子是怎样讲他的仁德思想的,看看这种仁德思想能否指导我们继续前进。

孔子像

第二,"纳仁入礼"和"克己复礼"。

还要提到一个问题,就是孔子的礼制思想。"礼"也是孔子思想当中非常重要的一个范畴,我们在讲"礼"的时候,要明确孔子非常巧妙地把"仁"和"礼"结合了起来。杨伯峻先生他们在研究的时候说,孔子是"纳仁入礼",他把"仁"和"礼"结合起来,把"仁"归到"礼"的范畴去看待。孔子一直讲"克己复礼","克己"是什么意思?克制自己。"复礼"呢？恢复周礼。孔子觉得他所处的那个社会是"礼崩乐坏"、天下无道，所以他希望用"复礼"的方式恢复西周以来的那种礼制，"文质彬彬，然后君子"（《雍也》）。但是这种复礼的思想在孔子那里又不是完全的复古，中国历史上所有的复古都是创新，所有的改革和复古很难完全把它分开。你看陈子昂的文学复古运动，其实也是创新，他讲的是要恢复汉魏风骨，但事实上他依然是在创新。孔子讲"复礼"，也不是要完全恢复西周的礼制，而是对"礼"本身有所损益，其最大的特点就是纳"仁"入"礼"，把仁德的含义放在了"礼"的思想里面。我们看一段话，《论语》的《颜渊》篇里面，孔子讲："克己复礼为仁。"能够克制自己，能够恢复周礼，这就是仁。"一日克己复礼，天下归仁焉。"一旦能够做到克己复礼，天下就会回到仁德的状态，就是太平盛世了。这话本来是颜回问老师的，颜回是孔子学生当中最优秀的一个。孔子很少对哪个人作出"仁"的评价，唯一被孔子评价为"仁"的就是颜回，他说："回也，其心三月不违仁。"（《雍也》）"三月"不是实指三个月，而是指长时间的意思，说颜回这个人可以长时间地做到不离"仁"，这个评价是很高的。所以鲁哀公有一次问孔子说："弟子孰为好学？"孔子回答说："有颜回者好学，不幸短命死矣！"（《雍也》）孔子对颜回是充满了情感的，这种师生间的感情真的是情同父子。颜回的去世对孔子打击很大，孔子曾反复赞叹颜回说："贤哉回也！一箪食，一瓢饮，在陋巷，人不堪其忧，回也不改其乐。贤哉回也！"（《雍也》）就是这样一个优秀的人，他对于仁德仍有疑惑，所以他问老师什么是仁，孔子就告诉他说："克己复礼为仁，一日克己复礼，天下归仁矣。"颜回听了之后还不理解，就继续问老师："请问其目。"能不能把它讲得详细一些，孔子就回答，讲了几个词，大家很熟悉的："非礼勿视，非礼勿听，非礼勿言，非礼勿动"。只要不合于礼法，你就不要随便去看，你也不要随便去说、随便去听、随便去动，一个人的行为要置于礼的规范中，这就是"非礼勿视，非礼勿听，非礼勿言，非礼勿动"的含义。一个人的行为一定要合于礼的规范。

我们讲到"仁"和"礼"的时候，提到人生修养，其实要和一个人的成长结合起来。一个人在这个社会上，是需要全方位地成长的。当今社会更多地注重对技能的培养，却忽视了对品德的培养。所以，我们必须重视孔子的这种仁德思想，它和我们所讲的人文修养也是有联系的。比如说《述而》篇里面讲，一个人应当是"志于道，据于德，依于仁，游于艺"。

整个成长过程给你规划出来了，就要从各个方面去发展。

陈平原先生讲过一段话我非常赞同，他说，人文，尤其是文学，这样的一些学科在传统的教育体系里面，在传统的知识分子的整个素养里面是最基础的，是必修课，每个人都要去学习。可是现在的教育把它做成了一个专业，分数考到545分以上的这些人，报志愿可以报到文学院去学习中文，学习文学，而有些人则去学习其他专业，就不用学文学了。从这些层面去讲，我们是把一个基础的必修课做成了限选课，这就使得我们的人文精神出现缺失。孔子所讲到的这些思想，对于提升我们的人文素养和个人修养是非常有帮助的。

《论语》的《泰伯》篇在谈到人的成长的问题时说，一个人是"兴于《诗》，立于礼，成于乐"。是不是和刚才我所引用的陈平原先生的看法——文学是一个人的必修课，是一个人最基础的素养——完全契合？"兴于《诗》，立于礼，成于乐"，这样的人才是一个完整的人、立体的人。《荀子》的《劝学》篇里面也谈到，一个人的学习是"始乎诵经，终乎成礼"。从诵经开始，到成礼结束，其实就是孔子纳"仁"入"礼"之后的一种结果。我觉得，现在我们有必要纠正"唯技术论"带来的限制与弊端。

下面我们要谈的是"敬及不违和孝道传统"的话题。这个话题我主要谈孝道的问题，我想由我的学生甄惠娟来给我们讲一讲，大家可以和她交流。

第三，敬及不违和孝道传统。

甄惠娟：我从毕业到现在，一直在工作，有一天乘坐公交车的时候，车特别拥挤，我是跟一个老人一起上去的，结果上去的时候就已经没有座位了，那个老人也年龄大了，有70多岁了吧。前面就坐着一个年轻人，他就一直在那儿坐着，我就拍了拍他的肩膀，说："不好意思，您可以给这位老人让个座吗？"然后他站起来开始骂我。我也没有吭声，让那个老人坐了下来。之后，那个男的就一直在碎碎念。回到单位之后，我就跟我同事说起这个事情，他们都觉得我管得太多。他们说："其实在公交车上，这种不给老人让座的现象很正常，你也没有必要去让人家让座，如果你自己有座位的话你可以让。"可是我今天想说的是，现在的这种传统文化的修养在很多人的身上已经看不到了。我要给大家讲"孝"，因为我觉得我们每一个人都有一个立命的根本，这种"孝"也是我们中华传统文化里面最提倡的一点。古代社会提倡的"以孝治国",它能把人的那种最根本的善性给激发出来。所以,我十分提倡"孝道"。

子游

孔子有很多有这种孝行的弟子,在《论语》当中,也讲了一些关于孝道的问题。

"敬爱论"。这跟马老师刚刚说到的"敬及不违"是同一种思想。在孔子的弟子当中有一个叫子游的学生,他曾经问孔子什么是孝,孔子说:"今之孝者,是谓能养。至于犬马,皆能有养。不敬,何以别乎?"(《为政》)这句话的意思是什么呢?就是说现在人们所说的孝,只是可以去赡养自己的父母,但即使是犬和马,我们都是可以去养它的,如果不对父母存有尊敬之心,这种赡养跟豢养犬马有什么区别呢?所以孔子在说到这句话的时候想强调的是,我们作为子女一定要对父母有尊敬之心。什么叫做尊敬?它并不是说,等父母老的时候,你去给他一碗饭,给他端一杯水,这还不叫尊敬。而且一定要有一种和悦的态度,在服侍他的时候要从心底里开心。因为大家知道,其实每个人喜怒形于色的时候,父母是能看出来你对他是尊敬还是不尊敬的,大家不要在父母到七八十岁的时候,就觉得他好烦呀,怎么比我们家小孩还烦?你要知道在你小的时候父母是怎样去养育你的,所以一定要对父母有尊敬之心。

孔子在讲孝道的时候,他的学生对他提问。孔子对每一个学生问题的回答都是不一样的,我们看孔子是如何回答的。子夏问孝的时候,孔子说:"色难。有事,弟子服其劳。有酒食,先生馔。曾是以为孝乎?"(《为政》)就是说,如果你的脸色非常的难看,但是父母开始要想吃东西的时候,你是不能以一种非常难看的脸色去给他端东西,让他去吃。然后有事情的时候,"弟子服其劳",就说是你作为一个子女,应该去劳动。有酒食的时候,"先生馔",意思是你吃饭的时候要先给父母端过去。为什么要这样?是因为在古代社会的时候,是父母先吃饭之后,子女才可以去吃,这跟我们现在这种与父母同桌共食的现象是不一样的。他说这是一种孝顺吗？如果说你的脸色非常难看，你再给父母端过去东西让他吃，也不算是一种孝。所以一定要保持一种和悦的态度，一定要对父母存有尊敬之心，要从心底去爱戴他。

二十四孝

在孔子的弟子中，有两个人被写进了"二十四孝"的故事。其中一个是闵子骞，我不知道大家是否了解。在"二十四孝"的故事里，闵子骞的母亲去世得早，他的父亲就给他找了一个后母。这个后母又生了两个儿子，所以她对闵子骞的态度非常不好。在冬天的时候，她的两个亲生儿子穿的都是很暖和的棉衣，但是她给闵子骞做的棉衣是用那种野棉花做的，看起来很厚实，可是不保暖。有一天，闵子骞给他的父亲驾马车去外地，当他拿马鞭的时候，因为手太冷了，马鞭掉了。他的父亲就问他说："你为什么把马鞭给掉了？"闵子骞没有吭声，他的父亲就在他身上抽了一鞭子，发现他的衣服抽破之后里面全都是那种野棉花。闵子骞的父亲非常生气，他回到家中就要把这个妻子休掉。这时，闵子骞跪在他父亲面前说："父亲，你不要休掉母亲，现在虽然说母亲对我的态度不好，但是我还有两个弟弟，如果说你休掉了母亲的话，这两个弟弟就没有母亲了，这样我们兄弟三人不是更加悲惨了吗？"他的后母听到这句话非常感动，后来她也对闵子骞慢慢好起来。因为闵子骞的这种孝感动了他的母亲,所以说他就进入了"二十四孝"。

还有之前马老师讲到的子路。子路确实是一个非常率真的人,而且他也非常的鲁莽。在跟随孔子周游列国的时候,有几次他都跟孔子起了冲突,但是子路也是一个非常孝顺的人。在"二十四孝"里面就讲了子路百里负米的故事。在子路小的时候,就是他十五六岁的时候,家里条件不是很好,他常常要到百里之外去买米,或者去亲戚家借米。不论严寒酷暑,他一直在路上,如果天气太热的话,他就擦擦汗,然后接着背米,生怕父母没有吃的。到了冬天,他就把米揣到他棉衣里往回赶。所以子路的这个故事也进入了"二十四孝"。孔子对子路的死非常伤心,子路死的时候,孔子已经 71 岁了,当时,孔子的身体也不好。子路是怎么死的呢?当时卫国内乱所有的人都跑出来了,有一个孔子的弟子叫子游的,他也从里面跑出来。结果他在路上碰到子路,他劝子路:"你不要再去卫国了,卫国发生内乱,太子蒯聩不服他的儿子登上了王位,想篡夺王权。"可是,因为子路是卫国大臣孔悝的一个家臣,所以他告诉子游:"我既然吃的是他们家的饭,那我一定要把孔悝救出来。"此时孔悝已经作为人质被太子蒯聩绑到了祭台上。子路他跑回城里面,跟蒯聩说:"你把孔悝放了吧,你现在想要篡位是你的事情,跟人家孔悝是没有关系的。"但蒯聩不听,于是子路就把他手里面拿的一个烛台举起来,说:"你要是不答应的话,我现在就把这个台子给点了。"于是蒯聩让两个武士去打子路,子路发现自己帽子没有戴正,他说:"你们先等着,你等我把帽子戴端正了再跟你们打。"可是那两个武士根本不听他的话,就把他乱刀砍死了。孔子听到这件事情之后,非常的伤心,就告诉他的弟子们说,他以后再也不吃肉酱了。因为他只要一看到肉酱,就能想起子路惨死的样子。

这是孔子的弟子当中以孝著称的两个人。另外,还有一个就是曾子。我相信大家一定听过"棍棒底下出孝子"这一句话,这句话是怎么来的呢?就是从曾子的故事里来的。曾子的父亲叫做曾点,也是孔子的弟子,他对曾子是非常严厉的。有一天曾子在瓜田里锄草的时候,把一个瓜苗当作草锄掉了,于是曾点就打了他一顿。曾子觉得应该尊敬父亲,所以在父亲打他的时候就没有跑。孔子听到这件事之后,觉得曾子不算是一个孝顺的人,为什么呢?如果你的父亲打你,把你打残废了,或者伤得非常严重,你的父亲不是要受法律的惩罚吗?所以你是应该跑的,否则你父亲就会受到法律的惩罚，这表明你不孝。所以很多人都说孔子的思想有许多矛盾的地方，现在我想和大家看一下，他的思想到底在哪些地方是矛盾的。他一方面说要对父亲非常尊敬，但另一方面又说，曾子在被父亲打的时候是应该逃跑的。这是一种什么逻辑呢？我想大家可以探索一下其中的奥秘，我觉得这个问题是非常有意思的。

首先是"健康论"。孟武伯问孝的时候，孔子告诉他："父母唯其疾之忧。"（《为政》）这是什么意思？意思是说，父母比较担心的是你的身体。当然这还有一层意思，是说作为子女，你应该时常关心父母的健康状况。还有一个次，孔子在一次讲话中说道："父母在，不远游，游必有方。"（《里仁》）可能这件事情对我们现代的人来说，是很难做到的，他说"不远游"，可你要去求学呀。但是我觉得同学们一定要"游必有方"，就是不管你到哪一个地方，都要时常记得打电话告诉父母你很平安、你很健康，一定不能让父母担心你们，这也是一种孝道的体现。我发现其实有很多人，他们跟父母的沟通非常少，一星期或者一个月给父母打一次电话，打电话的时候就跟父母要钱。我觉得这真的是一种非常不孝的表现。在过去的三年里，我每天晚上都会给我爸妈打电话，不管有说的还是没说的，我都会去跟他们交流一下，我觉得，当我们在生活中遇到问题的时候，应该去问一下父母，不要去回避。可能你觉得现在大家都是研究生嘛，觉得自己学历也挺高的，学识也挺丰富的，父母可能是农民，可能是工人，觉得跟他们没有沟通的话语。其实并非如此，有的时候你去告诉他们你在生活当中遇到的困难时，他们总会告诉你解决的办法。我觉得这是大家都应该去做的。正如唐代诗人孟郊所言，父母对于子女的爱，是"临行密密缝"的，就是她去缝一件衣服的时候，会将爱意全都缝到衣服里面。就像我们刚上大学的时候，父母来送我们是一样的。所以我们要时常去跟父母保持沟通和联系，这是孝道的一种表现。

其次是"无违论"。"无违论"讲的是孟懿子问孝的故事。孟懿子问孔子什么是孝，孔子说是"无违"。后来樊迟给孔子驾车，孔子告诉樊迟："孟孙问孝于我，我对曰无违。"（《为政》）樊迟也是孔子的弟子，他跟颜渊比起来稍微愚笨一点，樊迟当时问孔子，他说"无违"到底是个什么意思呢？孔子答道："生，事之以礼；死，葬之以礼，祭之以礼。"（《为政》）他说，你在父母生前的时候一定要按礼制、礼节去侍奉他们，在他们去世之后，也一定要按照一定的葬礼、祭礼去祭奠他们。当然这是一种说法。还有一种说法是，父母生前你可能真的是很爱戴他们，但是父母死后呢，你也应该时常去思念他们，想一想父母的养育之恩。《论语》中还有一句话，子曰："父在，观其志。父没，观其行。三年无改于父之道，可谓孝矣。"（《学而》）这句话引起了后代学者很大的争论，比如鲁迅在一篇文章《我们现在怎样做父亲》里面，就很不赞成孔子这句话。他说，如果都按照孔子这个说法，那古代的单细胞动物就不会去繁殖了。看一个人，当他父亲在世的时候，你可以观察他的志向，当他父亲不在世的时候，你可以观察他的行为。"三年无改于父之道"，三年在这里是一个概数，它并不仅是三年，而是好多年，不要去改变父亲的志向、父亲所从事的事业，这才叫做孝。所以鲁迅认为这是孔子的一个非常愚昧的说法，他觉得孔子说这句话的意思就是，我们做子女的应该继承父亲的职业，或者是他的志向。比如说你的父亲是个小偷，子女也应该是个小偷，否则就是改了父亲的这种"道"。其实孔子不是这种意思，他想说，一定要坚持父亲生前正确的行为方式，要把父亲正义的地方继承下来，这才叫做孝道。

第三是"进谏论"。现在很多人都说，有的时候父母的一些想法、一些观点是错误的，于是他们就去跟父母争吵。孔子说："事父母几谏，见志不从，又敬不违，劳而不怨。"（《里仁》）这句话是什么意思呢？它说的是，当父母的做法有错误的时候，你可以委婉地去劝谏他，如果说父母不听从，我们也不应该去违背他们。绝对不能当面跟父母吵架，因为你要是讲出一些伤人的话，这对于父母来说真的是一件非常伤心的事情。而且要"劳而不怨"，就是说你可以先把这件事情放一放，等到大家心平气和的时候再去谈论，不要因为父母所说的话、所做的事是错的，就从心里面去怨恨他们，你就想着："哎呀，你看我爸妈怎么这样！"这实在是一种错误的观点。

第四是"回报论"。其实大家知道，孔子并不是大家想象中那么严厉的一个学者，一个老师，他对他的弟子非常关爱。他的弟子当中有一个人叫做宰我，也叫做宰予。宰我这个人，用我们现在的话来讲，就是个"刺头"，为什么？因为孔子在说起三年之丧的时候，他就跟宰我说，他认为作为子女，在父母死后应该去服孝三年。当时的三年跟我们现在说的三年不是一个概念，当时的三年是25个月。在这25个月里，不能听好听的音乐，也不能吃好吃的食物，而是要穿着孝服时常地去感念、感恩父母。宰我一听，就觉得孔子这个人太迂腐了，他说："如果要守孝三年，那么种的粮食都已经腐烂在地里，又重新长出来了，钻木取火用的燧木也经过了一个轮回，我为什么要去守三年的孝？我觉得对于父母的尊敬有一年或者一个月就可以了。"孔子听后非常的生气，说宰我这个人是一个不仁的人。"子生三年，免于父母之怀，夫三年之丧，天下之通丧也，予也有三年之爱于其父母乎。"（《阳货》）这句话是什么意思？就是孔子觉得宰我不仁，"仁"是孔子思想中最核心、最基本的一个方面。他说，在出生三年之后，你才能免于父母的怀抱，三岁之前，父母一直都是抱着你的。"夫三年之丧，天下之通丧也"，意思是说天下的人都觉得应该去服这三年之丧，而你宰我是挂在墙上长大的吗？你小的时候没有受过父母的关爱吗？你没有被他们抱着长大吗？所以他就一直在批判宰我。可能是因为三年之丧的问题，按照司马迁《史记》的记载，宰我就有了一个不太好的结局，他是因为背叛了他所服侍的那家大夫而死于非命的。但是宰我也是孔子的72贤人之一，所以大家可以下去考证一下，宰我到底是怎样离开人世的。另外，孔子说这句话的时候，是专门针对宰我的吗？这也是《论语》留给我们的诸多谜题当中特别有趣的一个。

第四，耻感文化与社会秩序。

马世年： 下面我接着来讲"行己有耻"和耻感文化的问题。这也是一个很严肃的话题。我们现在都在讲"底线"，应该树立怎样的一种底线呢？在当今社会，有些人就是不断地在突破底线，所以你就拿他没辙。我觉得社会没有底线是一件很可怕的事情，用孟子的话来说："放辟邪侈，无不为已。"（《梁惠王上》）什么事情都能做得出来，所以我觉得孔子的耻感思想、耻感文化，很值得我们重视。孔子在评价"士"的时候有这样一段话。"士人"在过去是一个评价很高的话，子贡问老师："一个人怎么样才能称之为士呢？"孔子给出的最高要求就是"行己有耻"。什么叫"行己有耻"？就是一个人立身行事应当有耻辱感，应当知耻，这就是"行己有耻"。大家想想，孔子在回答怎么样可以称之为"士"这个问题的时候，提出的一个命题是"行己有耻"。做什么事情都要知耻。知耻的意思就是要有底线，要有羞愧之心，要有耻辱之心。一个人一旦无耻，"无耻之耻，无耻矣"，那就彻底到了无耻的地步了。所以孔子在对士人的要求当中，尤其强调耻感。这种思想，我觉得现在是亟须提倡的。历史上有这样一些人，比如很受大家诟病的冯道。冯道生于乱世，大家知道，他曾经历仕后唐、后晋、后汉、后周、契丹五个朝代,侍奉了八姓十帝,他身边皇帝王朝就像走马灯一样转着,他自己的政治地位却岿然不动。入主中枢20多年,做了20多年的宰相,所以这个人确实有非常过人的政治智慧和玩弄权术的手段。

行己有耻

我常常在想,一个人在乱世当中苟全性命,应是无可厚非的事情,历经五朝十帝,能够这样把自己的身家性命保全下来,也不是什么过错。但是为什么要批判他呢?因为冯道在晚年的时候,写过一篇文章,他自号长乐老,觉得这一辈子长乐非常好,说自己晚年的时候,"时开一卷",读一读书;"时饮一杯",喝一杯小酒;然后"食味、别声、被色",吃点好的,听音乐,然后再看看美女。"老安于当代耶!"认为这是一个人当下就很安逸的事情。"老而自乐,何乐如之?"人老了之后还有这样一种欢乐,有什么欢乐能够比得上呢?他的这样一种思想受到了后来的史学家严厉的批判。"礼义廉耻"被古人称作"国之四维",是一个国家的几个维度。我们现在的中小学生守则做了一些修改,除去了一些以前很空的、不太合适的话语,但也有一个缺点,就是没有更多地回顾到"礼义廉耻"。反观台湾的教育,他们校园墙上贴的就是"礼义廉耻",就是国之四维。欧阳修在《冯道传》中批判说:"予读冯道《长乐老叙》,见其自述以为荣,其可谓无廉耻者矣,则天下国家可从而知也。"主持国家的人如此无廉耻，那么天下的国家就能由此知道了。顾炎武的《日知录》里有一篇叫《廉耻》，《日知录》是顾炎武躲在山洞里面写出来的，顾炎武气节非常高。他说礼义廉耻"四之当中，耻尤为要。故夫子之论是曰：'行己有耻。'孟子曰：'人不可以无耻，无耻之耻，无耻矣。'"为什么这样呢？他说："人之不廉而至于悖礼犯义，其原皆生于无耻也。"一个人不廉，以至于悖礼犯义，根源就在于无耻。国家现在是重拳反腐，为什么会有那么多的腐败现象？就是因为无耻。顾炎武说："故士大夫之无耻，是谓国耻。"一个社会哪个层面的人都可以无耻，唯有士大夫不能无耻，士大夫无耻了，整个社会就无耻了，也就是国耻了。所以顾炎武把耻感文化、把耻辱放在一个非常高的角度，我觉得孔子提出"行己有耻"，其实就是想提醒我们大家都是读书人，都可以以"士"自诩，是不是也能把这种底线文化、道德底线建立起来呢，能把这种耻感文化建立起来呢？

下面我们要谈的是"必也正名"与社会秩序的问题。孔子的思想当中有一个"正名"的思想，这个"正名"就是让"名"和"实"相符，"名不正则言不顺"（《子路》）有一次子路问老师。"卫君待子而为政"，"子将奚先?"如果卫国的国君等待您去治理国家，你先做什么事情呢？孔子听了之后就回答说："必也正名乎！"如果一定要让我做的话，我先把卫国的名分给它正过来。子路听了觉得特别可笑，就笑着说："有是哉，子之迂也！"说你为什么这样迂腐呢，正名干什么呢？孔子很生气，批评子路说："野哉，由也！"子路，你太野了，这里的野是粗鄙的意思，就是你太没有文化了。然后就讲为什么要正名，他说："名不正，则言不顺；言不顺，则事不成；事不成，则礼乐不兴；礼乐不兴，则刑罚不中；刑罚不中，则民无所措手足。"你看，一个正名的问题就引起这么一大串的反应，如果不正名的话，连老百姓的手和脚放在哪里都不知道，手足无措了，可见正名的重要性。在我们现在看来，这种正名的思想，其实就是要建立一种社会秩序。我们这个社会现在正处于一种无序的状态，或者说，和孔子所批判的那种"礼崩乐坏"的局面也差不多，所以我们要不断地重建。为什么要重建？就是因为前面的秩序已经坍塌了，所以才要重建。社会没有了秩序，有人在批评，说你看现在这些教授，到处走穴，摇唇鼓舌，越来越像商人；商人动不动就著书立说，越来越像教授；医生索要红包，道德低下，越来越像杀手；杀手出手麻利不留后患，越来越像医生。这反映出来的就是一种秩序乱了的问题，所谓"秩序"，就是找准你的位置、你的坐标在哪里。所以孔子提出的这种"正名"的思想，我觉得对于目前我们这个社会的治理确实是有帮助的，需要建立一种良性的社会秩序。

齐景公有一次问孔子，问什么呢？问国家政事，"问政于孔子"。孔子对曰："君君，臣臣，父父，子子。"（《颜渊》）第一个"君"可以理解成动词，第二个君理解成名词。反过来，把第一个"君"理解成名词，第二个"君"理解成动词也可以。就是说，君主要像君主，臣子要像臣子，老子要像老子，儿子要像儿子，大家都要像那么回事。或者反过来说，要以君为君，以臣为臣，以父为父，以子为子。以前大家对这句话批判得很厉害，说这就是传统的封建社会的腐朽思想，什么等级制度、尊卑制度，等等。当然，要看从哪个角度去说了，你要批判它是腐朽的等级尊卑，我也无话可说，它确实反映了这种思想。但是它背后的思想恐怕也不光是这个层面，它所体现出来的是这个社会要有一种良性的秩序，要各得其位，各主其位，每个人要把自己的身份找准，要把名分正过来，要以君为君，以臣为臣。要明白你的位置在哪里，你的角色在哪里，你的身份在哪里，我觉得这一点对我们是很有意义的启迪，我们不要一味地批判它，因为会把道理完全否定掉。

第五，为政以德和国家治理。

我们现在讲依法治国，也讲以德治国。那么，国家治理究竟应该在哪一种命题下面进行呢？20世纪80年代以来，我们一直在提倡依法治国，因为在此之前我们的法律受到的践踏与冲击太厉害了，社会长期处于一种无法治的状态。但是当我们全力以赴提倡依法治国的时候，又发现了一个问题，就是这个社会的底线在不断地下降。这个社会的底线突破到什么程度呢？以法作为它的底线了，这就不对了。一个社会如果以法作为它的底线的话，突破了法治后，它就完全没有秩序了。良性的社会，"法"应当是作为社会的最低要求提出来的，而不是一个底线。所以，依法治国之后，我们也看到这个问题的弊端，党中央又提出以德治国。

以德治国讲了很长时间，到现在还在讲。但是，我们现在强调的还是依法治国，在德治和法治之间，好像始终没有找到一个平衡点。其实，提出以德治国的时候，我们是在试图用传统的政治智慧来治理我们的国家。在《论语》里面，孔子明确地把它理论化，他讲的"为政以德"，就是以德治国。孔子说："为政以德，譬如北辰，居其所而众星拱之。"（《为

为政以德

政》）北极星在天上固定的地方，为政以德的时候，你只要在那个地方，其他的星星就围绕着你展开了。孔子认为为政以德有一种号召力。他又说："道之以政，齐之以刑，民免而无耻。"（《为政》）如果用政令来引导老百姓，用刑罚来要求、约束他们，这样的话，老百姓只是免于处罚、免于祸患，但是会导致无耻。老百姓说，我只要不违法就可以了，是不是？但是在不违法的情况下，有很多事情也是不对的，不应该做的。所以，"民免而无耻"这个水准是很低的。孔子讲，如果"道之以德，齐之以礼"，用德来引导他们，用礼来约束他们，那么老百姓会做到"有耻且格"，不但知耻，而且格服，非常的归顺、顺服。在这种情况下，孔子明确地提出以德治国。我们要看到的是，以德治国不是说没有依法治国的内容，孔子的以德治国其实包含着一个前提，就是依法治国，在法治的基础之上以德治国，或者说提倡德治的时候一定是以法治作为基础的。这两者毫不矛盾，我觉得我们今天谈国家治理的时候能够提出以德治国，能够看到依法治国之上的另外一些因素来，说明我们的执政理念往前走了一大步，这是非常值得肯定的。

第六，有教无类和现代教育。

最后我们简单地提一下《论语》里面的教育思想。《论语》里面的教育思想其实非常广博，我觉得其中的有教无类的思想尤其能够体现出和我们现代教育理念一致的方面。现代教育的观点认为，受教育的权利是天赋的，每个人都有平等的受教育权。但事实上呢？当你们坐在这个地方上大学的时候，那些没有考上大学的人在干什么呢？那些没有读过书的人在干什么呢？这是教育不公平的问题，或者说由于物质条件所导致的教育不公平的问题。师大的附中从全省选拔学生，为什么大家都要去？因为它的教学质量很好。那么其他没有进去的学生怎么办？别的学校怎么办？站在这个角度上来讲，这种教育不公平确确实实也是存在的。孔子他提出"有教无类"，他说："自行束修以上，吾未尝无悔焉。"（《述而》）每个人准备一捆干牛肉，束修就是干牛肉，来作为见面礼，作为教学的学费。只要你拿这个来，"吾未尝无悔焉"，我从来没有不对他进行过教导、教诲的。孔子为什么一定要有见面礼，也不是说一定要拿一捆束修，他才教，他讲的是一个师道尊严的问题。在这个前提下，他对所有的人都是同样的教育，一视同仁。当然，这个教育并不意味着要给大家上一样的课，讲一样的话，他是因材施教的。孔子的教育大家知道，《论语》里面讲："子以四教，文、行、忠、信。"（《述而》）这是基本的理念，理念确定下来怎么教育是孔子自己的事情，这是一个因材施教的问题。

社会语境下《论语》的建构

李红：马教授好，刚才我注意到，您和甄惠娟在说到《论语》的时候主要是从个人修养的角度说的，而我则比较喜欢从社会的角度去思考。我们是做学者的，除了个人的修养之外，我们的研究是需要辐射到社会的，我们是社会的导师。那么，从社会的角度来思考的话，《论语》产生的时代跟现在的时代是不一样的，因为当时是一个熟人社会，而现在这个社会是一个陌生人的社会。在这个陌生人的社会里，我们跟包括家人在内的所有人的陌生感越来越严重。比如说我们很小就外出读书，不跟父母住在一起，仅仅通过电话很难跟父母有一个比较充分的交流。所以从孝道的角度来说，过去的那种孝道在我们现代是需要重新建构的。现代人的工作比较繁忙，没有时间跟父母相处，有的人把父母接过来，有的没有接过来，有的甚至把他们送到养老院去，请陌生人去照顾。那么在这种新的时代下，这种孝道是需要进行重构的。另外，耻感文化也是在熟人社会产生的，因为熟人社会人与人之间的关系比较复杂，盘根错节，所以人与人之间的评价对人的羞耻感的树立是非常重要的。假如说我们离开了熟人的环境，进入了一个陌生人的环境，陌生人可能只感觉到表象，所以现在人的作秀就会比较严重，耻感就容易消失，人们只看到有钱没钱、有权没权这些表面性的东西，看不到实质性的东西，看不到耻感这个层面，这是一个现代社会结构带来的一个问题。刚才您又讲到教育问题。有一次，就是甄惠娟她们班上的一位同学（甄惠娟是我本科的学生）跟老师有矛盾，后来我找他谈话，他说学生跟老师的关系就是陌生人，而且他教学才会到学生身边来，不存在感情的问题。那么教育当中彼此之间这种关系到底是不是这样？在这种现代的教育模式下，我们面对这么多人进行教育，各有各的困惑，各有各的需要，我们是不是要有一个充分的沟通。老师在讲堂上看到的是一群面孔，而看不到具体的个人，这一种教学方式跟孔子所讲的有教无类的方式，是很难结合在一起的。我们是不是需要对这种教育进行反思，包括现在扩大教学规模，招人越来越多。这样的话，跟学生这种交流它真的能做到"有教无类"吗？真的能照顾到每一个人具体的人格、思维和困惑等等吗？那么，在现代的社会结构、教育模式等这样一些语境之下，我们对传统的经典怎样结合当下进行一个重新的建构呢？

马世年：我的理解是这样的，就是这个社会形态不管是哪一种形态，我们要评价它是有益还是有害，是不是因为它是一个陌生化的社会我们就可以无耻了呢？是不是因为它是一个陌生化的社会我们就可以做到教育不公平了呢？或者说是不是因为它是一个陌生化的社会我们就可以不要这种孝道传统了呢？我觉得这恰恰就说明了一个问题，当我们这个社会面临着困境，面临着危机，当我们不知所措的时候，我们需要回过头去，看一看我们的先哲是怎么说的，从他们的言论当中重新汲取前进的力量，找到我们前进的方向。

"轴心时代"的经典与现代诉求的碰撞

徐兆寿：在雅斯贝尔斯提出的"轴心时代"的 14 个大哲学家中国占了两位，老子和孔子，也是人类历史上西方哲学家第一次对中国文化予以肯定。在此之前，大家知道，黑格尔对孔子是非常诟病的，他说孔子就是一个作家而已，写了一些感受，没有系统的思想。因为他们注重逻辑，我们中国人是注重发散着自由的跟天地之间的一种感悟性的文化,跟他们的文化是不太一样的。从那个时候中国文化就开始走入世界视野。但是我们不要忘了,今天我们中国的文化是衰落的,整个世界文化实际上也是衰落的。重返经典,不仅是重返我们中国的经典,也是重返世界的经典。我们知道从尼采开始,上帝死了,在福柯的《词与物》中它又发出了振聋发聩的声音,知识把人解构了,人也死了。我曾经写过一篇文章,学传播的人都知道有一个叫罗兰·巴特的人,说作者死了。作者死了之后,传道者死了,老师也死了,所有的人都死了,接下来就是后现代时期,无处不是中心,无处不是上帝,无处不是自己。在这样一个背景之下,经典也死了,所以刚才马老师一开始就讲,我们今天所有的人都拿起手机,拿起 iPad,上网的时候经典不再停留,经典也会像郭敬明、韩寒的作品一样,也会像网络小说一样,很快被刷屏。所以经典也面临被解构,也就是说我们今天没有经典,当我们在看到《西游记》里的唐僧被解读成各种各样的形象的时候就会知道,经典已经完全不在了。到上帝、到佛陀、到孔子,我觉得现在只有穆罕默德这个圣人没有被解构,其他所有的圣人都被解构了。

　　所以在这样一种举世皆浊的态势之下,我们重返经典是非常有意义的,就是重新回到圣人、先知的那个背景之下,去认识人类为什么会走到今天,人类为什么会在那个时候建立伦理。我认为,马老师给我们解读的就是人类最早的时候为什么会把《论语》当作一个经典,当作我们的经来读,就是因为它和《圣经》《古兰经》一样,在建构我们中国人的思维,在建构我们的伦理。所以孔子的意义就在这里,在那个时候把我们中国人心灵的大厦建立起来。可是现在是什么情况?所以我们要重返经典,西方也是这样,中国也是这样。艾略特的《荒原》说西方已经开始面临一个荒原。为什么讲这些?我们不要认为西方有多么了不起,西方也已经衰落了。所以最早的时候我想请李朝东教授讲西方形而上学的衰落,或者困境,就是想揭开这个谜,当然我们现在从孔子开始更好。就是整个世界的精神全部衰落,我们也要从中国的经典开始找回我们的自信,找回我们文化的根。而这个根的第一个文化的符号就是孔子。

"行己无耻"与"以德报怨"

　　观众:我们说孔子的理论,是以仁为核心,教我们正直、诚实、善良,以仁爱之心去对待他人。然而,我最钟爱的一句话,"己所不欲,勿施于人"。但是当我们遇到一些道德败坏的人,比如说现在的小孩提倡欣赏型教育,可是在近几年经常曝出来教师虐待、侮辱幼龄学生的事件,我想作为一名老师,他们应该更懂得什么叫做"己所不欲,勿施于人"。那么在这种"行己无耻"的情况下,我们是该以仁爱之心理解他、体谅他,还是说应该直接以法律的手段约束他?谢谢!

马世年:我觉得这是两个层面的问题,我们讲到的仁爱、包容、宽容是对他人普遍的一种情感,或者是一种态度。但是,当我们面对你刚才说的那些极端的现象的时候,我们不会再用仁爱的或者包容的态度去对待他们。有人问孔子说:"以德报怨,怎么样?"说别人对我是怨,我用德来报他怎么样?孔子说:"那不行呀,如果以德报怨的话,何以报德?用什么来报德呢?要以直报怨。"他不义,你就要用解决不义的方法去对待他,而不是像你所说的还要继续用仁,那样不就成了很迂腐的一件事情吗?那可真就把书读死了。

"有教无类"与"因材施教"

观众:老师好,对于国学经典,我们从小就一直在学,但是一直也不敢深入地触及它,因为一方面,我们再也回不到当时的历史去看这些东西。另一方面,也不能深入到它那个语境去理解它。另外,关于"有教无类",我就有不懂的地方。孔子说有教无类,然后他又在《论语》中说:"唯女子与小人难养也。"他明显不认为女性是一个容易受到教化的人,所以他说的"无类"里面应是不包含女子这个角色的。他还有一个教育思想,就是"因材施教",但是《论语》里面又有一句话,叫做"君子不可小知,而可大受也,小人不可大受,而可小知也"。这样的话,他把人分为三六九等而去因材施教,是不是也不太合适?

马世年:"有教无类"提倡的是一种教育理念,我把它理解为一种教育公平的问题,就是不因为你的身份、地位的悬殊而对你在教育方面有所偏差,只要是愿意学的,一心向学的都可以进行教育。你刚才提到的问题有几个方面,其实是教育方法的问题。"有教无类"是一种总的理念,但是如何来教育是具体操作层面的问题,是方法、技术层面的问题。一个老师对待博士生有博士生教育的方式,对待硕士生有硕士生教育的方式,对本科生有本科生教育的方式,我今天给大家作报告,讲的是这些内容,我回去给我儿子讲他所不懂的问题的时候,又要站在他那个层面上,而不必因为"有教无类"就对学生和儿子讲完全一样的话,这是一个技术层面上的问题。至于你谈到的女子与小人的问题,对那句话的解读本来就是多样的。我想,在这就不展开来说了,有兴趣的话,咱们有空可以进一步去讨论它。

赞扬与批评的立场

观众:我的问题也要提到一个小故事。就是有一次孔子的学生从其他国家将一个鲁国人赎回来之后,他没有去官府报账,当时鲁国是有相关政策的,他说你可以拿钱垫付之后,再来官府报账。他没有报账的行为得到了很多人的赞赏,说他的品格非常高尚。可是,他的老师孔子却非常严厉地批评了他,说他这样的行为可能会妨碍更多在外颠沛流离的鲁国人回到我们的国内。那么我想,首先这个学生能够去拿自己的钱把人赎回来,跟马老师刚才提到的仁者爱人的思想是吻合的,我很想知道的是,孔子为什么会非常严厉地批评他呢?这是今天问到的第一个问题。第二个问题我想问一下三位老师,因为作为传媒的学生,非常好奇在现实生活中碰到类似的新闻事件时,我们的媒体应该以什么样的角度和立场去报道这件事情,是赞扬还是中立,或是批评呢?比如说见义者发生意外身亡了,我们该用怎么样的一个态度去报道?你去见义勇为,或者是去做一些好事情,它是一个正面的,值得让更多的同学去学习的一个事情,可是失去自己的生命,难免代价太大,我们应该去以怎样的角度去教育公众呢?这是两个问题,谢谢!

马世年:第一个问题我来给这位同学回答,问题提得非常好。《吕氏春秋·察微篇》说,鲁国有一道法律,如果鲁国人在外国见到同胞遭遇不幸,沦落为奴隶,只要能够把这些人赎回来帮助他们恢复自由,就可以从国家获得金钱的补偿和奖励。孔子的学生子贡,有一次在外国看到有鲁国人为奴,于是就把他赎了回来,但不向国家领取金钱。孔子说:"端木赐(就是子贡)啊,你错了!圣人做的事,可用来改变民风世俗,教导可以传授给百姓,不仅仅是有利于自己的行为。现在鲁国富人少穷人多,向国家领取补偿金,对你没有任何损失;但不领取补偿金,鲁国就没有人再去赎回自己遇难的同胞了。"而另一次，子路救起一名溺水者，那人为感谢他送了一头牛，子路便收下了。孔子知道后很高兴地说："鲁国人从此一定会勇于救落水者了。"按照道理说，一个人用自己的钱去把外面的人救回来、赎回来是值得赞扬的，但是孔子为什么要批评子贡呢？因为孔子看到的是一种持续性的问题。当所有的好人掏自己的钱去做好事的时候，这种好事是不会长久的，所以他希望有一种制度性的东西，由国家层面来把它延续下去，正因为如此他批评了子贡。所以，子路救人后收取酬金，在孔子看来恰恰是值得提倡的。这个问题我们现在也是可以理解的，它和我们讲到的这种奉献，或者"仁者爱人"的思想是不矛盾、不冲突的。

徐兆寿：这个问题我去年写在《致新同学》那篇文章里面，你也可以查一下，能看到。我是这么来看的，人生和社会有多个维度，不是一个维度。比如说见义勇为，为勇为义而牺牲生命也是仁者的一个表现。但是，不能说这就是唯一的维度。我们会看到人生会有很多维度。比如说我给大家讲佛教，有一个和尚牺牲自己而去求存义，求存仁，这是一个维度；还有其他的维度，它会认为一切事件都要放在永恒的命运过程中去看。不见得没有去见义勇为的人就是坏人，就是要被谴责的，因为他可能不知道真相。我觉得人生中会有很多维度，我们应该去赞赏勇者，但是也不要太谴责没有见义勇为的人，我不相信每一个人心中都没有救人的冲动。因为维度有很多，比如你现在是这个想法，几十年之后你会有另外的想法，难道你说你青春时候的想法就完全是错的，老年时候的想法就是对的吗？仁、勇、义等也不是说完全就是一个维度。该赞赏的时候赞赏，该翻篇的事情就应该翻过去。比如说我们经常讲"道"是什么，那就是最高的维度。但是我们也讲一些其他的，低端的一些德行，可能就没有道那么高，但道完全把这些东西都涵盖在里面了。所以我觉得不同时期，或者说不同的人生的境遇，我们应该去区别对待。

李红：我觉得这应该从两个层面来讲，我们作为记者，其实是从事实层面去报道，所以在出现见义勇为的时候，记者的职责并不是说去考虑多少的道德层面的教育问题，因为这种教育可以让社会、让学校、让更多的家庭等来承担价值解读的责任。记者最重要的职责就是报道事实，这是一个最基本的层面。虽然在报道事实的过程当中会有一些价值判断在里面，但是最基本的还是事实。对于见义勇为这个问题，如果现在的记者更多地关注事实层面的话，可能很容易就把崇高的见义勇为解构掉，因为事实可能有更多的真相，更多的内幕。比如说他的冲动，他的不小心，比如说救人的时候，由于他不会游泳他就冲下去了，冲下去之后他就牺牲了。那么会有一些更多的事实层面的东西，比如说很多的英雄人物。我老家就曾经有一个村干部，当地有一个人跟另外一家有矛盾，这个人是刚当完兵回来，精神上也有点问题，他跟那个人有矛盾之后，他就拿着镰刀去把那个人家地里的玉米秆全部都砍掉。然后这个村干部就上去抱住他，让他不要砍，但是没有想到这个人的身上绑着炸药，他直接引爆了炸药。最后村干部成为了英雄，成为了学习的楷模。当然从精神价值的层面上讲，他是非常崇高伟大的。但是有更多细节的东西，当这些细节的东西暴露出来的时候，可能那种崇高感就会损失。

所以，作为记者，我觉得考虑过多的话，可能会让你在事实面前畏缩不前。

徐兆寿：这个话题是我们新闻界、传播界非常重要的一个问题。我们刚才提的所有问题都是针对孔子的德行的。而中国自古以来对孔子有诟病的也是在德行方面，也就是说，我们可能对孔子的其他事情都不太在意了。但是对圣人，我们最终还是应该从德行上来判断。比如说对耶稣，对很多人都是这样。那么最后我们发现，判断一个人，或者一个圣人的最重要的事情就是德行。

刚才我们说的是职业问题，而另外一个层面是德行问题，德行更重要，比职业要高一个级别。新闻系的同学可能会在课堂上看到一个图片，有一则新闻说，有一个人在非洲拍了一个秃鹫吃孩子的照片。我认为在这个时候职业就微不足道了，生命是最可贵的，这是我的判断。因为道和仁、爱是最根本的东西，如果我们把这些都忘记了，你的职业还有什么价值呢？有什么东西可以作为依托呢？

马世年：我不太赞同两位老师的意见。可能因为我不是新闻专业的从业人员，我觉得你们在回答这个问题时，有一点总是在回避它。当我们面对如何来报道的时候，不是说我们因为面临着多个维度，或者是有多种选择，就可以按照自己的标准去考虑它。我觉得有一点，一种职业应该有这个职业的道德，有职业的体现。我们要把这种良知宣传出来，把它传播开来，如果我们没有这种前提的话报道中我们只是追求真相，追求细节，那我们的整个工作可能就完全没有意义了。我们要把最根本的底线，把良知、道德方面的东西报道出来。我是从非专业的角度来讨论的，不一定正确。

"纪律主义"的继承与摒弃

观众：老师好，罗素提到过哲学家分为两类，一类是希望加强社会约束，一类是希望放松社会约束。在维护封建等级方面，我觉得孔子无异于是一个纪律主义者，就比如说他在那个《八佾》篇中开篇就提到，因为季平子行了八佾之礼的乐舞，他非常不开心，就有了大家熟知的"是可忍，孰不可忍"。现在的社会都提倡平等、自由、人权什么的，我想问，这种等级制度在我们现在是应该摒弃呢？还是说有没有什么办法可以批判地继承？谢谢老师！

马世年：这个问题很有意思。你前面提到这个社会是一个制度性的或者短期性的。孔子曾经在季氏八佾舞于庭的时候，非常愤怒地批判过他，八佾是天子之礼，但是季氏是鲁国的卿大夫，不能用八佾舞，他认为是国君用的。其实鲁国的国君当时用八佾本身已经是僭越了，季氏如果再用八佾的话，那就是僭越之上的僭越。我想礼制和现在的平等、自由，这之间是没有矛盾的，它属于我前面所讲到的社会秩序的问题。可能我们今天觉得像天子之礼、诸侯之礼、士大夫之礼，这些规定是不是合理。但是一旦它成为社会秩序的时候，我们就应当去遵守它，现在尽管是一个平等自由的社会，但是我们依然有我们的社会秩序，如果扰乱这个社会秩序，恐怕社会本身的治理就成一个问题了。我是这样理解的，它和你所讲的平等自由是不矛盾、不冲突的。平等自由是从个体的角度来讲这个人的，讲人的发展、人本身的问题，而这个社会是需要它的秩序的。

徐兆寿：这个问题可能是一个非常非常大的问题，这就牵扯到孔子在现代有什么价值，似乎我们今天只是讲了上半段，下半段还没讲。孔子的那些所思所想所为，在今天我们到底应该怎么去面对它，怎么去解读它，时间太有限了，我们来不及讲这个话题，我们下次专门找时间再谈。

马世年：我再多说两句，包括刚才那个同学提到的孔子的那句话，说"唯女子与小人为难养也"，这个话怎么来理解它？文字本身有不同的解读，有些人说女子的女是孺子的孺，唯孺子与小人为难养也，也是讲年轻人的意思，这样就把女性解放出来了。但事实上，我觉得也不用这样苛求去添字解经,孔子讲的就是"唯女子与小人为难养也",他后面还有话,他说:"近之则不逊,远之则怨。"你对他(她)亲近一些,他就不驯服了,没有规矩了,你离他(她)远一些,他(她)又有怨恨之心。这就是女子和小人的一个通病。有些同学说:"老师,那男的怎么办?"小人是不是就专门指的是女子呢?也不是吧。我们现在很多人都自以为是君子,其实会不会也是孔子批判的小人呢?实际上,当我们自称为君子的时候,心里面并没有这样的底气。我就看到过一个自称为君子的人,就是"君子剑"岳不群,那还是个伪君子!所以我用这句话就想说明,与其说孔子是在批判女子与小人,不如说是批判我们大家,对所有的人都是公平的。男同胞听到这句话也不要沾沾自喜,女孩子听到这句话也不要垂头丧气,在批评面前人人平等的,没有什么特殊的例子。所以我觉得对孔子的这句话如何来解读,这句话在当下有怎样的一种意义,就是徐老师刚才所说到的,我们如何来理解和接受它,这是一个很大的命题。

徐兆寿: 关于孔子,我们今天谈的还非常简单,比如说马老师谈的仁、礼,也没谈透。如果说再牵扯到整个儒家,那就更多了。所以我们今天就作为一个门槛,进到孔子思想的门里,大家先怀着敬畏之心来读,先不要怀着过去这一百年来的怨恨去读孔子。

马世年: 我的态度是,大家先不要批判。我补充几句。大家知道徐复观吧?徐复观是台湾一个很著名的学者,他以前是行伍出身,做过很高的军官。后来他觉得没有意思,想读书了,于是就拜熊十力为师去读书。他去见熊十力的时候,熊十力告诉他说,你先去读王夫之的《读通鉴论》。结果徐复观说读过了,熊十力说你再去读。过了一个月,见面之后问:"你读得怎么样?"然后徐复观就滔滔不绝地讲《读通鉴论》这一点错了、那一点错了,批判了一大堆。熊十力听了勃然大怒,说:"像你这种读法如何能读出它的好来?"对于经典,就是徐先生刚才所说的,先不要抱着怨恨去读,我们不要先批判它,你了解之后,回过头来再去反观它,可能就有一些地方,即使是批判也会中肯一些。

徐兆寿: 我想说孔子之所以成为圣人,他是有圣绩所在,他就需要我们去瞻仰,如果我们把孔子降格为一个非常普通的人,把《论语》降格为一个非常普通的文本,它就已经被解构了。所以我想我们应该抛弃所有的成见,重新怀着敬畏之心去读圣人的著作。如果说我们再回头看,因为我们毕竟是需要现代的解读,我们现代人要去用它,也许就不一样了。过去古人说:"半部《论语》治天下。"如果我们现在没有《论语》了,怎么办?中国人还要不要这些东西?

主讲嘉宾简介:马世年,文学博士,复旦大学博士后。现为西北师范大学文学院教授、副院长、硕士生导师,甘肃省先秦文学与文化研究中心副主任,甘肃省省级精品课程"先秦诸子散文研究"负责人。兼任中国古代散文学会常务理事,甘肃省古代文学学会、甘肃省《四库全书》研究会副秘书长等。主要从事先秦两汉文学与文化的教学、研究工作。西北师范大学学生心目中"我最喜爱的教师",第九届西北师范大学教学名师。2013年荣获甘肃青年五四奖章。

庄子：旦暮遇之也

主讲嘉宾：杨光祖（西北师大传媒学院教授）
主持人：　杨　华（西北师大传媒学院副院长）
互动嘉宾：姜宗强（西北师大马克思主义学院副院长，副教授）
　　　　　李　红（西北师大传媒学院老师）
时间：2014 年 9 月 26 日
地点：西北师范大学四号楼演播厅

杨光祖

难以企及的文化珠峰

上节课马世年教授讲了《论语》，那么今天第二讲我来讲《庄子》。

因为学术界有人认为庄子是孔子学生的学生，乃孔门颜子一派之传，这也是学术界的一种观点，代表人物有钟泰。其实早在唐代，韩愈就说过，子夏之徒有田子方，"子方之后流而为庄周"。

《庄子》是中国文化的珠穆朗玛峰，也是世界文化的珠穆朗玛峰。那么今天呢，我就带大家一起上路，去看看庄子这座"珠峰"。

我们先请郭宣淇同学朗读一下庄子的《逍遥游》。

郭宣淇

朗读：逍遥游——北冥有鱼，其名曰鲲。鲲之大，不知其几千里也；化而为鸟，其名为鹏。鹏之背，不知其几千里也；怒而飞，其翼若垂天之云。是鸟也，海运则将徙于南冥。南冥者，天池也。齐谐者，志怪者也。

感谢郭宣淇，下面正式开讲。

我们首先来看鲁迅先生在《汉文学史纲要·老庄》里的一段话，他说："故自史迁以来，均谓周之要本，归于老子之言。然老子尚欲言有无，别修短，知白黑，而措意于天下；周则欲并有无修短白黑而一之，以大归于'混沌'，其'不谴是非''外死生'"无终始'，胥此意也。中国出世之说，至此乃始圆备。"

鲁迅先生对老庄的这段表述是比较准确的。我们经常说老庄，但老子和庄子差别还是很大的。鲁迅先生这里说得很清楚，老子"措意于天下"，老子对如何治理天下还是很关注的。但是庄子呢，他更关注个人的精神超越，对"天下"他不是很在意。当然后面鲁迅先生说"中国出世之说，至此乃始圆备"，他把庄子的思想仍然定位为出世，我个人认为还不是很准确，这个我们后面再讲。

　　当代关于《庄子》最权威的注释本，就是台湾著名学者王叔岷的《庄子校诠》。大陆上比较流行的是台湾学者陈鼓应的《庄子今注今译》，这书还是略有瑕疵。还有一位《庄子》专家方勇先生，他目前已经出版了 10 多本关于《庄子》的书，同学们如果有兴趣可以阅读方勇的相关著作，比如他的《庄子讲读》《庄子十日谈》，都比较简单，他的《庄子诠评》比较专业，还有一本他译注的《庄子》，中华书局的，此版本作为入门书很好。前辽宁省人大常委会副主任王充闾先生的《逍遥游——庄子传》，人民文学出版社最近出版，这个作为庄子的传记还是可以一读的。至于更专业的著作，还有很多，以后再说。

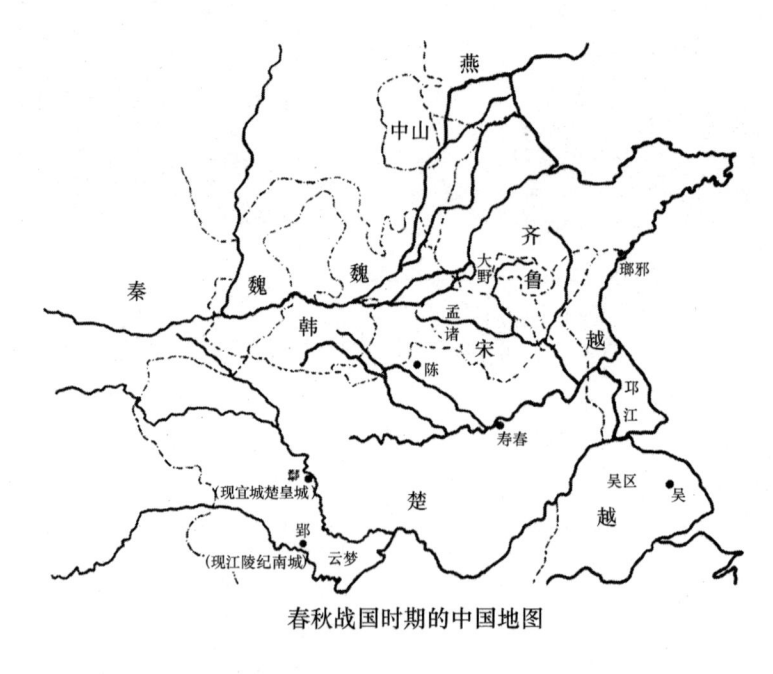

春秋战国时期的中国地图

图 1

　　这是春秋战国时候的地图（图 1），大家可以看一下，最西面是秦，陕甘当时就属于秦。最东面是齐国，齐国左下方是鲁国，大家看鲁国是一个内陆的诸侯国，齐国是濒海的。按文化地理学来说，要了解一个思想家，一定要了解他所处的地理位置，这个非常关键。齐国滨海，因此齐人非常富有想象力，清朝出了蒲松龄，现在出了莫言。莫言的大哥说过一句话，要了解莫言必须懂得齐文化，这是很有道理的。鲁国是一个内陆的诸侯国，左下方是宋，宋是庄子的老家，大致就是现在的河南省商丘市。

这是民权县顺河乡青莲寺村庄子故里（图2），这是庄子井（图3），这个井现在已经废弃了。这是庄子庙（图4、图5），很小。2013年7月，我和几位朋友先到青岛，然后由青岛到高密，再由高密到泰山，由泰山到山东曲阜孔庙，然后又到商丘。看了孔府孔庙，然后再看庄周庙，感觉差距很大。山东曲阜的孔庙那是非常豪华的，立着帝王的牌匾、题词，阵势很大。但是你跑到商丘去看庄周庙，居然比我们农村的山神庙还小一些，有人说像公共厕所。我问村子里的一些老人，我说你们这个地方有个庄子知道吗？他们说没有庄子。我说你们敬奉什么神？他们说庄周爷。我说有一本叫《庄子》的书你们读过吗？这个村子的人说没有，我们村里人都不识字。我当时就感慨，庄子真的非常伟大，老家人都不知道庄子，所以庄子真的在自己老家隐得非常成功。我感觉这就是真实的庄子。庄子庙后面的纪念碑是新加坡的庄氏后人新立的。庄子的庙里面，没有塑像，就一个庄子的画像。

图2　民权县庄子故里留影

36 重返经典

图 3 庄子井

图 4 庄子庙

庄子：旦暮遇之也　37

图 5　庄子庙

庄子墓（图 6）在青莲寺村南五公里的老颜集乡唐庄村。这个墓很大，这是夏天的庄周墓，当地现在也在搞开发，这个墓周边已经砌了一圈砖墙。

图 6　庄子墓

图 7　庄子像

庄子非常儒雅，非常俊美。所以古人把庄子叫庄生，李商隐有一句诗：庄生晓梦迷蝴蝶，望帝春心托杜鹃。我们一想起庄生就像想起张生一样，因为他非常俊美。你看老子就老谋深算的，因为《老子》是帝王术嘛。《史记》里面，司马迁非常聪明，他把老子和韩非子放到一个传里去了，《老子韩非列传》。在司马迁看来，老子和韩非子都是讲权谋的，看他的肖像也是非常高深莫测，和我们的庄周先生一比有很大的反差。

只在僻处自说

为什么要重返经典，为什么要学《庄子》？这可以用法国著名思想家、哲学家梅洛·庞蒂的一句话来回答，他说真正的哲学就是重新学会看世界。人们学庄子、学孔子，或者学其他哲学大家，不仅是学习知识，了解常识，更是要学得一双慧眼，让我们看清这个世界。这是非常关键的。我们今天讲《庄子》，希望能够让大家对世界有个重新认识，就好像你是近视眼，突然戴上眼镜看世界，发现世界是这么美好。

一个大思想家就是一条大河。庄子的时代是个非常特殊的时代，从思想文化的角度看，仍处于殷周之际的大变化之中。王国维有一篇文章叫《殷周制度论》，他在这篇文章里说："中国政治与文化之变革，莫剧于殷、周之际。"我们看，到现在中国人的文化生活，中国人的政治文化还有周公时代、周文王时代的深刻影响，在此就不具体展开了。庄子的时代是个神语转到人语的时代，哲学就是神语的人语表达。在殷商那时候是没有人的自主的思想的，因为殷商有什么事都是请示天神，都是请神说话。但是到周朝以后，我们可以回到人了，这时有很多大思想家诞生了。为什么在春秋战国有那么多的大思想家、诸子百家呢？因为那个时候已经是有人语的时代。东周到秦汉是中国的神死亡的过程。在西方尼采说："上帝死了。"可是从西周开始我们中国的神已经开始死亡了。所以我认为中国从西周开始就已经开始了"现代化"。

最早记载庄子的是《史记》，在《老子韩非列传》里面有 200 多个字。大家可以想象，在西汉司马迁的时代，对庄子已经不是很清楚了。所以《史记·老子韩非列传》中庄子的附传是这样说的："庄子者，蒙人也，名周。周尝为蒙漆园吏，与梁惠王、齐宣王同时。其学无所不窥，然其要本归于老子之言。"司马迁说了什么呢？庄子思想最核心的部分还是老子的思想。"故其著书十余万言，大抵率寓言也。"庄子的思想都是寓言，这点和西方哲学完全不一样，西方哲学从柏拉图的《理想国》开始，主要是概念、命题、推理，逻辑非常严密。而中国的哲学呢，基本是一种感悟式的，是寓言式的。

庄子的生平现在已经不太清楚了，为什么呢？我觉得可能是战国的时候战争太多，很多书籍都被毁掉了，而且也可能跟秦朝焚书坑儒有关系。另一方面，老庄本身也不想让别人知道，他不像孔孟，孔孟是生怕别人不知道他，要宣传自己。但是庄周是生怕别人知道，这与他们的思想倾向也有关系。有学者考证，庄子可能生活在战国中期，但是生前默默无闻。我觉得有点像欧洲的作家卡夫卡，死后好长时间无人问津。同时代只有惠施有一点评价："子之言大而无用。"还有荀子说："庄子蔽于天而不知人。"只有这两个人提到了庄子。此后再无人提起过他。

庄子和孟子是同时代，但是孟子从没提过庄子，孟子批评那么多思想家，但是没有提庄子。我个人感觉很可能是孟子真的不知道庄子，但他们离得很近，孟子是邹人，邹离商丘现在看并不远，但当时确是很遥远的。庄子知道不知道孟子呢？我想应该是知道的，但他不谈，他只谈孔子。所以朱熹有一句话：庄子只在僻处自说。有这么一句话，我觉得朱熹对庄子的把握非常准确，说他只在僻处自说。

图 8

　　庄子一生的物质非常匮乏，有点像曹雪芹。所以在《庄子》这本书里面，经常出现庖丁解牛、佝偻承蜩等故事，说明庄子对当时的下层工匠的劳动情况是非常熟悉的。这点孔子几乎不谈。孔子说："吾少也贱，故多能鄙事。"但孔子谈的却是怎么样治国平天下，下层的这些工匠在《论语》里面很少见到。他的弟子樊迟就问他，老师，怎么种庄稼？孔子说："你问老农去。"又问："怎么种菜？"孔子说："你问菜农去。"然后骂樊迟，说樊迟者小人也。你要做君子，就无须关心这些事情。在孔子看来，关心下层怎么种菜、怎么种庄稼是小人关心的事情，君子不关心这些事情。但是庄子不一样，庄子对下层的工匠非常熟悉。而且我们看《庄子》这本书的话，它几乎是动植物志，里面有很多动物、植物，非常有意思，如果你真的喜欢读《庄子》，那真的是一个动植物的世界，它里面的动物会说话。像庄周梦蝶，梦见蝴蝶，"栩栩然蝶也"。所以这是非常有意思的一本书，这种情况在《论语》和《老子》里面是绝对没有的。我们看《老子》，会感觉非常高深，"道可道，非常道，名可名，非常名"，它几乎不展开说一件事情。

　　有些学者认为庄子可能是楚国王室的后裔，流落到宋国。也有些学者认为他是殷商的遗民，因为宋国是殷商遗民的封地。后一种观点更为学术界所认同。如此一来，孔子、庄子，他们祖上都是殷商人，他们都继承了殷商文化。孔子后来去了鲁国，鲁国是周公的天下，他又接触了周的文化。但是庄子在宋国，宋国是殷商后裔的国家，他们几乎很少受到周朝的影响。老子是陈国苦县人，苦县也在商丘。如今的河南商丘市鹿邑县是老子的老家，河南商丘的民权县是庄子的老家，这是国务院认定的。

庄子的精神非常高贵，类似于曹雪芹，应该说庄子肯定出身于贵族家庭或者说败落的贵族家庭，虽然现在没有证据，但是我觉得这应该是没有任何异议的。为什么呢？如果出生在小农小户家庭，就不会有如此高的文化教养。而且我们看到庄子的童年绝对受过良好的教育，天赋极高，眼界极高，修养极深，对社会、对世界极其敏感。他对现实排斥，愤世嫉俗，可见庄子的内心也是非常痛苦的，他的表述是很真实的。他有一句话："方今之时，仅免刑焉。"说当今的时代很少有人能免除刑罚，那个时代是个乱世，活着的人都被整残了，或者战死了。曹雪芹也非常喜欢庄子，可能也是由于相似的遭遇。

"气功"与生命的学问

阅读《庄子》，包括《论语》这些经典著作，心态与阅读当下的一些文化产品，完全不一样。古时候人读书前首先要焚香净手，如果要抚琴的话，还要前三日斋戒。我曾经说，看王羲之的文章《兰亭集序》，多么超然，飘飘如仙。看路遥的《平凡的世界》，满纸充满着洋芋蛋味和大葱味，并且基本浸泡在这种氛围里，没有转化出来。这是境界的不同。进入《庄子》的文本，必须先让浮躁的心安静下来。佛经上说，心乐清静解脱，故名为空，无我者乃空也。《庄子》的哲学是对生命和生活方式的解读，读的时候应该把生命也放进去，用心去体会庄子，用自己的生命去体会庄子的生命。牟宗三说得非常好，"中国的学问是生命的学问"，这点和西方的哲学是完全不一样的。西方的哲学主要是逻辑推导，在西方如果不懂得数学，那么还谈什么西方哲学呢？有一位欧洲的哲学家说过，中国大陆没有人懂得胡塞尔，为什么呢？因为中国大陆搞哲学的人，搞西哲的人都不懂数学，而胡塞尔本身是大数学家。他那种哲学完全是逻辑推导，而中国的学问不是依赖逻辑推导，用逻辑推导不能真正进入它的内核，老子说"道可道，非常道"，这根本没办法推。所以，如果你把你的心打开了，《庄子》其实很简单，并不难懂。朱熹写过一首诗："半亩方塘一鉴开，天光云影共徘徊。"当你的心安静下来，把它打开，像一面镜子，像湖水，那么《庄子》就像天上的云一样，就会自然落在你的湖面上。

张荣明有本书叫《中国古代气功与先秦哲学》，他认为庄子是大气功师。好多人听了就发笑，其实庄子真的是大气功师。张荣明从这个角度解读先秦哲学很有建树，但是我觉得他把先秦哲学完全等同为气功有点狭隘。因为先秦的哲学不仅仅是气功，我前面说过，先秦是从神语到人语的时代，那个时代的人是天人相通的，我曾经说我们现在在阅读《庄子》，我们太现代了。我们离《庄子》的那个世界太远了。台湾有一个学者叫薛仁明，说了一句话，我觉得说得非常好，对我们阅读中国的典籍很有帮助。他说："中国儒释道三家学问，终究是生命之学，都是体证的学问；体得多少，便说多少；证得几分，也只能老实说那几分；若是未证言证，空谈瞎扯，虽可瞒却世俗眼目，却难逃方家法眼。"这段话说得非常好，中国的孔孟、老庄其实属于体证的学问，不是逻辑推演的。我曾经说中国没哲学，当然这个话使很多人很生气，说我崇洋媚外。其实这话是有道理的。从狭义上说中国就没有哲学。哲学只属于希腊。如果广义地说哲学，中国可以说老庄是哲学，但狭义说中国真的没有哲学，只有思想。因为哲学（Philosophy）是要进行逻辑推导的，而中国人很早就中止了纯粹逻辑学的发展，因此不长于逻辑推导，我们就是生命的体证。老庄、孔孟在中国不仅仅是知识，它是一种信仰。在西方很少有人说，我信仰康德，我信仰黑格尔，没有的。但是在中国，我们有很多人是孔孟的信徒，有很多人是老庄的信徒。所以，李泽厚说："《论语》、儒家，是半哲学半宗教。"但这个话还是西方话语，用西方话语说中国的学问，说儒家是半哲学半宗教。这是如今我们能听懂的话，其实中国的儒家孔孟既不是哲学，也不是半宗教，它就是生命之学。

我们看《庄子》的文章，庄子是有实修的，气功大概也是有一些的，庄子这样说："藐姑射之山，有神人居焉，肌肤若冰雪，绰约如处子，不食五谷，吸风饮露。"意思就是说，那个地方有个神人，那个皮肤像雪一样、像冰一样洁白，像处女一样风姿绰约，不食五谷杂粮，吸风饮露，这个话从修行上说是可以做到的。我们道教就有辟谷，大家不知道听过没有？辟谷就是可以十几天不吃饭。我说这个人得道了，他的身体表征肯定是道风仙骨，很瘦，如果很胖，他绝对没有得道。（笑）所以庄子真的有修行，一些学者说庄子是神秘主义，也有一点道理，因为修行就是有点神秘。山东有个学者叫颜炳罡，他说道家与儒家相比，道家更近于宗教。当然这有点用西方的话语来解释中国学问的味道。道家与隐者关系很密切，道家幻想的至人、真人、神人让人感觉好像有种很强的宗教色彩。儒家呢，是一种积极入世的学派，它关心的是秩序，社会的秩序。孔子讲"君君，臣臣，父父，子子"。忠、孝，就是你怎么样做个忠臣，怎么样做个孝子。孔子讲的是世界秩序的和谐。而庄子根本不关心这些，他讲的是内心精神的超越。梁启超在《先秦政治思想史》里有这么一句话："道家最大特色，在撇却卑下的物质文化，去追寻高尚的精神文化；在教人离开外生活以完成内生活。这些见解当时最流行的儒家、墨家都没有说过。"中国人活得还有一点层次，还有一点格调，都是因为有道家。当然儒家的境界也比较高，但是儒家更关注的是齐家、治国、平天下。在孔子的思想里面也有很高深的东西，但是很可惜，孔子的绝学传给了颜回，但颜回死得太早，死在孔子前面了。孔子思想里面最高深的一部分东西因为颜回的死而失传了，当然这是我的直觉，没有直接证据。但看《论语》其实也是可以看出来的。像子贡、子夏、曾子，他们智商都是有点低，在传承孔子的绝学上他们做不到。所以我们看《论语》，颜回死的时候孔子非常伤心，他的弟子问："你是不是太伤心了？"孔子说："颜回死了我不伤心，谁死了我还会伤心呢？"颜回死的时候，孔子说"天丧予"，老天爷在惩罚我，因为他的绝学断了。当然现在留下的《中庸》里面，可以说把孔子一部分比较高明的学问传下来了，后来宋明理学又做了发挥，但到最后孔子最高层的东西失传了。现在剩下的老庄的思想，成为中华民族唯一能提高我们境界的一种学问。所以，梁启超说得非常对，道家是撇却物质生活，追求高尚精神。而当下中国人正好相反，我们都在变成吃货，都在追求金钱利益，忘记了自己灵魂的高度。所以有人说，宁可在宝马车里面哭，不在自行车后面笑。如果真是这样的话，我觉得很难受。

我去年在北京学习，碰见美国哈佛大学的一个教授，他的汉语名字叫任博客，专门研究《庄子》，他说："我瞧不起战国以后的中国人，尤其瞧不起宋明以后的中国人。"这话是有道理的，中国人的品位在先秦之后日渐下降。而当代的很多中国人陶醉于大众文化，崇拜大众文化产品，其实是很不好的。前面谈过，鲁迅说庄子是出世之说，我们就说庄子出世，庄子消极，庄子颓废，庄子虚无，这其实是对庄子的误解，包括鲁迅都有误解。其实庄子不是出世，庄子是游世。孔夫子的学问是谈入世，只有佛教的思想是出世的，所以庄子绝对不是消极冷漠的人，他是内极热、外极冷的人。胡文英先生有句话："庄子眼极冷，心肠极热。眼冷，故是非不管；心肠热，故悲慨万端。虽知无用，而未能忘情，到底是热肠挂住；虽不能忘情，而终不下手，到底是冷眼看穿。"这段话对庄子的理解非常到位。如果庄子真的是虚无主义，他就不会写《庄子》十万言了。

往往那些愤世嫉俗的人都是有大爱的，大爱是和大恨相表里的。徐梵澄曾经说过一句话："鲁迅是最厚道的人，正因为太厚道，所以对恶势力、恶现象无法容忍，他才骂人。"所以孔夫子也特别讨厌一些和稀泥的人。他说："乡愿，德之贼也。"孔子说我们要做到中庸，但中庸很难做到，那怎么办呢？"必也狂狷乎"，做个狂人或者狷者也可以，他并没有说要做个老好人，孔夫子也非常讨厌老好人。鲁迅在《汉文学史纲要》里面对庄子的文章有几段话，我觉得说得非常到位。鲁迅先生说庄子的文章"著书十余万言，大抵寓言，人物土地，皆空言无事实，而其文则汪洋辟阖，仪态万方，晚周诸子之作，莫能先也"。晚周的诸子百家没有一个在文采上能赶上庄子的。鲁迅后来说得更清楚，他说："战国之世，言道术既有庄周之蔑诗礼，贵虚无，尤以文辞，陵轹诸子。"大家知道鲁迅是个大文学家，他说庄子的文辞在当时诸子百家里面是无人可及，他是"陵轹诸子"。所以我们读《庄子》，光从文辞来说确实非常美丽。闻一多也说，"南华的文辞是千真万真的文学"。南华就是庄子，庄子在唐玄宗的时候被封为南华真人。闻一多还说，"中国人的文化上永远留着庄子的烙印。从贾谊、司马迁以来，历代大作家几乎没有一个不受到庄子的影响"。郭沫若说，"秦汉以来的一部中国文学史，差不多大半是在《庄子》的影响下发展的"。扬之水在《先秦诗文史》里有这么一段话："可以说孔子是把人放在一个历史的社会的秩序里，庄子则把人放在宇宙的生命的秩序里。孔子系心于日用伦常中的人生，庄子关怀着天地大化中的人生。孔子是为人之道，庄子是为生之道。孔子奠定了根基，所以是深厚。庄子拓展了视野，所以特别有着精神世界的广大。"扬之水这段话也说得非常到位。

我们下面来讲讲《庄子》中的几个主要思想，他思想的几个关键词。

道

首先看"道"。我们经常讲孔孟之道，老庄之道，孔孟和老庄的道是不一样的。庄子的"道"，它更加抽象，并且玄妙。孔孟之道，更多的在伦理、政治层面,仁义礼智信。当然,刚才说了,在孔子那里也有高深的东西,但是因为颜回过早死去,很多失传了。但是有一点,不论是孔孟之道,还是老庄之道,他们都是要用生命去体悟的,不仅仅是一种认识、一种推理。所以《渔父篇》这样说:"且道者,万物之所由也,庶物失之者死,得之者生。"这就是对道的定义吧。中国人谈哲学和西方不太一样,西方的那个更加准确,这几乎就不是个定义,因为中国讲道,西方讲上帝。《知北游》说得很清楚:"道不可闻,闻而非也;道不可见,见而非也;道不可言,言而非也!知形形之不形乎!道不当名。"这一段话其实还是对《老子》的"道可道,非常道"的阐释。在中国来说道是不能谈的,道是不能说的,说出来就不是道了。道虽然难以言明,难以形容,但确实是一种存在,先天地而生。相对道的超越性来说,技术仅仅是一个很低级的存在,但现在正好是一个技术的时代,过于夸大了技术的作用,而忘记了道的存在。西方人有上帝,中国人有道。但现在没有道了,那么道在哪里?东郭子问庄子:"所谓道,恶乎在?"你所说的道在哪里呢?庄子说:"无所不在。"到处都有道。那东郭子说:"你说个地方吧。"庄子说:"在蝼蚁,在稊稗。"东郭子说:"怎么更加卑下了?"庄子说:"在砖头瓦块。"东郭子说:"怎么越说越卑下了。"最后庄子说了非常有名的一句话:"道在屎溺。"道就在人的粪便、小便里面。这是庄子非常有名的话。

我们说"万法归一,一归何处",其实"一"仍然在万法里面。形而上者谓之道,形而下者谓之器,但并不是把道器分开了,道就在器中,这是中国的天人合一、道器合一。中国人讲"一",中国哲学讲"一"。而西方哲学从古希腊开始讲对立的,主观、客观,存在、意识,物质、精神。

《庄子·秋水》里面说了一句话:"以道观之,物无贵贱;以物观之,自贵而相贱;以俗观之,贵贱不在己。"这段话非常有道理,说什么叫逍遥游,也就是"以道观之,物无贵贱"。用道来看没有高低贵贱。那么以物观之呢,自贵而相贱。但以俗观之,贵贱不在己,如果用世俗眼光看的话,我们俩说的都不算。

什么是道?就要去体证它。所以我经常说,"道可道,非常道"是什么意思?没有办法逻辑推导。好多学生问:"老师,这是不是老子不懂所以说'道可道,非常道'。"也不是这样的,我经常打比喻说,道就像爱情一样,你能说清楚吗?你爱一个姑娘,你爱一个小伙子,你为什么爱他(她),你能说清楚吗?有些女学生问:"老师,什么叫爱情?"永远说不清楚,我说爱情是甘草味,你不知道,我说爱就是薄荷味,你也不知道。哪天她爱上一个人了,会说,老师,我懂爱情了。道也是这样的,道要用你的生命去体悟它,而不是个逻辑推导,这是中国的学问和西方学问不一样的地方。爱情不仅可以改变人的性格,还会改变人的肉体。道也一样。当然,这个比喻也不太妥当,因为爱情还是比较具体。

逍遥游

《逍遥游》是庄子思想的核心和精髓,"逍遥而游,游而逍遥",是庄子思想的慧眼所在,说逍遥就是游,游就是逍遥。所以抓住"游"字,那庄子也就理解了。《庄子·山木篇》说了:"人能虚己以游世,其孰能害之!"你把自己虚了,谁能害你。虚是什么意思?空,空虚,我们说虚心学习,把你心虚掉、空掉才能学习。所以胡适说了一句话:"有人骂你,只能引起空气的波动,没有必要生气。"你心动了你才会受到伤害。佛教讲"如如不动,修个清静心",所以说庄子说得非常对,"人能虚己以游世,其孰能害之"!庄子讲逍遥就是无己。《逍遥游》一篇文字,"至人无己"一句是最厉害的,至人无己,说最高的人是没有自己了,我和天地合一了,谁能伤害我?庄子说:"呼我为马则为马,呼我为牛则为牛。"我都无所谓,这就是至人无己。减掉你的欲望,无己嘛,不要有欲望。

黄庭坚说了一句话,说:"惟体道者乃能逍遥。"黄庭坚是大人物,高人,他说什么叫逍遥?体道者乃能逍遥,这有一个"体"字,就是说体证它,不是逻辑推导,这要自己去体悟。所以西方的哲学是逻辑推导的,中国的学问是体悟的。明世宗嘉靖朝的一个高僧在《南华发覆》说:"逍遥游者,游于道也。"他在《齐物论》篇题下说:"物本自齐,人以我为故而有是非彼此分别。物之不齐,盖缘于此。若悟此身空洞无物,元无有我,则知一死生,不虚诞,齐彭殇,不妄作也。入道之要,莫先于丧我,必须立论以明之,是为《齐物论》。"在《养生主》篇题下更明白地说:"欲得逍遥,先须忘我,故言齐物。"

所以逍遥游就是把那私心杂念,把那些欲望都除掉,也就是清心寡欲。这点儒家也讲了,儒家讲"静以修身,俭以养德。非宁静无以致远,非淡泊无以明志"。所以就要除去你的杂念。这就是"欲得逍遥先须忘我,故言齐物"。

大家知道很多学者,包括哲学系搞西哲的一些同志,对《庄子》几乎就很难理解。为什么呢?他拿西方的哲学来套《庄子》,格格不入。他们能理解《逍遥游》,觉得是精神的超越,绝对自由。但又说《齐物论》是相对主义,他们经常用相对主义来解释《庄子》,这就把《庄子》放得很低了。我说我们很多人其实把《庄子》读成阿Q。阿Q是山寨版的庄子。很多人读《庄子》读成阿Q了,觉得庄子很虚无,很消极,其实你读成阿Q了,因为你的层次太低。所以,鲁迅对《庄子》有很深的造诣,他的《阿Q正传》非常伟大,阿Q的精神胜利法、自我欺骗,就是庄子的另一面。所以庄子和阿Q就是一念之差,我们经常讲"佛魔一念间"。读大师的作品一定要非常小心,你读郭敬明,读韩寒,没有关系,那是大众产品。你读于丹、余秋雨,随便读,没影响。但是你读《庄子》,读鲁迅,稍不留心,你就会掉下万丈悬崖、走火入魔。比如你去五泉山,你大声说话,跑、跳,没有任何影响。但是当你去珠穆朗玛峰时,咳嗽一声就会引起雪崩,会葬身雪崩之下,在那个地方得轻声轻语,不敢说话,因为那是珠穆朗玛峰。所以大师的学问非常复杂,非常丰富,非常危险,如果智商不够,就最好不要读,读了可能还会走火入魔。所以很多人把"齐物论"给理解错了,觉得"齐物论"就是相对主义,世界上没有美丑,没有高低,这就把《庄子》理解错了。庄子的"齐物论"就是,你齐物了才能逍遥嘛,你齐万物了才能逍遥游,你逍遥游也就能齐万物了。这是我的一个观点:"逍遥游就是齐物论,齐物论就是逍遥游。"

台湾有个学者叫方东美,是净空法师的老师。早年留学美国,毕生研究哲学,著作等身,中西兼通。就佛学来说,亦是大著煌煌。晚年却皈依了一字不识的广钦法师,亦为一件奇事。他说,学习庄子前最好坐一次飞机。当然,很多人坐过飞机,但并一定就懂庄子。不过,坐一下飞机对于学习庄子确实有帮助。你坐在飞机往下看,大家都是黑点儿,没有差别,齐万物了。所以有人说过一句话,说庄子就是个太空人,这话是有道理的。讲庄子能到那么高的境界,这是令我很佩服的。庄子有一句话:"天下莫大于秋毫之末,而泰山为小;莫寿乎殇子,而彭祖为夭。天地与我并生,而万物与我为一",这话说得非常伟大,说天下最大的是那个秋天动物上的汗毛，秋天动物会长一层汗毛，说那是最大的，而泰山都很小。1岁、半岁就死的娃娃叫夭折，他说那才是长寿者，而彭祖活了800岁，那才是夭折的。这种思想一般人是无法理解的，要去体悟，要去超越一下。就像你站在五泉山上看兰州市，和你在平地上看不一样。他说"天地与我并生，而万物与我为一"，这个话不好理解。我的一个学生问我：老师，怎么叫天地与我并生，我生之前不是就有天地了吗？但是如果没有你的话，天地又有什么意义呢？这就是"陆王心学"说的"吾心即宇宙，宇宙即吾心"、"心外无物"。世界因你而精彩，因为有你世界才存在，如果没有你那世界也就不存在了，天地与我并生。因为有我，我看世界是这样的，那么你看见的世界和别人看见的世界完全不一样。一个藏族人眼中的世界和一个汉族人眼中的世界是完全不一样的，藏族人看见这座山很神圣，就去转山，看见这个湖很神圣，就去转湖。汉族看见一个山，这里山上有树，可以砍下来盖房子，这里面有石油，有煤炭，都要挖出来用。看见一条湖，这里面有鱼，可以钓上来吃，这就是我们汉族人，都成吃货了，没有精神境界。所以你的"天"和别人的"天"完全不一样，所以天地要并生。

法天贵真

因为《逍遥游》和《齐物论》，你才能"法天贵真"。那什么叫"法天贵真"呢？"真者精诚之至也。"《天道》说"朴素而天下莫能与之争美"，《刻意》里说"淡然无极而众美从之"。这两句话非常关键。中国艺术的最高境界是朴素。宋元山水画是水墨，那些大红大绿的一些所谓的艺术作品都是不值一提的。所以说张大千，仅仅是个名家而已，他和黄宾虹、齐白石差远了。就从用色方面来说，张大千用色非常鲜艳，就是为迎合一些世俗的老百姓，所以张大千的境界是比较低的。可是黄宾虹的境界就非常高，朴素嘛。他几乎很少用彩色，大多数作品都是墨色，甚至焦墨，一层一层的，但看上去，却很透，墨色很活。真是百看不厌，看一次就满心充溢着幸福。我们一些女娃娃素面朝天，这样比较好，这也就是老子说的道法自然。李白说了："清水出芙蓉，天然去雕饰。"胡应麟说："唐人诗如初发芙蓉，自然可爱。"这就是老庄思想对中国的山水画、田园诗、游记等产生的深远影响。判断一个艺术品好不好，如果第一眼看上去鲜艳夺目，非常美，肯定是次货，它挂在家里不耐看；你第一眼看这个画很一般，你再看，好看，再看更好看，它耐看。所以说最高的美是丑的美，我们叫内美。

儒家，历史上有传人，到现在还有新儒家，都有传人。但是庄子，历史上没有传人，庄子虽然有学生，但庄子的学生也没有名气，庄子以后就没有道家的代表人物，那庄子到哪儿去了？庄子化身千万亿，散入到中国后世的文学艺术中去了。再看王羲之、陶渊明、李白、王维、苏轼、陆游、曹雪芹，不就是庄子吗？宋元的水墨山水画，山水画大师倪瓒、黄公望、八大山人、石涛、黄宾虹，不就是庄子吗？现当代画家我最佩服黄宾虹，无人能及，这个气象，我们就望尘莫及，我们站在黄宾虹旁边给人家当个书童都不配，一脸的尘俗之气，黄老先生这么高古。你看这是黄宾虹的画，如果不懂《庄子》，那你根本看不懂这个画的好坏。中国的山水画是可居可游的，如果不懂庄子，中国的艺术你就不懂，一辈子入不了门。

我们现在的美术是先学素描，一学素描就死掉了，素描是科学，看中国画就看不懂。其实中国美术是书法至上，书法不好就不要从事绘画了。你看中国的山水画，就要先看他的书法好不好，如果他落款的书法不行，就不要看这个画了，那肯定是烂东西。宗白华就说了，"庄子是最具有艺术天才的哲学家，对于艺术境界的阐发最为精妙"。所以在中国几大美学家里面我最佩服宗白华，那真是高人，他的《美学散步》可以看看，其他人达不到宗白华这个境界。

有一个美籍华人叫刘若愚，他说过一句话："可以毫不夸张地说，《庄子》一书对中国艺术影响之深是任何一书无法比拟的。"台湾有个新儒家的代表人物叫徐复观，他说："在庄子之后的文学家，其思想、情调能不沾溉于庄子的，可以说少之又少。"所以我们大学生如果不懂《庄子》，你这辈子与中国的文学艺术就完全是隔膜的，非常可怜，看几幅画都看不懂。《庄子》不仅在中国影响很大，在世界影响也很大，我说《庄子》不仅是中国的珠穆朗玛峰，也是世界文化史上的珠穆朗玛峰，对世界影响非常大。其实孔孟的思想在世界影响比较小，老庄的影响是非常大的。欧洲人、美国人不喜欢孔子，比如德国哲学家黑格尔，他有一本书叫《哲学讲演录》，他开篇就说了，他看《论语》，觉得孔子婆婆妈妈，境界很低。这是他的评价。但是一遇到《老子》《庄子》，他们就肃然起敬，觉得这才是哲学家，他们不敢说话。所以《庄子》对西方的哲学，对西方的文学艺术的影响是巨大的。像阿根廷作家博尔赫斯，这是当代先锋文学的鼻祖，他就说："魔幻文学祖师爷头衔轮不到我，2000多年前梦蝶的周庄也许当之无愧。"这是博尔赫斯的话。德国戏剧家布莱希特，还有墨西哥的作家帕斯，英国作家王尔德都深受《庄子》影响。王尔德说，他读完英译版的《庄子》，竟然进入一种如痴如醉的状态。美国作家梭罗一生酷爱《庄子》，孤身一人到瓦尔登湖居住，后面写出了《瓦尔登湖》。《瓦尔登湖》明显有《庄子》的烙印。墨西哥的作家帕斯曾经说："我最崇拜的散文家之一是位中国人——庄子。"他有一首诗叫"致爱人的诗"，我们请秦阿林同学朗读一下。

致爱人的诗

一只蝴蝶在汽车丛中飞来飞去

玛丽·何塞对我说：那一定是庄子

正路过纽约

但那只蝴蝶

不知道是梦见成为庄子的蝴蝶

还是梦见成为蝴蝶的庄子

蝴蝶不会疑惑

它自在飞舞

谢谢，读得很好。这首诗不但写得好，翻译得好，我们秦阿林同学朗读得也好。《庄子》还有一个重要思想是物化，今天不谈了，因为没有时间了。庄子认为世界是物化的，什么叫物化？就是自然变化的。中国文化不相信有上帝，西方说是上帝创造了万物，而中国不这样认为，中国人认为万物是自己变化的，这是我们的思想，万物自己变化。

心斋　坐忘

我们今天讲《逍遥游》、《齐物论》、物化，那么如何做到逍遥游？庄子有一些具体的途径，就是心斋、坐忘。心斋、坐忘是庄子修行的两种方式。什么是心斋？唯道集虚，虚者，心斋也。就是说把你的心给澄澈下去，把你的心虚下来，叫心斋，斋是斋戒。坐忘，在《大宗师》里颜回说："堕肢体，黜聪明，离形去知，同于大通，此谓坐忘。"说你突然把自己忘了，你的身体不见了。黜聪明，聪是耳朵，明是眼睛，你的听觉、视觉没有了，你要完全回到内心就叫坐忘。心斋也就是虚室生白，白就是明，"虚室生白"就是心里生出一种白光，心里没有任何杂念就会悟出道理，生出智慧。《庄子·人间世》说："虚室生白，吉祥止止。""虚室生白"我们哲学解释就说，你的心里静下来了，像一个湖水静下来，然后有道白光产生。其实在道教看，虚室生白就是一种修行的境界，当你修行到某种境界以后，你走在一个空房子里，浑身是发光的，这就是修行的境界。我们在座的很多青年男女，你们都谈过对象，当你热恋的时候，你发现你浑身都是冒火的，那个时候你也进入修行的境界了。（笑）

《庄子》里有一个非常有名的典故：

> 南海之帝为儵，北海之帝为忽，中央之帝为浑沌。儵与忽时相与遇于浑沌之地，浑沌待之甚善。儵与忽谋报浑沌之德，曰："人皆有七窍，以视听食息，此独无有，尝试凿之。日凿一窍，七日而浑沌死。

说有三个人，一个是儵，一个是忽，一个是浑沌。浑沌就是一块肉疙瘩，没有五官。而忽和儵都有五官，大家都是好朋友，忽说："我们关系这么好，浑沌对我们这么好，人家没有五官，给人家凿一个五官吧。"于是在浑沌脸上凿了七窍，浑沌就死了。凿七窍不符合老子道法自然的思想，老子是反对人为地改变自然容貌的，我是反对女孩子过分美容的，因为美容是人为的事情，不符合自然，老子也讲究"道法自然"。上帝把你造成什么样就什么样，那是最美的，越美容越不自然，很多明星最后因美容成残疾人了。

20世纪最伟大的思想家海德格尔，晚年深受庄子思想的影响。海德格尔晚年的思想就很有庄子的烙印，他的书里经常引用《庄子》的原话，他晚年提出的很多概念都来自《庄子》。所以《庄子》这种"道通为一，天人合一"的思想，对环保、生态，以及人的精神境界的修行都是很有帮助的。海德格尔对这个问题的反思，一部分资源就来自东方，来自《庄子》。欧洲人为什么尊敬中国人？因为中国有《红楼梦》和《庄子》。

中华民族在世界上还有点地位，还有点脸面，是因为有庄子，有曹雪芹这样一些大师，而不是由于有余秋雨、郭敬明，那只是大众文化而已，商品而已，不能代表中华民族的精神标高。

西方的二元思维，现在引起人们的反思，对于二元思维，我认为想要征服大自然，要控制大自然，像英国的思想家培根说的，我们要用鞭子抽打大自然，让它交出自己的秘密。这种思维已经出问题了，人类在自我毁灭，所以这个时候他们又回到了《庄子》。西方有个思想家叫维柯，就提出诗性智慧。我觉得也跟庄子思想很相似。这个我们就不展开了，我演讲的时间快到了。

最后，我们讲两个梦，请两个同学朗读一下。秦彤彤朗诵第一个梦，我们现在讲中国梦嘛，我们这里有两个庄子的梦。

朗诵：梦饮酒者，旦而哭泣；梦哭泣者，旦而田猎。方其梦也，不知其梦也。梦之中又占其梦焉，觉而后知其梦也。且有大觉而后知此其大梦也，而愚者自以为觉，窃窃然知之。"君乎！牧乎！"固哉！丘也与女，皆梦也；予谓女梦，亦梦也。是其言也，其名为吊诡。万世之后而一遇大圣，知其解者，是旦暮遇之也！

好，谢谢，我们请王昊原阅读第二个梦，这个梦更加有名。

朗诵：昔者周庄梦为蝴蝶，栩栩然蝴蝶也。自喻适志与！不知周也。俄然觉，则蘧蘧然周也。不知周之梦为蝴蝶与？蝴蝶之梦为周与？周与蝴蝶则必有分矣。此之谓物化。

谢谢王昊原，这是庄子非常有名的两个梦，大家都知道周庄梦蝶，但对前面一个梦不是很熟悉，这个"梦饮酒者"也非常伟大。那庄子在第一个梦中说了一句话："万世之后而一遇大圣，知其解者，是旦暮遇之也！"我有一个朋友叫止庵，是著名的学者，他出了一本书叫《旦暮帖》，如果没有读过《庄子》，你就不知道这个书名是什么意思。庄子很清楚自己的思想，他的思想在这个世界上很少有知音。庄子说："一万代之后，如果有一个人，有一个聪明人懂得我的思想，那就好像早晨和晚上一样。"

《庄子》是珠穆朗玛峰，世界上有那么多人，能爬上珠穆朗玛峰的人微乎其微。我们可以每天去五泉山，但我们几乎很难攀上珠穆朗玛峰。所以庄子也很清楚，他死之后他的思想很难遇到知音。老庄思想永远属于少数人，属于文化精英。当然，这个精英不一定就看社会阶层，有时候在民间，就有那么一些高人，是真正的文化精英。而上流社会，也不一定都是精英。我曾经说，我们上班坐公交车或坐地铁，一上车看见每个人拿张晚报在那儿看，我觉得这世界很正常。如果每个人上车都拿本《庄子》在那读，那这个世界就很疯狂了。《坛经》上说，《坛经》只属于上上根慧的人，《庄子》也是这样的。大家作为大学生，应该了解一下《庄子》。

庄子觉得，一万代之后，如果有一个聪明人懂得他的思想，那就好像早晨和晚上一样。就是在庄子看来，了解他的人一万代有一个，不是一万年，是一万代，有一个知音，这个时间差距就好像早晨和晚上一样，意思是极其难得。我们看历史，真正懂庄子的人也确实非常少。《庄子》这么难读，我们需要去读它吗？还是需要去读的。我觉得所谓经典，就是可能养你一辈子的书。你晚上去读琼瑶、金庸，一晚上能看一本书，40万字。但是翻开《道德经》，五千个字，你读不完。我在党校讲课，我说谁把《老子》五千个字读过一遍举个手，没有一个人举手，但是那些人把于丹的《庄子心得》《论语心得》都读了几十遍了。我说于丹的《论语心得》十多万字，他们能读几十遍，但是《老子》五千个字他读不下去，因为什么？那是经典，那是珠穆朗玛峰。不过，你买一本于丹的《庄子心得》可能两年就扔掉了，但是你买一本《庄子》，买一本《论语》，它可以传世，传给你的儿子，传给你的孙子，传给重孙的重孙都可以。它们养育了中华民族两千多年，它还能养育两千多年，甚至几万年，没有任何问题，这叫经典。而那些大众文化产品，就是个消费，消费完就扔掉了。所以说，什么叫经典？经典就是养你一辈子的书，不要想着说我拿起《庄子》就能读懂，没有人能完全读懂，《老子》五千个字，你读到80岁，读到100岁，甚至死的时候，还是没有完全读懂，这叫经典。但是我们要做一个有格调的人，有情趣的人，有品位的人，就一定要读经典，而不要仅仅读那些大众产品。

谢谢大家。

杨华：《庄子》是经典，是杨老师讲的珠穆朗玛峰，是一条大河，我们用有限的时间是没有办法把它解读清楚的，更何况庄子所谓的道是不可言的，不可听的，不可说的，那我们花时间给大家解读本来是在违反庄子的精神，但是我们不得不这么去做，因为学校有"传道授业解惑"这样一个功能，所以从这个角度来讲，我们想把这个解读再往讨论的深层次走一步。

庄子是大气功师

姜宗强：光祖讲的很多东西我非常认同，比方说他讲的《庄子》，讲游世，既不是出世（出世是佛教），也不是入世（入世是儒家），更不是避世，如果避世，庄子不会有这种热心肠，所以讲他游世。我觉得理解庄子，不仅仅要从宗教，更要从美学角度去理解他，他的这个游是一种潇洒。这是我赞同他的第一点，就是庄子是游世，不是出世，也不是入世。那他讲的第二点呢，我也非常欣赏，他讲庄子是一个太空人，那么太空人是什么样的人呢？就是他从一个宇宙的眼光、大化的眼光来认识世界，认识社会，认识事物，这种认识就叫与道同一，从道的角度去认识。光祖引述了一段经文，我觉得非常好，他说你用道去看，物是没有贵贱的，你用人去看的话，它是有贵贱的。人们常常是贵我贱别人。但你用道去看，就是从宇宙的角度来看，如果地震发生的时候，不管你是美还是丑，不是说地震发生就把丑人震死，把美人留下，没有的，那么以道观之，他们都是平等的，都是一样的。但是人是有美丑之分的，人找对象一般都喜欢找美的。那么庄子很反对用人的观点去看问题，他甚至举了一个例子，讲一个富人有两个妾，一个妾非常美貌，一个妾非常丑陋。奇怪的是，这个富人很喜欢丑陋的妾。庄子认为这个人是有境界的人，他用一个平等的眼光去看事物。那么这是道的第一层，他是用道来看。

那么第二层意思呢，我在想，为什么要从美学来理解《庄子》的思想呢？这个道到底是什么？"道可道，非常道"，就是说你如果说出它就不是它了，但是我们还是要说，因为如果不说，我们永远弄不清楚它是什么，哪怕说错了，给别人留下一个抛砖引玉的机会都行。那么道到底是什么？"道生一，一生二，二生三，三生万物。"众所周知，神话就是盘古开天辟地，我想用这个神话来诠释一下。

盘古开天辟地，讲了"道生一"就是一个原始的宇宙蛋，"一生二"，就有了清气上升为天，浊气下降为地。那么，"三生万物"呢？就是说盘古把这个蛋撑开之后呢，盘古自己死了，死了之后他的头发，他的躯干、骨头都变成了大地上的土壤、山川、河流、树木。所以这样一个宇宙，不是西方科学征服下的宇宙，是一个由人化身而成的宇宙，那么这个宇宙就充满生命，这些生命里面的所有动物都会说话，青蛙在说话，乌龟在说话，鱼在说话，猫头鹰在说话。那么这样一个宇宙是啥呢？充满诗意的宇宙，包括庄子梦的蝴蝶。那么这样一个宇宙也是生态的宇宙。为什么是一个生态的宇宙呢？这些光祖都提到了，就是说当你用道的角度去看，用生命的角度去看，为什么你可以活，鱼就不可以活？你怎么可以杀死它。从生态的宇宙去看的时候，你和这些东西都是平等的，这是庄子思想中我觉得非常高明的一点。如果人只能关注自己的生命，他是自私的，这个自私表现在，如果狼吃羊了，我们说狼是残忍的，我们天天吃涮羊肉，却说自己非常善良。所以从这一点来看，这个宇宙不仅众生是平等的，而且它是活泼的，有生命，所有的这些生物都跟我们的生命息息相关，所以它就摆脱了人类中心主义。这是我看光祖讲第二点关于太空人的。

第三点，我对光祖讲庄子是一个气功师的理解，非常欣赏。因为很多人他不会从这个角度来理解。那么道呢，他讲的很多的这种高明的人，无论是庄子还是老子，他们讲的最高明的人不是那种削尖脑袋往上爬的极聪明的人，而是看起来非常朴实的人，说话很少的人，很淡定的人，很低调的人，这对我们做人处事也非常有好处。庄子非常讨厌狂妄的人。庄子举例说有个叫列子的人，他在平地上射箭，连发几箭都射中了，就等于给人炫耀，说：你看我多厉害。另外一个人说：你在平地上射箭射得百发百中，那么我们上山去射，看看怎么样。到山顶上，站在一块石头上，石头下面是万丈深渊，然后那个人一脚立上，脚做燕飞式，给这个列子演示了一遍说：现在你做这个姿势来射箭吧。列子根本就不敢站上去，最后就倒在地上了，因为掉下去就是万丈深渊，射不了。他讲你要淡定，要虚己，都讲的是这样。

我为什么要赞同光祖兄讲的庄子是一个大气功师呢？道教有一个会长叫陈撄宁，他的名字就起自《庄子》中的撄宁，就是在一切纷扰中保持平静。他就认为庄子会气功，而且根据《庄子》里面的一段话，就是光祖刚才讲的，发明的一种治疗神经衰弱的气功疗法，叫停息法。只有静到特别静的人，他特别静，比方你能够静坐了，你能够静坐上八个小时，什么都不想，这个人一定是平淡从容淡定的。所以我们现在都追求的是重口味，要浓烈的，什么都重的。但是庄子是一个非常清淡的人，清淡到几乎我们可能会忽略他，但是他是非常有内涵的。这种清淡有很多，因为时间关系，我就不多说了。清淡到什么程度呢？我们认为好的他都认为不好，比方我们认为活着是好的，庄子认为活着不一定好，有一个骷髅骨的故事讲这个，你们去读，有很多很有趣的故事。我们认为成为人材是好的，庄子说成为人材不好，因为最好的树就被人家砍了做家具了，最差的树没人要，一个对别人最有利用价值的人呢，可能是最危险的。你认为当官是好的，庄子认为当官是不好的，为什么？名利这些东西他认为是一个拖累。庄子有很多故事，就是光祖讲的，庄子视卿相如草芥。比方说楚威王请他去当官，他说我听说楚威王供了一个三千年的乌龟，这个三千年的乌龟放得特别好，但是龟已经死了。他对请他去的两个人说，我现在当死的那个乌龟被人尊贵地对待着好，还是当个默默无闻的乌龟被人不注意，然后用脚快乐地爬着好呢？那两个人说当然活着好，当乌龟爬着好。他提到猪，他说猪平时在泥地里面打滚睡觉很好，你现在要把它弄来祭神，给它各种各样尊贵的披挂，让它有官位，有帽子，啥都有，看上去很体面，你说，它愿意被供到神桌上呢，还是愿意在泥地里面打滚呢？他有很多从反面去思考的东西，我觉得最主要的是什么呢？庄子确实是有气功，所以我推荐大家要练一练气功，你们不能只练瑜伽，认为瑜伽好，气功不好，练气功是干什么呢？是理解那个道，到底是什么途径来的，或者可以练太极拳。

庄子会这些功夫的东西我可以引申很多，当中提到熊伸鸟经、吐故纳新。庄子的老师也很厉害，有一个看相人，他看所有的人都准，庄子把他请去说：你看一下我老师。他老师故意闭气，闭气之后呢，一看，这人快死了，说：你老师明天就死了。第二天老师把气放出来，那人一看说：你老师又活过来了。第三天他既不闭也不放，这个人测不准了，结果看相的这个人吓得就跑。这里面有很多讲庄子会气功，包括讲"众人息之以喉，圣人息之以踵"，就说圣人的呼吸可以达到脚后跟，这个只有你们练了气功才知道。

杨华：我们解读《庄子》，不是以《庄子》为中心去看一个世界，其实世界在《庄子》的观点里面是没有以什么为中心的，我们首先要把以人为中心的这种眼光抛弃掉，然后才能去看这个世界。人和世界是齐的，这就是齐物论。但是，作为一个经典，我们毕竟还要去解读它，毕竟还是要从一个门进去，从另外一个门出来，这个恰好和我们的传播是有关系的，传播学它也讲究的是一个分享，不管这是一个观念也好，还是一个方法也好，一种仪式也好，总归要从一个层面到另外一个层面，或者从一个物到另外一个物这样的一个分享过程。

语言的遮蔽

李红：刚才姜老师是从审美，从宗教，从这些层面来讲，我主要是从语言的角度来讲。

首先，《庄子》的文学色彩非常浓厚，里面充满想象力，它的言辞也非常的优美。那么他为什么要采用这样一种方式来言说他想要表达的这个道？在于他需要通过丰富的想象力，他才能够使得我们破除固有的这一种思维障碍，从而我们能够达到从宇宙的角度来看待社会，看待人生，看待很多的有价值的东西。所以我觉得它有一种破除我们固有偏见、固有价值的这样一个角度，他采用了这样一种比较文学化的方式。在《庄子》里，核心的概念，刚才杨老师也讲到了，是道。那么庄子的道就是一，就是太极，就是先天地而生的那么一个基点，那个原点。这个道我们怎么样能够获得这样一个东西？他认为就是要破除很多的这种价值判断的东西，二元划分的东西。那么自从有了语言的开始，其实我们就不断地对世界进行切分，分为美和丑、是与非、高与下、有钱与没钱等，总是在做这样的区分。这种区分其实仅仅是一种价值判断的东西，这种价值判断的东西我们换一种眼光去看，从宇宙的角度，或者说从扩大的角度去看的话，那么可能这种区分它仅仅是一种人为的区分，它并不是这个道本身，也不是这个世界真正的面目。所以语言出现了这种切分之后，它就会遮蔽我们对世界的认知。所以我始终认为，庄子、老子，其实是批判的，也就是说，他从另外一个角度去思考这样一个东西。

老庄之道

观众：各位老师好，我们从小接受的信息，谈到"道"的时候都会谈到《老子》的道，今天听到杨老师和各位老师讲到《庄子》，确实是有一种开悟的体会，就是很多人都在说，庄子是接受并发展了老子的思想，也有人说老子的道是无为，庄子的道是其物逍遥，说老子是以治理社会的有效性为价值尺度的，说老子是入世的，庄子是游世的。所以我就有一个问题想请各位老师说一下，就是怎么看待这个老子的道和庄子的道，和他们之间的联系或者传承？

姜宗强：《老子》里面的很多句子《庄子》里面也出现过，像刚才说的"众人息之以喉，圣人息之以踵"，在《老子》里面也有。那么《老子》描述道的时候有很多话让我们很费解，他说"恍兮惚兮，其中有静，窈兮冥兮，其中有象"。说了很多，它是一个形而上的东西，这个形而上的东西不好理解，我认为可以理解它就是我们讲的"天人合一"，讲中国文化的最大特点是"天人合一"，大家考虑一下，我认为有点不合。有三个合一的东西，一个合一可能是梦，就是做梦的时候它可能会有一些东西进到我的梦里来，告诉我一些事情。那么还有一个就是气，通过气，有些人练气功后来练成浑元气。中国哲学家也讲"太虚即气"，宇宙的本源是气。第二就是你练气功的话就会达到气和道的统一。第三个还有占卜，用占卜的方式做天的意思。你说天怎么合？我现在能想到的就是这三种。在《老子》的道里面呢，我在他叙述的道里看不出来和庄子有太大的差别。比方说，庄子说："天地与我并生，万物与我为一。"但是在德篇里面，有很多东西从后世我们就有体验，后世的文学家、艺术家吸收《庄子》很多，但是后世的军事家、政治家吸收《老子》很多。《老子》里面说，"后其生而生先，外其生而生安"。就是你越往前面抢，越不受人欢迎，如果你做得合适，你反而在前面，你越往里面进的时候会越危险，你先暂时出来，然后再进去，会比较安全。我的想法，《老子》在道德应用方面，让历代很多政治家和军事家都很喜欢。《庄子》更多的是感动了一些非常真诚的人，有艺术细胞的人，庄子是一个有赤子之心的人，我是这样看的，所以很喜欢他，庄子更多影响的是文学艺术。庄子和老子的出身不一样，老子曾经当过官，拥有图书，那时候图书都是刻在竹子上的，印刷术不发达，拥有图书的人一定是有身份的，我估计老子能当到图书馆馆长的职位。庄子就不行了，一些记载就是他通过制鞋卖，给人家制鞋卖鞋才能生活下去，而且饿得面黄饥瘦。所以他们两个人关注的东西肯定是不一样的。因为道是平等的，在道上我看不出来，但是在后世的应用上，我觉得老子的道可能在军事和政治谋略上用得更多，庄子在艺术上更加璀璨。

李红：刚才姜院长说《老子》更多在谋略上，而《庄子》更多在艺术上，之所以会出现这种差别，我估计《老子》其实更多讲的是处下，它里面有很多讲的是处下。就是说它们二者的价值判断，其实《老子》愿意处在价值判断比较弱的那一方，所以它很容易被很多阴谋家来利用。那实际上它的精神实质上还是大道为一，就像姜院长刚才说的，就是跟

《庄子》比较像。而《庄子》直接就使用很多文学化的笔法，而这个文学化的笔法就让后世的很多文学家比较容易来模仿。

另外，我认为它们两者的区别还是比较大的，因为《庄子》它整个的逻辑起点是跟《老子》一样的，都是从天地开始，然后探讨道深层的问题，但是最终逻辑的归点、归宿，它是归到生命，归到个体这里。而《老子》呢，它是从比较抽象的一个层面来看它，所以《老子》的哲学意味更浓一些，而《庄子》的文学意味更浓一些，个人生命哲学的意味更浓一些。

杨光祖：其实他们在"道"上的差别不是很大，但是《老子》的道只是做一些描述，这些描述就像练气功到某个境界，好像那个语言就非常缥缈，玄之又玄。但是《庄子》把《老子》的道描述得更加具体了，在很多篇幅里面用几千字去说。所以我们读《庄子》对道的理解更加容易一些，因为它被展开了。所以，《庄子》可以说是《老子》的注释。另外，庄子还是受儒家影响比较大，所以有些学者说庄子是孔子颜回一系的传人。这是一种观点，我们可以不同意。我个人认为，庄子还是吸收了一些儒家的观点，所以他把老子的道和儒家的道融合了一下。比方我们看《庄子》的书上经常出现老子和颜回这两个人，以前有一些人骂儒家，其实我们阅读《庄子》时，它的文本有很多地方对孔子和颜回不是批评，而是一种认同，甚至赞叹。还有一个问题是《庄子》里面谈到的孔子和颜回的那些事情是真实的还是庄子虚构的？这也有争议。但是我觉得在《庄子》里面谈到孔子的某些事情应该是真实的历史事实，当然有些可能不是，不过这没有证据，只是一种感觉。

我刚才说了，儒家一些很高深的东西因为颜回的去世而断了，这在《中庸》里有反映。我觉得庄子应该继承了一些，他肯定读过儒家的书。从这点来说，读《庄子》可能比读《老子》更容易一点。另外刚才姜老师和李老师说了，庄子对文学艺术的影响更大一些，庄子更加超然一些。因为老子的身份不一样，老子是对国家大事关心一些，老子与孔子都是措意于天下，还有孟子，他俩是同时代的。那么庄子更多谈的是内心的超越，人怎么修炼内心，内心怎么超越，怎么逍遥游，那这一块正好是艺术家所需要的。就是《庄子》的很多篇章可以当作文学艺术心理学来看，在座各位以后都是搞艺术的，如果读懂《庄子》就知道怎么样能创造出很好的艺术作品，就是当你上台的时候，你应该把自己想成空的，空了才能创造出很好的艺术，虚室生白。所以这点对我们的艺术作品影响非常大。当一个画家或者一个书法家，展开一张宣纸的时候，拿上毛笔写字或者画画，这就是开天辟地。这时候你如果还存在一些世俗的念头，如这幅画能不能获奖？这幅画是不是被人喜欢？这幅画是不是能卖高价钱？那这个人就不是艺术家了。只有达到庄子的境界，那你才能在宣纸上像黄宾虹这些人画那么好的画。所以从这点来说，《庄子》对我们后世的文学艺术影响是非常大的，如果大家不读《庄子》的话，苏东坡、王维、曹雪芹等等，你根本进不了门。另外呢，《庄子》对佛教影响很大，佛教进入中国，《庄子》是一个极其重要的媒介。所以你看佛经，它很多概念来自《庄子》。比如说禅宗，就是佛教的庄子化，我们经常说庄禅美学，如果不懂《庄子》就不懂禅宗，那么对中国文化、文学艺术就进不了门了。所以《庄子》对引进印度的佛教，贡献是非常大的。

为恶无近刑

观众：各位老师好，我们一般都说"勿以善小而不为，勿以恶小而为之"，但是在《庄子·养生主》中有一句话是，"为善无近名，为恶无近刑"。那么我们究竟应该如何理解这句"为恶无近刑"。在大多数书中解释到，这句话就是说做坏事但不要触及刑罚，那么庄子是在让我们去逃避法律吗？

杨光祖：阅读经典就是从文本入手。这句话在《庄子》的解释上是争议比较大的，也引起很多误解，认为庄子怎么能这么说话呢？所以对庄子有很多误解。大家知道，因为历史很长了，它的每句话都有多种解释，哪种解释对也很难说。但对这句，一直没有正确解释，我去年在北京访学，拜访了止庵先生，止庵先生也写过一本书，叫《樗下读庄》，他对《庄子》很有研究。我和他谈这个问题的时候，我们俩达成一致，但是这个东西没有公开发表过，是我们两个人的个人见解。根据唐代成玄英对《庄子》的注释，这个"无"要解释为"无不"，"为善无不近名，为恶无不近刑"。你只要做善事，你都在邀名声，都在说我做善事了，我学雷锋了，你就应该表扬我。你还有一种虚荣心，你还没有至人无己。所以那个"无"解释为无不就行了。庄子超越善恶，所以它是无不，这样解释比较好。我们佛教也讲不要有分别心，你不要有美丑和善恶之分。我曾经碰见一个甘肃著名的和尚，叫妙林法师，他的佛学修养是甘肃第一的，他是甘肃省佛教协会副会长。我和他谈了这个问题，佛教讲要破除分别心，但是又讲"众善奉行，诸恶莫做"，那不是有分别心吗？妙林法师就说，这是方便说法，但是作为高僧面对善恶应该不能有分别心。要是碰上杀人犯，要宽恕他，法律可以判他死刑，当然世界上很多国家已经不判死刑了，但是被法律公正地判决以后，我们祈祷他上天堂，这就是要超越善恶。

姜宗强：我再提供另外一种看法。有的学者讲庄子应该是道家，所以他关心的不是儒家的善恶，他关心的是养生的问题。有的学者是从养生的角度讲，比方说台湾的傅佩荣就是从养生角度解释这个句子。它后面有句话叫："缘督以为经。"那这个句子怎么理解呢？如果你要养生就要长寿，如果你要长寿，那么就是善恶你不能区分得太明显，善恶在他看来是更低的一个层次，为什么？如果你要长寿，你既不能当忠臣，也不能当奸臣，你当忠臣会死得早，你当奸臣也死得早，因为心都非常累，要承担很多的责任。很简单，岳飞的精忠报国死得早，秦桧颈背后面长的臃，有可能就是肿瘤致死，就是因为操心得很多。所以根据《庄子》的观点，这些东西不是终极的东西，你如果要达到养生之道，不担任责任是最好的，让自己的心是自由的，让自己的心是快乐的，闲游野鹤，它是游。这是一个角度，就是从养生的角度，你把善恶区分得很明显，你必须要承担责任，那你肯定很难长寿。它是从养生角度来讲的。

从人生境界上来讲，这是一个超出善恶更高的境界。中国哲学家冯友兰提出四种境界，第一种叫"天地境界"，也是最高的境界，第二种才是"道德境界"，再低一点是"功利境界"，最后一种是"自然境界"。自然境界就是像动物一样，功利境界就是我要成名，道德境界就是我要做一个好人，天地境界就是超越好和坏，这是庄子要追求的这个境界，就是他刚才说的超越善恶。这个境界很有意思，在之前又有人来论述过，打个比方，你们学院列出的经典书目里面有一部很厉害的著作，一般人都不敢读《金瓶梅》，读了就可以检测出你们的人格水平，也是用这四种境界来检测的。特别有名的才子叫金圣叹，金圣叹读《金瓶梅》，我从低说吧。他第一种境界，就是读了《金瓶梅》之后非常高兴，说我怎么不是西门庆？我要变成西门庆多好。动物里面的王，比方动物里面的猴子王,它喜欢把那些美丽的母猴子都占为己有,这是自然境界。第二种是什么呢?看了《金瓶梅》之后,大家知道,第一种就是生仿效性,这是低的。第二种就是生欢喜性,这正是我喜爱的读物,我从中读到了很多让我感兴趣的东西,我非常兴奋,很刺激,这第二种境界,不高,他说"小人也"。第一种是禽兽也,第二种是小人也。第三种是什么呢?有善恶心,读了之后很害怕,说人怎么是这样,这个西门庆太不道德了,人咋变得跟动物一样,太害怕了,这种就是有道德心的人,是第三种,但是这种不是最高的境界。第四种人就叫天地境界,他读完《金瓶梅》,不是生畏惧心,而是生怜悯心,不禁觉得西门庆很可怜。西门庆可怜在哪儿?他就跟染上毒瘾了一样,想戒也戒不掉,最后就把自己给弄死了,最后射出来的都是血,还要做这个事情。他控制不了,他很可怜,西门庆也是可怜之人。这类人是最高境界,叫菩萨人,有怜悯心,也就是刚才光祖说的,善恶心是有特定局限的,你跳出这个善恶心就更加有慈善心,也就是耶稣说的,爱你的仇敌,也是现代政治文明的一个标志,现在很多国家都是废除死刑,包括香港也是没有死刑的,现在我们国家政策也是慎用死刑,慎用、少用。严刑峻法是古代野蛮的表现,那么现在越来越宽松,包括过去死刑打枪,现在注射,这都是尊重人的标志。所以从这个境界来看,刚才那些话从养生和天地境界来看,它应该是高于儒家的严正的道德境界的。

天人之间

观众:各位老师好,杨老师刚才在解读的时候提到过,至人无己,然后认为无己是人的一种最高的境界。但是基于万事万物都有自己的发展规律,都有自己的发展空间,然后《庄子》曾经又提到过说:天人对立。那么我想了解的是,《庄子》到底是认为天与人是相对的,还是相容的呢?谢谢老师。

姜宗强:在庄子的思想里面,如果从道的角度来看,天人应该是没有冲突的,他很有名的一句话是:"天地与我并生,万物与我为一。"我不知道你说的庄子人和自然对立这个观点,这个源自于哪一段经文,就是解经文的时候,你要看一下上下的文脉,从它的文脉看是放在哪个角度来讲。我觉得《庄子》的整体思想讲的是人与自然相融,但是它这个自然不是咱们现在西方科学所说的自然界，它是讲要融入一个生命的自然，这个自然是有生命的，你要融到这个里面。就像光祖刚才讲的，融入这个自然中。融入自然中就是说，它这个自然是一个有人性的那种自然，是有生命的自然，因为它的寓言里面动物都会说话，这个自然是什么，大家知道吗？这个自然是一个有生命的自然。比方说当他去写书法的时候，他忘记他的身体了，就是他的神和自然要连起来，已经完全融入书法，他和书法为一了，书法就是他，他就是书法，已经没有他了，他意识不到自己。如果我写书法的时候还想到自己是一个著名的书法家，我现在穿着西装，别人在看着我，我这个书法卖多少钱。你想他这个书法还能写好吗。他和书法融到一起，这就是和自然为一。一个人去欣赏一部音乐剧、歌剧，这个人特别爱歌剧，他欣赏这部歌剧之后出现什么情况？歌剧是晚上7点钟演的，9点钟结束的，然后他第二天早晨9点钟起来了，完全回忆不起来什么了。从歌剧院到他家这段距离非常远，他完全回忆不起来他怎么走回去的，因为他那时候脑子里面完全被这部歌剧占满了，就跟梦游一样，等他第二天睡醒了才明白，我昨天是如何走回来的，怎么开门的我都不知道。这就是他和歌剧融到一起了，那歌剧就是他的自然。当然这种状态咱们不容易体会到，男同学喝醉了就容易体会了。就是说，如果你在最初被一个人迷住的时候，你可能就忘记你自己了，不会说我有什么需要让她满足，而是对她会观察特别细微，她穿个红衣服，你就觉得这是天上的彩虹做的。融入自然的一条，首先就是光祖说的，他把自己忘掉了，就像这个艺术家到出神的状态。第一类作品一看就是悦目的，但最好的作品是悦神悦智的。就像这个人听歌剧，最后完全忘掉了，不知道自己咋回去的，脑子里面全是歌剧，他没有明确说这是歌剧，这是我，物我都合在一起了，满脑子都是歌剧。我想《庄子》讲的，不管是庄梦蝶乎，蝶梦庄乎，其实事实都不重要，关键是你已经融入那种美的陶醉中了，那就是一种人与自然合一的状态。

李红：刚才姜老师说到的这个状态其实是专注，就是非常专注到一件事情当中去，这样他真正能体会到那个道。其实《庄子》也讲到怎么样得道，刚才杨老师讲课当中也提到，就是心斋坐忘，那怎么样做到"心斋坐忘"？《庄子》讲了一个故事，说有一个叫梓庆的人，他是一个做音乐乐器的，这个乐器叫钟，是技术比较高超的一个工匠。然后鲁王就问他："你的这个技术为什么做得那么高超呢？"他就回答说："并不是我的技术有多高超,我仅仅是一个工匠而已,我所做的只是因为我很专注。"为什么专注?他说他在做这个钟之前,他会有好几天的时间来做斋戒。这种斋戒其实不但包括身体上的斋戒,而且包括精神上的斋戒,他说斋戒三天的时候,就会忘掉赏赐、荣辱、爵禄等这样一些世俗功利的东西。然后斋戒到五天的时候,他就忘记了所谓的这种荣辱、是非等这样一些东西。然后七天的时候,他甚至把自己都忘了。就不断地排除外界的这样一些价值干扰,从而让自己专注到钟上,他说到森林里面去看那些树的时候,那些树一棵棵,他都觉得跟那个钟完全融合在一起,跟他那个思想完全融合在一起,所以他觉得他跟森林里的这些树没有什么差别。所以他说,这种状态叫做"以天合天,以自然来看自然,以物来观物"。所以他提供了这种得道的办法,我觉得也给我们很大的一个启示。

杨光祖:我再补充两句,刚才这位女同学提到《庄子》的天人对立,其实《庄子》没有谈到"天人对立",就是刚才姜老师说的,这就是经文怎么解读的问题。要知道《庄子》是用文言文写的,那么大家要知道,文言文是以字为本位,现代汉语是以词为本位。所以那个词有时候是一词多义,不要理解错。比方说,《庄子》讲天与人:"牛马四足,是谓天;落马首,穿牛鼻,是谓人。"这好像有点对立,其实这不是天人对立,它是说牛和马四只脚,这是天,这是自然,造化就这样弄的,他说我们给牛和马戴上笼嘴,鼻子上穿上绳子,这是人,这个人指的是人为,这不是自然,是人为做的,人给牛马带上笼嘴了,这个人要解释成人为的人,不能解释成天人对立的意思。文本解读上一定要小心,《庄子》不谈天人对立,那个"天"是自然,就是"道法自然",那个"人"是人为的,故意的。所以《庄子》一直强调无心,反对有心,有心是有问题的,境界不高,要到无心。这点一定要知道,《庄子》不谈天人对立,把经文要读清楚,《庄子》谈的就是天人合一。

主讲嘉宾简介:杨光祖,著名文学评论家,中国作家协会会员,第五届鲁迅文学奖评委,甘肃省文艺评论家协会副主席,甘肃省当代文学研究会副会长,西北师范大学传媒学院教授、硕士生导师,当代文艺评论中心主任,甘肃民族师范学院汉语系兼职教授,甘肃省领军人才,甘肃省文化宣传系统"四个一批"人才。在《新华文摘》《中国现代文学研究丛刊》《当代作家评论》《文艺争鸣》等国内外权威刊物发表论文100多篇,著作有《西部文学论稿》《守候文学之门——当代文学批判》《杨光祖集》《回到文学现场》等。曾多次荣获甘肃省敦煌文学奖一等奖、二等奖,甘肃省社会科学优秀成果奖三等奖,甘肃省黄河文学奖一等奖。

"庄生梦蝶"的幻美与现实思考

——杨光祖教授访谈

喜爱庄子

赵婷：杨老师，您好。上学期您在《中国古典文艺理论经典导读》这门课上就曾经给我们重点解读过《庄子》。这次西北师大传媒学院"重返经典"电视公开课，您又讲了《庄子：旦暮遇之也》。看来《庄子》在您心中的地位还真是举足轻重啊？

杨光祖：那当然。不过，我真正认识庄子，喜欢上庄子，也是很迟了。大学时学过庄子的篇章，但没有真正理解他。没有理解，一是自己年轻，学养、阅历都不够，二是没有真正懂庄子的人引领。不过，我从初一就极其喜欢鲁迅，受了鲁迅很深的影响，其中就有庄子的东西。很多人以为鲁迅就只会骂人，他们看不出鲁迅深刻博大的一面，这也是庄子讲的井底之蛙，无可奈何的事情。

陈嘉映说，人不到三十，就不懂哲学。这话很有道理。我是40岁左右，忽然有了一种人生的幻灭感，有了一种精神危机，于是上溯先秦，重读《论语》《孟子》，但那种等级制很强烈的"君君臣臣"，我很不喜欢。就开始读《老子》，那种老谋深算也让我害怕，但他讲"道"的部分，很是喜欢。一直到后来，才发现我最喜欢的还是《庄子》。苏东坡当年"读庄子，喟然叹息曰：'吾昔有见于中，口未能言。'今见《庄子》，得吾心矣。"我也是如此。

推荐庄子

赵婷：今年是国庆65周年，人民网文化频道特推出系列活动《那些年，我们一起追过的时代偶像》中邀请了30位名家，讲述他们心中的

"时代偶像"。著名作家止庵谈到"真正影响我一生的偶像有三位,庄子、孔子和卡夫卡","止庵"这个笔名,就出自《庄子·德充符》:"人莫鉴于流水而鉴于止水,唯止能止众止"。他说:"我从庄子这里学到了做人的道理。"这是不是我们《重返经典》系列活动选择了解读《庄子》的原因?

杨光祖:只要谈中国的经典,《庄子》就是无法绕过去的。萧公权说:"老庄思想诚先秦为我思想之最精辟闳肆而富于条理者也。"韦政通《中国思想史》也认为:"庄子的创造力,表现在洞察万物的直觉力和纵横奔放的想象力。这两种能力,是开创中国哲学重要的本钱,庄子在这两方面都达到高峰。"

至于这次讲座,选择庄子,可能是我一直在讲庄子,近水楼台先得月吧?前一阵,西北师范大学马克思主义学院举办"经典解读"高层论坛,有李幼蒸、王路、王晓朝等先生参加,学院副院长姜宗强博士也请我参加,希望我解读《庄子》,但我婉拒了。我说,我还没有读懂《庄子》,不敢造次。

这次重返经典,徐院长邀请我讲《庄子》,因为面对的是研究生,我就答应了。主要是借此机会,与同学们一起学习《庄子》,一起尽力靠近庄子而已。至于止庵先生,我素来很佩服他。2013年北京访学的时候,我们见过面,在他那图书馆一样的客厅里,我们谈了很长时间庄子。他有专著《樗下读庄》,影响颇大。

解读"吾丧我"

赵婷:我读过《庄子》之后,印象最深的三个字是"吾丧我"。您曾经在课堂上谈到过一个人想要获得真正的自由不仅来源于外部,也需要靠自己本身,"只有抛开心灵上的桎梏,即'我',才能获得精神上真正的自由,得到'吾'"。您能再详细地解读一下"吾丧我"这三个字的含义吗?

杨光祖:明朝高僧释德清说:"此论立意,若要齐物,必先破我执为第一。""吾丧我","吾"指真宰,"我"即形骸。我个人感觉,"吾丧我",即无,即得道,即逍遥游,即至人无己。"物论之不齐,皆执我见之过也。今要齐物,必先忘我,此主意也。"学者吴怡说:"吾丧我,惟有真我才是物化的主体,也惟有超脱了形体的我,万物与我才能以各自的真我共游。"所以物化并不是使我们向下坠落,变得和物一样,相反的,却是使万物都提升了上来,与我共游。

严格地说,"吾丧我"不是一种认识论,一种逻辑推理,它是一种修行。有学者认为,先秦思想与气功有关,不是没有道理。当然,我个人觉得只说成气功,有点小了。古人所谓天人合一,是一种实修。这种东西,如今的大学里基本绝迹了。当有些学者说,老庄的"道"就是"规律"的时候,我会说老庄已经死了。甚至我认为,当我们说"老庄哲学"的时候,也应该非常谨慎,要知道此"哲学"非彼"哲学"也。否则依然非常危险。台湾学者薛仁明说:"中国儒释道三家学问,终究是生命之学,都是体证的学问,体得多少,便说得多少;证得几分,也只能老实说那几分;若是未证言证,空谈瞎扯,虽可瞒得世俗眼目,却难逃方家法眼。"但如今的大学,说这样的话,能懂者已不多了。

庄子游世

赵婷:庄子的思想是避世,他的主张类似于独善其身,有点自我,有点自私。而现代每个人都处于社会中,社会属性决定了人不可能脱离社会而独立存在。庄子的这种避世的思想是否与现代社会格格不入?

杨光祖:人们一直以为庄子冷漠,庄子避世,庄子消极,其实这都是对庄子的误解。庄子不是避世,而是游世。这里一个"游"字大可讲究。庄子绝不是冷酷、冷漠、消极的人,也不是你说的自我、自私的人。他是内极热,而外极冷的人。胡文英先生的评价很到位:"庄子眼极冷,心肠极热。眼冷,故是非不管;心肠热,故悲慨万端。虽知无用,而未能忘情,到底是热肠挂住;虽不能忘情,而终下不了手,到底是冷眼看穿。"

方东美《原始儒家道家哲学》认为,庄子思想是"无限的相对系统"。这种平等看待一切观念、思想、文化、民族的思想,是非常伟大的。庄子能有如此的胸襟和气魄,得益于老子的"道法自然"思想。我想这个观点,我们是应该同意的。因此,有人说庄子的避世思想与现代格格不入,那绝对是一种误读。我多次讲,很多人把庄子读成了阿Q。我也说,阿Q是山寨版的庄子。古人说,佛魔一念间。所谓大师境界,那是人迹罕至的雪域高原,并不是每个人都可以上去的。思想的高原是缺氧的。一个张爱玲都被人误读成小资，何况庄子呢？在解读经典的时候，误读是难免的，但我们要尽量不误读。不误读的最佳办法，就是先老老实实地去读原著，不要道听途说，人云亦云。

老庄异同

赵婷：庄子认为"道不可言"、"论道而非道"，它无所不在，超越时空。而老子认为"道可道，非常道，名可名，非常名"。庄子的道家思想与老子的道家思想有什么异同，您能给我们分析一下吗?。

杨光祖：鲁迅《汉文学史纲要》里有一段话，说老庄异同，说得很到位："自史迁以来，均谓周之要本，归于老子之言。然老子尚欲言有无，别修短，知白黑，而措意于天下；周则欲并有无修短白黑而一之，以大归于'混沌'，其'不遣是非'、'外死生'、'无终始'，胥此意也。中国出世之说，至此乃始圆备。"

老子还是"措意于天下"的，而庄子"并有无修短白黑而一之"。这可能是他们的一个差别吧？至于鲁迅说庄子"出世"，也是一种误读。鲁迅先生所处的那个时代，是一个激烈剧变的时代，他对庄子的误读，也有时代的原因。

至于说到"道"，这是一个几乎无法言说的问题。张岂之主编的《中国思想史》中认为，老子之"道"的一种含义是指精神性的宇宙本体。另一种含义是指规律性。"反者道之动。"韦政通认为，庄子的道，一方面是继承老子形而上学的意义，另一方面则通过个体的体验和修养，使客观的道内化为人生的境界。韦政通先生这个观点，我倒极其同意。老子谈"道"，庄子也谈"道"，还谈"得道"。"得道"即"大宗师"，即"真人"。

老子在中国古代思想上第一个提出作为哲学范畴的"道"。老子以前的中国思想还没有超出人生和政治的范围而真正进入哲学领域。但何为"道"？这也是一个无法用语言言说的东西。中国的道家一开始就怀疑语言，反对语言，给语言划出了一个言说的界限。因此，在古代，有些东西是需要秘传的。《道德经》曰："上士闻道，勤而行之；中士闻道，若存若亡；下士闻道，大笑之。不笑不足以为道。"可谓精辟至极。《庄子·外篇·秋水第十七》：北海若曰："以道观之，物无贵贱。以物观之，自贵而相贱。以俗观之，贵贱不在己。"但"以道观之"，谈何容易？

自由主义

赵婷：有人认为，庄子的思想可独善其身，但不可治国，平天下，所以历代帝王才以儒家思想为纲，这种说法您怎么看？

杨光祖：什么是治国？如何才算治国？这个还要重新考量。儒家思想的治国能力也值得怀疑。汉宣帝说："汉家自有制度，本以霸王道杂之，奈何纯任德教，用周政乎？且俗儒不达时宜，好是古非今，使人眩于名实，不知所守，何足委任？"早就泄露了天机。何况当今之中国，还能用儒家思想来治国理政吗？那种三纲五常的君主臣仆的制度，还行得通吗？放之当下，我倒觉得老庄的借鉴意义是要大于孔孟的。

庄子之学对个人表无条件之信任，对组织持无限度之轻蔑。"与其誉尧而非桀，不如两忘而化其道。"萧公权说："准此以论，则谓庄子为极端之无政府思想亦未尝不可。""庄子之政治思想诚古今中外最彻底之个人主义，亦古今中外最极端之自由思想。"（当然，这里也不乏误读，以西解庄，在所难免。）"老子无为之政治哲学，略似欧洲最彻底之放任主义，而究与无政府主义有别。"冯友兰说："政治上社会上各种制度，由庄学之观点观之，均只足以予人以痛苦。"

作为一种政治思想，老庄的"无为"是针对"有为"的。在他们看来，"有为"政治带来的祸害非常严重。治理国家最好的办法是效法"自然"，"自然"就是"希言"——少施政教，少发号令。"道"和"德"之所以尊贵，就是因为顺应自然而不干涉。萧公权说："可见，无为之第一义乃减少政府之功用，收缩政事之范围，以至于最低最小之限度。盖天下之事，若听百姓自为，则上下相安，各得其所。若强加干涉，大举多端，其结果必至于治丝益棼，庸人自扰。"陈红映《庄子思想的现代价值》一书说，英国经济学家亚当·斯密的"自由放任"一词，即来自老子的"无为"之翻译。他主张市场经济，反对政府干预。当代英国哲学家克拉克说，这些思想的来源就是《道德经》"无为而治"。

萧公权在《中国政治思想史》一书中说：若以今语举之，则孔墨诸家皆接近于君主专制之观点，而老子独倾向于"虚君"民治。所可惜者，吾国古代未有实行民治之制度，如古希腊之所曾见，使老子得据之以建立一积极具体之民治思想,其柔谦之术遂成为消极之政治抗议。此则限于历史环境,不足为老子病也。对庄子也可作如是观。

在某种程度上,老子、庄子,乃中国最早的自由主义思想萌芽。欧洲学者称老子"无为而治"为古典自由主义的雏形。类似于后期的市场经济,有着一双"看不见的手"。

庄孟相通

赵婷:孟子和庄子生活在同一个时代,思想针锋相对,经常有人把他们俩的思想放在一起比较。孟子言"心性",一切求诸于个人内心自省从而达到维持本性之"善",而庄子亦是从个人心灵出发要求达到心之超脱,于自然中享受逍遥之境;仔细想来,孟子所说的:仁也者,人也。那是说一个真正的君子,应该是仁义的。是一种儒家的理想境界,可以说是君子之儒的典型形象了。而庄子"虎狼,仁也"是道家的一种人格理想境界,从形上而言,两者的理性境界相互补充,相互渗透,是否可以说庄子与孟子的思想有相通之处?

杨光祖:李泽厚说:"儒道互补。"也有学者认为庄子是儒家的传人。他们的思想肯定有相同的地方,但不同的地方更多。我个人觉得庄子的境界要高于孟子。儒家重视教育,道家反对教育,更追求一种自然境界,一种赤子状态,所谓"道法自然"。要说对现代中国的影响,我想老庄会越来越比孔孟影响大。其实,老庄思想对西方的自由主义颇有影响。

庄孟于妻

赵婷:文献中均有记载,孟子和庄子对待自己妻子态度的不同是否是基于他们思想的不同?一个是妻子无礼欲休之而后快,一个是妻子死亡却鼓盆而歌。您能谈谈您的看法吗?

杨光祖:扬之水在《先秦诗文史》里说:"孔子是把个人放在一个历史的社会的秩序里,庄子则把个人放在宇宙的生命的秩序里。孔子系心于日用伦常中的人生,庄子关怀着天地大化中的人生。孔子是为人之道,庄子乃为生之道。孔子奠定了根基,所以是深厚。庄子拓展了视野,所以特别有着精神世界的广大。"孟子继承了孔子的思想,在某些方面有所发展,比如仁政、王道、良知等,但总体看,格局没有孔子的大。他很看重社会的秩序,讲究伦常,所以,他看到妻子箕踞就想休妻。但庄子把个人放在宇宙的生命的秩序里,他没有孟子这么多的分别心。他知道人是气化而来,他认为死与生,都是一回事,因此,妻子死后,他会鼓盆而歌。

吾之庄子

赵婷:鲍鹏山在《庄子:当我们无路可走的时候》中说道:"一部《庄子》,一言以蔽之,就是对人类的怜悯!庄子似因无情而坚强,实则因最多情而最虚弱!庄子是人类最脆弱的心灵,最温柔的心灵,最敏感因而也最易受到伤害的心灵……"您认为他对庄子的评价准确吗?

杨光祖:每个人心中都有一个自己的庄子,历史上只有一个庄子,但对庄子的解读却有成百上千种。这就是大师的迷人之处。鲍鹏山一直在讲先秦思想,他对庄子的解读只是他的解读,我不太同意。我从来没有觉得庄子"最多情而最虚弱",也没有觉得他是"最敏感因而也最易受到伤害的心灵"。至于说"一部《庄子》,一言以蔽之,就是对人类的怜悯",这话不知从何说起?我不知道他为什么要这么说。

庄子心境

赵婷:有人总结说,庄子一生中需要面对的有两个问题,一个问题是人世间的是非之争,另一个是自然界的大小之争,可以这么说吗?

杨光祖:这是一种小看了庄子的说法。庄子不是有"齐物论"吗?他不大会去关注人世间的那些乱七八糟的纷争,孰是孰非。《庄子·则阳》举了一个蜗角之争的故事,可以看出庄子的境界。他是"游心于无穷",何曾关注这些俗事?苏东坡有词云:"蜗角虚名,蝇头微利,算来着甚奔忙?事皆前定谁弱谁又强!""竹杖芒鞋轻胜马,谁怕?一蓑烟雨任平生。"云云,都是深受庄子影响。闻一多说,中国人的文化上永远留着庄子的烙印。闻先生所说,确实如此,自贾谊、司马迁以来,历代大作家几乎无一不受到庄子的熏陶。郭沫若认为,秦汉以来的中国文学史差不多是在《庄子》的影响下发展的。而庄子对欧美、拉美文学艺术,乃至哲学的影响,也是很大的。至于自然界的大小之争,那更是他不关心的。

他讲的是"逍遥游",而且,先秦的人大概还没有"自然界"这样的现代概念。

  梁启超的《先秦政治思想史》说:"道家最大特色,在撇却卑下的物质文化,去追寻高尚的精神文化;在教人离开外生活以完成内生活。此种见解,当时最流行之儒、墨两家皆不如此说,而实为道家所独有。"如果从这个角度理解庄子,我觉得才是正道。而当下的国人,最缺乏的不就是这个吗?我们已经太物质了,物质得不认识自己的老祖宗了。

(采访者:电影界、中国文化产业网记者,西北师范大学传媒学院戏剧与影视学硕士 赵婷)

《理想国》:柏拉图的精神家园

主讲嘉宾：李朝东（西北师大副校长，教授）
主持人：　徐兆寿（西北师大传媒学院院长，教授，作家）
互动嘉宾：陈积银（西北师大传媒学院副院长）
时间：2014 年 10 月 10 日
地点：西北师范大学四号楼演播厅

李朝东

出身名门的柏拉图

柏拉图，出生在古希腊的雅典。希腊哲学最初不是产生在雅典的，也不是产生在希腊本土，而是产生在希腊的殖民地区。当时希腊把很多地方都征服为它的殖民地，其中就包括我们亚洲的西部，被称为小亚细亚，希腊政府后来命名为伊奥尼亚地区。许多希腊早期的哲学家都产生在伊奥尼亚地区的各个城邦，比如爱菲斯、萨莫斯、米利都等。希腊的第一个，也是西方哲学史的第一个哲学家泰勒斯，就出生在这个米利都。据史料记载，我们今天知道的希腊本土的第一个哲学家应该是苏格拉底，

柏拉图

在这之前很多外邦的哲学家们都曾经把哲学思想带到里海，但最后下场都不好，像阿那克萨戈拉，曾经把哲学思想带到雅典，最后被驱逐出去。这就说明当时的雅典艺术和科学非常发达，但哲学思想比较落后。阿那克萨戈拉给雅典带来了一个什么样的哲学呢，他说"太阳是一块燃烧的石头"，这个观点从科学的角度来讲，在当时的外邦不算什么新鲜的观点，但是雅典人认为这是一个怪论，是一个不能容忍的观点，最后以渎神罪指控他。后来由于雅典民主派领袖伯利克里求情，雅典人才饶恕了他，阿那克萨戈拉最后逃离了雅典。

我们知道雅典的第一个哲学家是苏格拉底。他一生都在雅典的十字街头完成自己的哲学实践和教学活动。有一天，一个家族送了一个年轻的孩子到他这儿来学习，这个人就是我们后来知道的柏拉图。柏拉图出生于名门望族，据说他的祖先是雅典国的国王，他的父系、母系家族都非常显赫。柏拉图小时候的理想和志向是诗歌和文学。很年轻的时候，柏拉图的志向很大，他要写一些超过荷马的史诗。但他感觉自己作品的思想力度以及文字语言的艺术都超不过荷马，他就想改换一个路径，从哲学的这个角度进行，所以他的家族就把他送到苏格拉底那里，拜苏格拉底为师。苏格

苏格拉底

拉底见到柏拉图以后特别喜爱，当时就用希腊语给他起了一个新名字，叫柏拉图（Plato）。柏拉图的原名叫亚里斯多克勒斯（Aristokles），柏拉图在希腊语的意思是"前额宽广、体态丰满，富有智慧"，当然也有些人说柏拉图这个词的意思是"语言表达流畅"，因为我们读柏拉图的著作发现，柏拉图是一个驾驭语言能力非常强的人。据说柏拉图在拜苏格拉底为师之前，苏格拉底前一天晚上做了一个梦，梦见一只洁白的天鹅从天而降，落在他的膝盖上，苏格拉底很慈祥地爱抚着它，然后双手托起，这只洁白的天鹅就冲天而去。苏格拉底是否做过这样的梦我们不知道，历史这种记载可能是想说明苏格拉底和他的学生柏拉图之非常高尚纯洁的关系，而且双手托起天鹅然后冲天而去表明，柏拉图以后将一鸣惊人。他事实上也确实是一鸣惊人，后来对西方的政治、教育、哲学，以及整个思想产生了非常深刻的影响。柏拉图之于西方世界有点类似于我们孔子之于中国的历史地位。

苏格拉底在街头热情洋溢地塑造着自己的生命，和别人进行讨论，柏拉图跟随着苏格拉底学习他的哲学。柏拉图一开始的志向是诗歌和文学，但是他发现达不到荷马的那种艺术成就，也超越不了他，最后就改投苏格拉底所教的哲学。今天我们看到苏格拉底的全部著作都是以对话的形式写成的，苏格拉底的每一部著作稍加改编就可以搬上舞台进行演出，人物的对话都是台词。因为师从苏格拉底，所以有些人把柏拉图的著作看作是文学作品，有些人把柏拉图的作品看作是戏剧作品，有些人把柏拉图的著作看作是哲学作品。这也同时说明，这只是他的这个文体的特殊性，也同时说明柏拉图是一个思想非常全面的、对后世影响很大的学者。

柏拉图出生在公元前427年，孔子大概生活在公元前500年左右，他们是同时代的人，柏拉图比孔子稍微迟一点，死于公元前347年。从公元前427年到公元前347年，那么柏拉图的年龄是80岁。在公元前399年，他的老师苏格拉底被雅典人以两项罪名指控，一个罪名是他不信神，引进新神；另一个罪名是他败坏青年道德。怎么叫败坏青年道德？苏格拉底每天在十字街头和别人进行辩论，他讨论的都是善、恶、美、丑这样一些问题，所以雅典的孩子们每到早上吃完饭以后就出了家门，到十字街头跟着苏格拉底，听苏格拉底和别人辩论，苏格拉底在和别人辩论的过程中完成了对雅典孩子的教育。但是苏格拉底在辩论过程中又总是把别人的辩论驳倒，他谈论的问题范围很广，比如说什么是道德，什么是正义，什么是美，什么是善，等等。他造就了这些雅典的孩子们生活习性的改变，比如说晚上回到家，父母亲说：你该上床睡觉了。孩子们就说：你坐下，爸爸妈妈，我们两个辩一辩，我为什么吃完饭就要上床睡觉。雅典人指控苏格拉底的原因是他败坏了青年和父母之间那种天然的、直接的亲情关系，孩子不是特别听话了。这就是我们看到西方人后来有一个非常好辩的风气的来源。

柏拉图和亚里士多德的辩论

柏拉图学园

按照雅典的法律，你只要承认自己有罪，你就可以选择刑罚。但是你如果不承认自己有罪，你只能接受死刑。苏格拉底因为不承认雅典人对自己这两项罪名的指控，最后只能选择死刑。公元前399年，苏格拉底被处死以后，柏拉图就离开了雅典，他对雅典的政治非常失望，于是到意大利西西里岛和埃及等地进行游学访学。特别值得一提的是，他在游学的过程中认识了一个叙拉古的官员，叫狄翁，叙拉古当时的国王叫狄奥尼修，或者我们把称他狄奥尼修斯一世。狄翁是狄奥尼修斯的小舅子。柏拉图见了狄翁以后，就把自己治理国家的那套理想也就是《理想国》里边讲到的一些观念，讲给了狄翁。狄翁一听：哎呀，这个观点、这个思想、这个治国理论太好了，你能不能到我们的国家？你能不能把我们的国王培养成哲学家？柏拉图就欣然前往，但他到了叙拉古，和狄奥尼修斯合作了一段时间后，两人的关系闹翻了。闹翻的原因现在说法比较多，就不具体讲了。据说，狄奥尼修斯把他抓起来后贩卖为奴，送到了贩卖去波斯的奴隶市场的船上，在经过地中海到波斯去的路上，被一个朋友在船上认出来。他被绑起来，混在奴隶的人群里面，这个朋友认出来：哎呀，你不是柏拉图先生吗，怎么在奴隶群里面？柏拉图说：唉，别提了，我想把狄奥尼修斯，叙拉古的国王培养成哲学王，结果他把我绑起来贩卖到奴隶市场上了。后来朋友就掏钱把他赎出来，他就回到了雅典。在一个叫做阿卡德米的地方（这个词今天翻译为学园）建立了自己的第一个学园。

柏拉图学园遗址

特别讲一下，西方的第一个学园就是柏拉图学园。柏拉图学园是以 Academy（阿卡德米）这个名字来命名的，阿卡德米是古希腊的一个英雄，他死了以后雅典人为了纪念他建了一个广场，以他的名字来命名，叫阿卡德米。柏拉图把学校办在这样环境优美的广场上，它周边有一些树、景色等。希腊人从一开始的时候学校就是没有围墙的，这和我们今天不一样，柏拉图在这个地方开始教书授读。阿卡德米作为柏拉图学园存在至公元529年，也就是说它存在了900年。柏拉图学园存在的这900年的时间里对西方思想和文化产生了非常重要的影响。公元529年，当时西方人已经进入到基督教时代，也就是希腊文明和希伯来文明已经汇合了。第一，柏拉图的阿卡德米学园里面，前面门上有一个牌匾，上面写着"不懂几何学者不得入内"。几何学是当时希腊最高的科学。"不懂几何学者不得入内"意思是说你首先要接受过基本的科学教育才能到阿卡德米，到柏拉图学园来从事哲学的训练和教育。这就说哲学的训练和教育要以精通其他科学为基础。第二，11世纪到12世纪，欧洲才兴起了大学。我们说公元5世纪，直至公元6世纪，柏拉图学园关闭了，但是亚里士多德的学园和其他的学园还存在。亚里士多德后来建立了一个学园叫吕克昂。所以学园的形式一直还存在，学园真正地被大学所取代是在12世纪。阿卡德米没有了，取而代之的是University，就是我们现在所谓的大学。大学（University）这个词的本意是教师联合会，它的词根就是联合的意思。在文艺复兴的时候，欧洲的一些贵族们不同于我们今天中国所讲的土豪，他们不攀比自己有多少权，也不比自己有多少钱，他们比自己有多少创造力。比如说笛卡尔是一个贵族，他和别人比的结果就是创立了微积分，创立了解析几何学。很多贵族和天才人物，他们都在科学的各个领域里面有了自己的贡献和发现，有了这些贡献和发现以后，就开始招收学生，精心培养他们。这种培养模式特别像我们中国古代的私塾，由于当时他们培养的这些学生传授的是科学，传授科学的时候又受到教会的一些排挤和打压，因此这些教师们，他们为了联合在一起来对抗教会的排挤，就成立了一个组织，这个组织命名为University，就是我们现在所谓的大学。当然这些教师们联合在一起，慢慢地也就把学生集中在一起，再慢慢地发展成为我们今天的大学。

如果同学们关注一下，现在西方学者有时候诟病我们中国的教育的时候，基本上都是拿阿卡德米来做文章，他们认为我们中国的大学没有阿卡德米精神。所以说阿卡德米，这个柏拉图的学园代表了西方教育的精神，如果大家以后有机会到国外去学习、留学，在国外的大学里面就会接触到它所追求的精神就是阿卡德米。虽然阿卡德米不存在了，取而代之的是大学,但是阿卡德米作为精神一直存在于大学之中。西方人认为我们中国人从形式上接受了西方的大学,但是我们却没有接受它的精神——阿卡德米。这个阿卡德米是什么,我们在《理想国》里会看到一些端倪。

柏拉图式爱情

柏拉图式爱情

柏拉图 60 岁的时候,狄奥尼修斯死了,狄翁邀请柏拉图第二次到叙拉古来,给继位的小狄奥尼修,也就是狄奥尼修二世当老师,把他培养成哲学王。柏拉图又欣然前往,但是去的时间很短双方就闹翻了。这次闹翻的原因史书是这么记载的,说小狄奥尼修想独占柏拉图的感情,但是这些话从来没有人解释。我估计同学们会有一个柏拉图式的爱情这样的提问,柏拉图式的爱情不在《理想国》的讨论范围,但是一般涉及柏拉图的话题大家都会涉及这样一个问题,我们一会儿再讨论。小狄奥尼修要独占柏拉图的感情是什么意思呢?我先告诉大家,古希腊流行同性恋。结果柏拉图又不愿意放弃他和狄翁之间的这种友谊,最后他们的关系就破裂了。狄翁被流放了，柏拉图也逃跑了，回到了雅典。过去四年以后，大概在柏拉图64岁时，小狄奥尼修又邀请柏拉图第三次到叙拉古来做他的理想国的试验。这个时候呢，小狄奥尼修也应该是长大成人了，柏拉图都已经64岁了。

他64岁的时候又重返叙拉古做第三次试验，试验的结果我们知道，最后也是以破裂而告终。如果说第一次和小狄奥尼修的合作失败是因为他不愿意放弃和狄翁的友谊，第二次则是因为小狄奥尼修认为这样一个充满了智慧的人，能够把他培养成有智慧的哲学王，他也完全可以把别的国王培养成哲学王，变成我的一个强大的对手，所以他们又闹翻了。这次小狄奥尼修采取了一个非常不好的办法，他收买了柏拉图带来的学生，要让他的学生来刺杀自己的老师，而且许以高官厚禄。他的学生竟然答应了，其他的学生把这件事情告诉柏拉图以后，柏拉图失望至极，就连夜逃跑了。文德尔班在《哲学史教程》里面说，苏格拉底的死使得他的生命成为一件艺术品。为什么把苏格拉底的死评价得这么高？就是因为苏格拉底的老师阿那克萨戈拉，在被雅典指控有罪以后逃跑在前，又有柏拉图，这个苏格拉底非常杰出的学生逃跑在后，只有苏格拉底没有逃跑，所以后世的哲学家们对于苏格拉底的死给予了非常高的评价。但是我想，柏拉图的逃跑也不能说柏拉图贪生怕死，比如柏拉图自己后来解释说，我之所以逃离叙拉古就是不想让他们再犯一次"反哲学"罪，这是一个非常好的理由。

他64岁回到雅典以后，从此以后就终身安心地著述和教书。顺便提一下，柏拉图是提倡男人要独身的。柏拉图式的爱情就是爱智慧，他认为男人就应该终身地去追求智慧，应该独身，所以他自己一生没结婚。但是在他80岁的时候，他的一个弟子没有防住这个人生的大陷阱，和一个姑娘相爱了，并且结婚。结婚的时候邀请自己德高望重的老师来参加婚礼，这时柏拉图的弟子已经遍布四方，听说有一个小师弟要结婚，大家都来祝贺，同时也很想见见柏拉图。柏拉图在大家的这种敬仰之中小酌两杯，然后感到身体不适，他说：你们玩会儿，我到隔壁房间里面休息一会儿。他进去坐下后，本来想小憩一会儿，结果长眠不醒了，没有任何痛苦地离开了世界。他死后，雅典人倾城出动，全都为他送葬。这是我给大家简单讲的柏拉图的生平。

柏拉图和他的老师苏格拉底

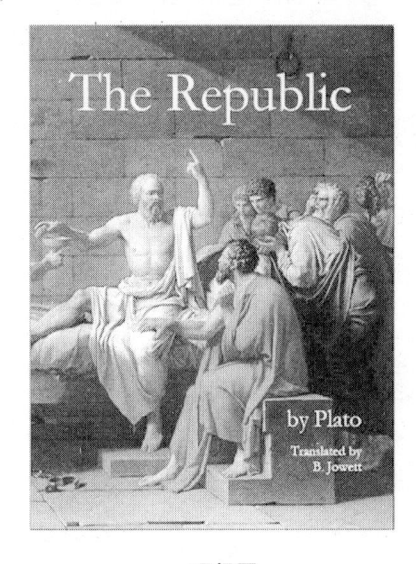

理想国

柏拉图的生平里面谈到他和苏格拉底的关系。柏拉图是苏格拉底最优秀、最杰出的学生。苏格拉底的梦,不管是隐喻还是后世人们的一种解释,都可以看出苏格拉底和柏拉图的关系非常纯洁。苏格拉底死了以后,柏拉图早期的著作主要是记叙、记载苏格拉底的思想,最有代表性的就是《会饮篇》。苏格拉底死了以后,有两个学生给他写过类似于回忆录,或者是平反、申辩的这样一类著作,一个是色诺芬写的《回忆苏格拉底》,另一个是柏拉图写的《申辩篇》。柏拉图在后来所写的大多数著作中基本上都是以苏格拉底为谈话的主角。

19世纪末20世纪初,德国有一个哲学家叫做施莱尔马赫,他也是一个大神学家。今天中国人所讲的经典有中国人的含义,西方人经典研究最初主要指的是神学的经典。所以施莱尔马赫是一个哲学家,也是一个大神学家。现在我们的经典更多的是向哲学和人文的经典方向靠拢,但是在19世纪以前,西方人的经典主要指的是宗教经典,经典阐释主要是解经学。施莱尔马赫在解经的过程中,也涉及柏拉图的著作,他第一个提出来把柏拉图的著作划分为三类,或者三个时期,学术界通常把它分为早期、中期、晚期。施莱尔马赫的划分是奠基期、发展期和顶峰期。《申辩篇》就可以看作柏拉图早期的著作,现在归到早期著作里边的有五六本书。中期著作是他最丰富的,我们讨论到的《理想国》就是柏拉图的中期著作,《会饮篇》《斐多篇》《理想国》等都属于中期著作;《政治家篇》《智者篇》《法律篇》,都属于晚期著作。大家可能会觉得除了读柏拉图的《理想国》之外,还想读一读别的书。在这儿给大家说一个翻译上的问题,举个例子,像"会饮",开会的会,饮食的饮。会饮它本来就是聚在一起吃饭的意思,柏拉图以这样一个场景写了一本书。大家经常使用,但是并不解其意的柏拉图式的爱情,这个问题的主题就出自《会饮篇》。会饮是晚上,一个雅典的年轻诗人在诗歌比赛中得了第一名,他邀请了几个人到他们家去吃饭,大家躺在那个地方边吃饭边讨论一个问题。柏拉图著作里面基本上每一个著作都会讨论一个主题,《会饮篇》讨论的主题就是爱情。这个 Eros(艾洛斯),翻译成爱情只是它一个非常小的方面,Eros(艾洛斯)这个词汉语基本上没办法译,我们只是取它多种含义里边的一种才叫做爱情。一般的柏拉图的著作在翻译的时候,比如说像"会饮",一个文学家,或者是偏好于文学的人会把它翻译成《会饮》,如果把它翻译成《会饮篇》,那么这个翻译者可能就是一个哲学研究者。也就是说,柏拉图的著作不同的译者会把它译成不一样的角度,可能翻译的内容都一样,但是翻译的角度就不一样了,翻译成《会饮篇》,你就要把它当作哲学著作去读,翻译成《会饮》,你就要把它当作文学和戏剧作品去读。柏拉图所有的著作基本上都是以文学和戏剧的形式出现的,都是以对话的形式出现。这是柏拉图的著作三个时期。

《理想国》的主要思想和观点

第三个问题是柏拉图《理想国》的主要思想和观点。柏拉图的《理想国》一共有十卷,也就是这本书一共有十章,希腊人把每一章叫一卷,所以它有十卷。第一卷,讲的是这本书要讨论的主题,可以说《理想国》讨论的主题是正义。第二卷里讲城邦正义和个人正义。通过城邦正义和个人正义提出来理想国的问题。第三卷是讲一个理想的城邦里边人是怎么构成的,是由国王、武士和劳动者阶层构成的,第三卷主要就是讲武士阶层怎么培养,所以这一部分主要是涉及教育问题。第四卷是统治者对武士阶层培养以后,怎么从武士中选拔出国家的统治者,就是哲学王。所以第六卷讨论什么样的人才最适合做城邦的领袖:是能够把握永恒不变的哲学家呢,还是迷失在千差万别的非哲学家?同时论证了能够把握永恒不变的哲学家才是城邦的领袖。第七卷提出了洞穴理论,用摆脱洞穴的人来隐喻哲学王,他是能够看到真实事物的人,还比喻了哲学王的责任。第九卷继续论证了僭主政治是最恶的城邦,柏拉图设想的这个理想国,用今天的话来说,可以叫做贤人型政体,以区别于寡头政治,区别于独裁政治,区别于僭主政治政体,区别于民主政体。从政体的角度来说,柏拉图是一个民主政治的反对者，因此柏拉图的政治哲学的思想，在 19 世纪到 20 世纪基本上都是西方政治思想家们攻击和批判的对象。因为 19 世纪末 20 世纪初西方的政治哲学家们的基本任务是要为他们的民主政治辩护，而柏拉图的《理想国》，倡导的是一种贤人政体，反对的是一种民主政体。第十卷苏格拉底论证了模仿出的事物是最低劣的，最后通过灵魂不朽的故事来说明正义者所受到的最大好处，并以此作为话题的终点。这大概是柏拉图这本书的基本结构和内容。

讲座现场

什么是正义。非常有意思，我们今天的许许多多的概念和名词在希腊古代的地方都是人的名字。比如说正义，它在希腊语里面读作狄克，就是一个人的名字，是谁的名字呢？我们知道西方人现在的信仰体系是基督教，基督教是由犹太教演化出来的。在这之前，希腊民族也有它的一个信仰体系，就是奥林匹斯信仰，奥林匹斯山脉上的众神之王叫宙斯。引申一下，在宙斯神之前，他们神的家族叫泰坦神，泰坦神用英文拼写是 Titan。大家注意一下，如果在这个 n 后面再加个 ic，就变成了 Titanic（泰坦尼克）了。泰坦神有 12 个神，6 个男神，6 个女神，男神和女神之间互相通婚。在这 12 个神里边，宙斯的父亲是众神之王，宙斯的父亲和他的母亲生了很多的孩子，可是他的父亲知道自己的命运，如果他有一个儿子长大就会推翻他,所以每一个孩子一出生他的父亲就把他们吃掉了。等到宙斯出生,他的母亲用技巧策略把他保护了下来。我们知道女人生孩子有一个胞衣,他母亲把孩子生出来以后,用和孩子一块带出来的胞衣包了一块石头。宙斯的父亲说:儿子呢,拿来我吃。他母亲就把这块石头给他父亲吃下去了。宙斯就这样存活下来,长大以后,发起了一场儿子推翻父亲的战争,宙斯把他的父亲推翻了。推翻他父亲以后,被他父亲吃掉的那些孩子又复活了,怎么复活的科学没有办法解释,希腊神话就是这样讲的。宙斯取代他的父亲成为众神之王,希腊的神基本上是半人半神的,泰坦神非常厉害,其他神总是要和他们的众神之王作战,包括宙斯成为众神之王以后其他的神也要经常和他作战,要推翻他的统治,宙斯总是惩罚他们。泰坦族在希腊也叫做巨人族,长得非常高大。20世纪的电影《泰坦尼克号》里英国人造的那个巨大无比的船为什么命名为泰坦尼克,其实就代表着人类的一种狂妄,我们知道14世纪到16世纪是文艺复兴时期,文艺复兴的口号就是反对神,18世纪进入法国哲学,法国哲学又是以无神论为主,称为战斗的无神论。又经过了19世纪到了尼采这里,尼采死于1900年,尼采在死前喊出的口号就是上帝死了。上帝死了,再也没有一个制约和控制人类的力量,因此20世纪初借助于工业革命的成就,英国人制造了一个轮船,把它命名为"泰坦尼克",意思是说谁也控制不住人类,我们人类从此以后具有强大的力量,可以征服自然、改造世界。结果这个船在航行的过程中,在大西洋上轻轻一撞就折断了,沉船了。泰坦尼克号事件的出现,引起了欧洲思想界的非常持久的沉思,现代哲学家萨特的《存在与虚无》,萨特的老师海德格尔的《存在与时间》等,诸如此类的著作都是这一时期对泰坦尼克号沉船事件、对科学技术的沉思。

　　柏拉图就是生活在这样的宗教信仰、思想、文化氛围中的希腊人,我们在希腊神话里面会经常读到,宙斯是神,宙斯的妻子叫赫拉,赫拉是掌管雷电的神。希腊神和后来的神不一样,后来的神是人格神,到彼岸世界了。希腊的神在此岸世界,就住在奥林匹斯山上,宙斯经常下山干点坏事,就是勾引凡间女子。宙斯有时候把自己一变,变成一个很招人喜爱的英俊小伙,或者是变成一头牛,金色的牦牛,往那儿一卧,一个小姑娘爬上去以后他便腾云驾雾飞到很远的地方去,然后现出原形变成一个俊美的小伙,两个人相爱了,生下孩子。希腊人分三种:神,是神和神生的孩子,像阿波罗、雅典娜;人,是人和人生的孩子;第三种是人和神生的孩

奥林匹斯山

子,叫英雄。所以我在其他的地方曾经讲过,中国人是没有英雄的,英雄在古希腊特定含义里是人和神生的孩子,一般都是悲剧命运的承担者,在《荷马史诗》里边也是这样。宙斯不仅勾引凡间女子,也勾引其他的女神,其中有一个女神叫弥斯,弥漫的弥,宙斯的斯,这个女神是掌管法律和秩序的。宙斯有一次与这个掌管法律和秩序的女神弥斯私通,生下了孩子,被命名为狄克,我们今天翻译为正义。希腊的每一个神都有他自己的职责,狄克作为宙斯和弥斯生下的神子,掌管的职能就是判别是非善恶,这是它的词源。在柏拉图的《理想国》这本书里面,柏拉图就要对正义重新作出探讨。我通常把西方文化标识为两个非常大的阶段:一个叫"神语文本"(神话)阶段,凡是以神话的形式出现的就叫神语文本;一个是"人语文本"(哲学)阶段,凡是以哲学的方式陈述出来的东西都叫作人语文本。从正义这个词的词源上来说,它是一个人的名字,叫狄克,本意是掌管善恶是非的神祇,转换成人语文本,哲学家们就要把它还原成我们人能理解的思想,即正义。

所以柏拉图在《理想国》里讲正义的时候,讲到了城邦和人,讲城邦的正义和人的正义。《理想国》另外一个主角是柏拉图的堂弟格老孔,故事发生在海边一个城市举行的祭祀活动。在祭祀活动时遇到一个朋友,这个朋友就把格老孔和苏格拉底拉到家里去,边吃饭,边喝酒,边讨论问题。由此就有了这么一场谈话，谈话的内容就是《理想国》。在谈话的时候，格老孔和其他的人基本上都处在配角的位置上，就是提问的位置上，苏格拉底主要是回答者。在谈论中，格老孔他们讲到正义是多种多样的，历数了以前对正义的各种各样的理解，柏拉图在这本书里借苏格拉底之口给他陈述了哲学家对正义的理解。

柏拉图的思想归纳起来大概是这样的：在柏拉图看来，或者说柏拉图借苏格拉底的话说出来，正义可以区分为城邦正义和个人正义，究竟是先从个人正义探讨，还是先从城邦正义探讨？苏格拉底采取了比喻的方法，说我们在某个地方写了两块字，一个字小，一个字大，字都是一样的，那么先看大字呢，还是先看小字？苏格拉底说：我们就从大字看起吧。即我们先看城邦正义，把城邦正义搞清楚了就很容易搞清楚个人正义。在讲城邦的时候，柏拉图首先把城邦中的人划分为三个阶层：第一个是普通老百姓；第二个是士兵，或者是保卫者、军人阶层；第三个是统治者阶层。这三个阶层是什么做成的？柏拉图给他们赋予了一种天然的属性，认为统治者是用金子做的，护卫城邦国家的军队、军人是用银子做的，老百姓是用铜铁做的。由于构成的质料不同，他们所拥有的品质也不同，因此国王拥有的品质应该是智慧，武士拥有的品质是勇敢，普通老百姓拥有的品质是节俭。

三个阶层的由来

马克思、恩格斯在这个问题上对柏拉图都采取的是批判态度，说柏拉图的理想国划分为三个等级，具有印度种姓制度的特征，印度的种姓制度的几个等级，互相之间是绝不能流动的。但是柏拉图并不否定三个等级之间可以相互流动，怎么流动的，我们待会儿再讲，因为这和教育结合在一起。

一般说来，老百姓生的孩子就应该属于老百姓阶层，不能够流动到武士阶层。武士阶层生的孩子既不能流动到统治者阶层，也不能下降到劳动者阶层。理论上是对的，但是这里面涉及一个非常有意思的问题，柏拉图主张在武士阶层"共产共妻"。以前国民党和共产党在战争年代，国民党丑化共产党的宣传就是共产党是"共产共妻"。我们党倒是没这样做，但是柏拉图的确是这样主张的，这是一个非常大胆的主张。柏拉图为什么要求在武士阶层共产共妻呢？这和柏拉图这本书讨论的主题有关，这本书里面他主张的是贤人政治、哲学王的统治。那么在这之前发生了什么呢？在柏拉图写这本书的20年前，在希腊这块土地上发生了一场持续27年的战争，叫伯罗奔尼撒战争。伯罗奔尼撒战争是一场大同盟发动的战争，一个是以斯巴达为首的伯罗奔尼撒同盟，还有一个是以雅典为首的提洛同盟。这场战争一直持续到公元前404年，从公元前431年到公元前404年，持续27年。这场战争最后的结果是以雅典失败而告终。那么在雅典这个时期，雅典人是什么政体？雅典人在这个时期是民主政体，因为有一个梭伦改革，梭伦改革为雅典人缔造了一种民主政体，民主政体就是凡是有家庭财产的人都可以参与国家的民主决策，这在雅典非常狭小的范围里是完全可以做到的。那么斯巴达当时是什么政体呢？斯巴达是贵族政体，在贵族政体中，其他人被剥夺了政治参与权，政治权利全部掌握在贵族手里。这场伯罗奔尼撒战争以雅典失败而告终，也意味着是贵族政体打败了民主政体，所以战争失败以后，雅典就爆发了一场政变。这场政变使得一些寡头们成功上位，他们把民主派的领袖推翻了，雅典进入到了寡头政治时期。寡头政治基本上都是一些不该当国王领袖的人，最后僭越自己的位置上去了，所以我们叫做僭主政治。当时雅典是三十僭主政体，柏拉图的家庭成员也是三十僭主的成员之一。但是寡头政治存在的时间非常短，只有80天，80天以后民主派就重新夺回了政权。当僭主执政的时候，曾经拉拢苏格拉底，被苏格拉底拒绝了。民主派重新夺权以后，又去拉拢苏格拉底，请求苏格拉底利用他的政治哲学威望和人格魅力来支持民主政治，也被苏格拉底拒绝了。正是因为苏格拉底的拒绝，民主政府最后就判处苏格拉底死刑。苏格拉底死了以后，柏拉图对贵族政治很绝望，对僭主政治很绝望，对民主政治也很绝望。所以柏拉图是一个民主政治的反对者，柏拉图反对民主有一个非常直接的原因，就是民主制处死了他的老师苏格拉底。

在这种情况下，柏拉图在他的《理想国》中分析了其他几种政治体制的弊端以后，主要是论证自己的理想国，不仅由三个等级构成这样的国家，更主要的是谁来执政，谁来制定国家政策，他认为应该是有能力的、贤明的人。那么，为什么民主政治下，雅典人会在伯罗奔尼撒战争中失败？就是因为国家的武士阶层他们都有妻子，有儿子，有家庭财产，他们打仗的时候心里面总是惦记着自己的财产，不打仗的时候主要考虑怎么升官发财。柏拉图在他的《理想国》里面就设想，让武士阶层除了一些生活必需品之外，断绝一切私有财产，包括妻子和孩子。他提出的设想是，让大多数最优秀的男人和最优秀的女人结合，尽量减少那些劣等的男人和不优秀的女人结婚。这样一来，一个男人可以和很多的女人，一个女人也可以和很多的男人结合生育下一代。既然是共妻，那么他肯定也不知道自己的孩子是谁。这个孩子出生以后，就由公共学校抚养。这些孩子如果很优秀，也可能会成长为有智慧的人，成为哲学王。有些人也可能会很差，他们的下一代可能会沦落为手工业者阶层、劳动者阶层。劳动者阶层是可以允许有私有财产的，因为他不承担保卫国家的任务，可以有私有财产，可以有自己的妻子，有自己的儿子，他的孩子如果被教育以后非常优秀，也可以进入到武士阶层。所以提醒一下，"共产共妻"在柏拉图的《理想国》里面仅仅属于武士阶层。武士阶层之所以"共产共妻"是因为在伯罗奔尼撒战争中，民主政体下，武士阶层的自私自利、不能以性命为国家卖命，导致了战争的失败，也就是对这场战争的反思使柏拉图提出了这个设想。

柏拉图式教育

我们顺便谈一下柏拉图的教育。柏拉图把人的教育大概分为四个阶段：第一个阶段是1岁到6岁，这个期间绝对不能把孩子放到教室里面，或者是像我们的幼儿园里面去教育。1岁到6岁的教育必须要在村庄、街头、河边、树下完成，就是要以讲故事、做游戏、玩泥巴等这样的方式让他们接受教育。这个时候主要是培养他依赖自然的天性，以及对自然万物的领悟。几年以前我看过别人写的一篇文章，题目叫做《玩泥巴与弹钢琴》，认为像我这种年龄，或者比我更早一些时代的人，那个时候没有钢琴，家里条件也不好，小的时候都是玩着泥巴长大的。现在的孩子家里条件好了，父母会给他（她）提供弹钢琴的机会。这篇文章里面提出一个未待验证的理论，认为玩泥巴长大的孩子以后的创造力要高于弹钢琴的孩子，因为弹钢琴可能会使我们受到一种技能的训练，但是玩泥巴能让孩子在很小的时候建立起和自然的亲近联系。我想我们今天在座的大多数同学可能没有玩过吧，把土和成泥巴，然后把它做成各种形状，拿起来以后往地上一扔，啪的一下，一是听响声，二是看那泥巴烂成什么样的形状。在泥巴摔下去变成各种形状之前人们充满了各种想象和期待，会培养孩子的想象力。还有一篇文章大概是讲美国的一个妈妈，她的孩子上幼儿园，一天她领着孩子逛街的时候看到对面的广告上有一个英文字母O，写得很大，她就问孩子："你看，女儿，你看它像什么？"孩子说："那是个O。"这个妈妈就不干了，回去以后就把幼儿园告上法庭了，要求赔偿100万美元。理由是在我的孩子这么小的时候，我多么希望她把这个东西看成是：啊，那是一个太阳，或者那是一个月亮，或者那是一个鸡蛋。可是她没有，她说那是个O，在孩子最需要激发想象力的时候，我们却过早地用知识把她的想象力扼杀了。当然这个事件的真实性有待考证，文章说美国的法庭竟然判这个妈妈胜诉。这也给我们的教育带来很多值得反思的问题，我们是不是需要在很早的时候就把孩子送到幼儿园，是不是需要在很早的时候就去开发孩子们的智力。我总觉得我们今天的大学生进入高校里来，创造力不如以前，就是由于我们的智力，或者是学习的热情被过早地开发和耗费掉了。

回到柏拉图，7岁到20岁，这段时间要给孩子设计一些课程，有意识地去进行教育。这个时期的教育课程，柏拉图提出了著名的四科。在柏拉图的教育理论里面，7岁到20岁主要学的是算术、几何、音乐，还有体育，叫四科或四艺。20岁到30岁，这段时间要让他学习军事理论，要经常到外边做一些野外的训练，包括体会部队打仗，排兵布阵。在柏拉图的教育理论里面，男人和女人是平等的，女孩子也要同等地享受类似的教育，包括军事和体育锻炼。到30岁以后，大概五年的时间，主要学哲学，学哲学使他变成一个有智慧的人，然后从这些有智慧的武士阶层里面挑选最优秀的人来管理国家。很多的书里边，或者很多的教材里边，通常把这样的人称为哲学王。我觉得 Philosophy 这个词，我们中国人翻译为哲学，其实这是一个错误的翻译。最初是日本人西周在1873年的时候，首先遇到了西文里面的这个词，就面临把它怎么翻译过来的问题。翻译的时候，西周用日语中的汉语词汇"哲学"这个词翻译 Philosophy。但是西周在翻译的时候有一个非常明确的限制，即哲学只是指 Philosophy，不能与此同时把儒学、道学、佛学称之为哲学，也就是哲学是一个区别性概念，只有 Philosophy 才能够用汉语的词汇叫哲学，而儒学、道学、佛学就不能叫哲学了。Philosophy 这个词它是由两个部分组成的，前面的 Philo，它的希腊语的意思是爱和追求，后面 sophy 的含义是智慧，合在一起 Philosophy 就是爱智慧。所以我们也可以把"哲学家"翻译成"智者",这样一来就清楚了,那么究竟是哲学王还是智者王,我觉得都一样,柏拉图的意思只不过是说做国家的最高管理者必须要有智慧。可是智慧这个词,在古希腊哲学家那里,只有和 Philosophy 相关的才是智慧,除此之外其他的都叫做技艺。数学、物理、化学,我们今天知道的各种各样的学科提供的知识都叫做技艺。只有哲学家的 Philosophy 提供的才是智慧,也就是说在 30 岁之前你可以学一切东西,但是 30 岁到 35 岁你就要学一学 Philosophy,学一学智慧,有智慧的人才能够掌握和管理国家。他在叙拉古对狄奥尼修斯一世和二世的训练其实也是一种智慧的训练。我们应该有一个正确的见解,就是柏拉图并不是主张先成为哲学家再去做国王,而是说做国王的人必须应该有哲学的智慧。这是武士阶层通过他们的培养选拔出来的领袖。

同样的,国王、武士和劳动者,他们作为理想国三个等级构成,每个人都应该同时具有一种品质,这种品质就是:国王的品质或德性是智慧,武士的品质是勇敢,劳动者阶层的品质是节俭。智慧,在柏拉图的理解中,是对好的事物和坏的事物能够做出正确的判断。在此可以简单地把智慧看作是一种判断力,当然如果在《巴门尼德篇》《智者篇》里,我会来和大家讨论柏拉图的智慧的具体含义是什么,因为那是哲学著作。在《理想国》中主要讨论的智慧是统治阶层的一种品质。作为国家的统治者,就必须要对国家的大事能够作出非常出众的、别人所达不到的那种判断。我在课堂上经常告诉我们的同学,中学阶段教育的主要目的是传承知识,就是把人类已经积累起来的知识接受下来。到了大学阶段,在接受新知识的同时,大学教育最主要的任务就是培养学生的判断力。对事物如何判断,跟我们以后将要做媒体的、做新闻的朋友们也非常有关系,你们总是要面临很多很多的新闻事件,对这些新闻事件的性质如何做出恰如其分的准确判断就非常的重要。那个时候不仅是知识在起作用,更主要的是知识赋予你的那种智慧,你对它能作出正确合理的判断。

武士阶层主要的品质是勇敢,他们保家卫国。为了让武士能很好地保家卫国,柏拉图甚至要武士阶层共产共妻。劳动者阶层主要的品质是节俭。节俭就是要控制和限制你的个人欲望,对金钱、权力、财富,以及异性的欲望。柏拉图认为只要这三种阶层各安其分、各自遵守自己的道德品质,这个社会就是和谐的、理想的,所以他把这个国家称为理想国。

在这里我们就要提出柏拉图一个非常重要的观点,一开始我给大家讲到，正义在希腊语里面的意思是狄克，作为一个神，他的职能是判断是非善恶。那么现在呢，柏拉图在他的《理想国》中提出这么三个阶层和三种品质以后，他给了正义一个新的定义，什么是正义？正义就是智慧、勇敢、节俭三者的统一，就是说正义的内涵就是那三种品质。做一个有正义感的人就是做一个有智慧的人，一个勇敢的人，一个知道节俭的人。一个正义的国家就是一个由有智慧的人管理，有勇敢的人护卫或者保卫，有懂得节制自己欲望的劳动者阶层为这个国家创造财富，因此这个国家叫正义的国家。所以柏拉图就完成了对正义的从神语文本向人语文本的转化解释，智慧、勇敢、节俭以及三者统一构成的这种正义后来就变成了西方人的四种主要道德品质，我们把它叫做希腊人给西方人提供的四主德。基督教世界成为西方的文化主流以后，基督教又提供了另外三种道德品质，这三种道德品质叫做信仰、希望、热爱，我们把它简称为信、望、爱。希腊人提供的四主德和基督教时期提供的三主德合在一起，就是西方人的七种主要道德品质。不管走在西方的哪一个国家，你和他们谈起道德问题，西方人遵守的都是这七种道德品质，智慧、勇敢、节俭、正义、信仰、希望、热爱。

后世流传的伟大思想

第一个对柏拉图思想提出批评的是雨果，雨果写过一本小说叫做《1793 年》。在《1793 年》这本小说里面，借助法国革命的一个主要参与者和反对者师生之间的对话，使我们在雨果的作品里面第一次听到理想国和思想国的分立。大概说的是 1793 年，以当时的法国大革命为背景，一个人被抓进监狱里，他的老师去探监，被抓进监狱的这个学生说："柏拉图他是要建立以国王具有绝对权力的，以武士为国家坚强后盾的一个集权专制的国家，叫理想国。""我要建立学校，他要建立军营；他要把人变成神，我要把人变成学生；他要建的是一个理想国，我要建的是一个思想国。"在 20 世纪，比较有名的批评来自于一个哲学家，叫波普尔。波普尔的主要著作叫做《猜想与反驳》，他是一个逻辑经验主义的代表人物。波普尔在政治哲学领域里写了一本书，叫做《开放社会及其敌人》。在《开放社会及其敌人》这本书里边，他也对柏拉图进行了批评，认为柏拉图要建立的是一个集权国家，国王拥有绝对的权力。当然柏拉图的确在《理想国》里面说,哲学王拥有凌驾于法律之上的权力,法律只不过是哲学王用来治理国家的一种工具和手段。其实柏拉图在他的后期作品《政治家篇》和《法律篇》里,他已经重视法律在国家治理过程中的作用。

刚才我们提到的这些学者,都基本倾向于把柏拉图的《理想国》看作是一个集权专制主义国家。20世纪的美国哲学家罗尔斯,是一个柏拉图哲学的拥护者和柏拉图哲学的辩护者,他一方面拥护柏拉图的《理想国》所提出的很多的设想,同时他又对柏拉图的《理想国》做了很多的发展,其中最根本的一点,比如说柏拉图是民主政治的反对者,而罗尔斯是一个民主政治的论证者、拥护者,因为他现在生活的美国就是一个民主社会的国家。罗尔斯的著作叫做《正义论》,也是受柏拉图的《理想国》的启发,和他之间有一种非常复杂的学术上的渊源关系。

最后我想说明一下,我前面讨论的更多的是柏拉图的政治哲学,它不属于纯哲学,而西方的纯哲学应该叫做思辨哲学。柏拉图哲学最核心的概念,我们现在叫做"理念",这个理念是朱光潜先生的翻译。还有另外一种译义,把它翻译成"相",这是陈康先生的翻译。我们国内学术界有些专业研究者逐渐开始不翻译了,直接用读音,这个词叫做Eidos,可以把它翻译成本质,也可以翻译成形式。柏拉图为什么会让有智慧的人管理国家,就是因为在不同阶段的训练以后,30岁开始接受哲学训练,只有那个掌握哲学的人才能够把握到城邦和公共事务中的形式和本质,只有把握了形式和本质的人才能够治理和管理国家。那么关于他的相论,或者说Eidos理论,主要是在《巴门尼德篇》和《智者篇》里讨论的,不属于我们今天讨论的范围。

进入到文明时代了,脱离了野蛮蒙昧。而柏拉图呢,仅仅是认为在伯罗奔尼撒战争中,雅典人之所以失败,就是因为它的民主制度允许每个人都有私有财产。武士阶层有私有财产就不会卖力地去保家卫国,所以他就想怎么改变这种状况,让武士们能够把自己的军事力量发挥到极致。所以他就设想能够共产共妻。我们说它是一个理想国,意思就是不能实现的,是乌托邦的。

柏拉图的理想国,孔子的大同世界,包括马克思的共产主义,他们所设计的那种社会制度本身能不能实现,这个只能留给后世。但是正因为他们提出来这样一个人类理想状态的勾画,引导着我们人类向前走。打个比方，我们今天的人类就像黑海洋上的一艘航船一样，柏拉图的理想国、孔子的大同世界、马克思的共产主义，就是这个黑海洋前方一个岛礁上的航标，我们能不能到达那个航标，那个灯塔，不知道，也许我们会和它擦肩而过，甚至于会越过它，但是如果没有那个灯塔的指向，我们就不知道人类社会这一艘航船在黑海洋上驶向哪儿。所以不在于他勾画了一个具体的什么样的社会设计，而在于这个社会设计至少在一段时间内给我们指出了人类的航船驶向哪个方向。

犹太人

徐兆寿：我听李老师讲的时候想到了这个问题。犹太人，上帝的应许之地。从今天来看，这个应许之地的人为什么会叫做希伯来人，有一系列的原因，有一些叫过河而来的人。那么他们到那个地方去发现是不是有人来故乡呢，实际上这个地方跟我们今天看到的西部是一样的，太平地区。正是因为上帝应许了这个地方，才把他们也称为应许之名，上帝之子。犹太人正是因为这样，流散了1000多年仍然非常团结，最后建立了一个国家。理想国对我们今天，我觉得应该重返"理想"这个词，我以前写过一篇文章——今天我们应该悼念这个词，其中有一个词，就是理想。这个词今天好像死了，我们要重新把它拯救回来。我们正是因为有了这样一些理想可能才能往前走，这可能是我们重返经典很重要的一个门槛。我也曾经写过一篇文章,为什么共产党前期产生了那么多光辉的形象,包括方志敏写的《清贫》,他们为什么会那样写东西,我们今天很多人都在解构他,说他都是假的,实际上他是真实的。为什么会这样?可能需要我们去深思,我们今天太实了,什么东西都是看得见摸得着的,为什么我刚才说雨果,雨果可能摸不着,但为什么人们去追寻他,有很多问题,我想这个就是我们重新思考很多概念,重新思考很多有价值的东西。

洞喻论对电影形象的影响

观众:柏拉图在《理想国》中提到了有名的洞喻论,关于洞喻论有很多种解释,理解为打破人类对事物表象的蒙蔽而认识真实的世界,我不知道这样的理解是不是正确的?洞喻论对艺术家们创造一些电影的形象是不是产生了一些影响?

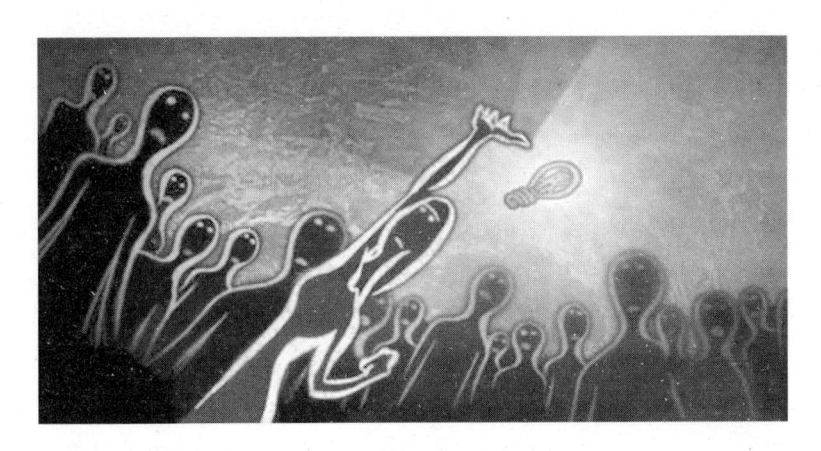

洞喻论

李朝东:柏拉图洞喻理论的这个故事叙述是这样的,说有一群人像囚徒一样长久被囚禁在一个洞穴中,他们这个洞穴的底部在一边,他们这个地方有人点燃了一堆火,就好像我和徐院长我们几个人是面向墙壁,然后在舞蹈着,这个火光把我们身体的姿势投影到这个洞壁上。我们又是面向洞壁的,所以我们就认为我们的身体是洞壁上的这个投影,因为我们日复一日、月复一月、年复一年地都在看这个洞壁上的这些投影,所以我们以为它是真实的。后来有一天,一个囚徒他挣破了锁链,来到了洞口,出去以后，他因为太阳的照射眩晕，慢慢地他再睁开眼看，发现外边的世界才是真实的。他原来在洞穴上看的投影都是虚假的幻象，所以他就产生了怜悯，说："哎呀，我的同伴们还在里面，他们长期把假象当作真实，生活在这个世界上太可怜了。"于是他又跑回洞穴，告诉这些同伴们说，我们生活在假象之中，真实世界是在外面，你跟着我走吧。结果那些把假象当作真实的人，或者从来没见过真实世界的人，以为他是骗子，他在撒谎，最后就把他处死了。我先说一下，柏拉图的这个洞穴引喻是在《理想国》里面讲的，有两层意思，一个是前面我讲的教育阶段。其中有一个含义就是，只有从武士阶层到30岁以后，经过教育，在这之前我们所提供的一切知识可能都会受普遍的影响，包括我们的生活现象、丰富复杂的世界现象中，我们才能够发现真实的世界，发现真实世界我们才能够用智慧去管理和统治这个社会、这个国家。还有一个含义，就是讲述他的老师，他说整个雅典人都生活在洞穴的投影壁上的投影中，雅典人就生活在这样的虚假中，第一个看到真实世界的是他的老师苏格拉底。他的老师苏格拉底看到这真实世界以后就对整个雅典人产生一点怜悯，想告诉雅典人说你们的生活不真实，真实的生活应该是那样的。结果雅典人理解不了苏格拉底，把苏格拉底处死了。所以这个洞穴引喻主要还有一层意思，就是说他的老师和雅典人的关系。

用一个受争论的事例来讲，苏格拉底有一天和别人讨论一个问题，什么是道德。苏格拉底走上前碰到了一个人，这个人告诉他说：道德就是不偷盗。苏格拉底说：噢，你都知道道德是不偷盗，我都不知道，说明你比我聪明。但是你看这种情况是不是道德的，一个父亲和儿子两个人吵架，本来是父亲不对，结果这个儿子一犟嘴，父亲给了儿子一耳光。这个儿子说：你不对，我跟你顶嘴你就打我。跑到自己房间里边越想越生气，拿了一把菜刀放在靠近窗户的桌子上，想着是不是要去杀自己的父亲。结果，在他和他父亲吵架的过程中，有一个朋友在暗中目睹了这一切，他也知道他那个朋友拿了一把菜刀放在桌子上是要做杀父亲这件蠢事。所以这个儿子背对着窗子生气的时候，他的朋友从窗户外面悄悄把手伸进来，把菜刀偷走了。儿子下定决心要去拿菜刀杀自己的父亲时候，发现菜刀不见了。希腊人信神，他以为是神派天使偷走了菜刀。站起来以后，他说：既然神派天使偷走了菜刀，说明我想要杀父的行为是非常愚蠢的，连神都不同意。这么一想他冷静了，跑去给父亲道歉：你打就打了，我想不通，竟然还产生了一个邪恶的念头，要拿菜刀杀你，多亏神派天使偷走了菜刀，阻止了我的杀父行为。父亲一看儿子认错了，也就开始说：哎呀，也是我这个老眼昏花，这么没用。父子俩各退一步以后和好了。苏格拉底设计了这样一个场景后，紧接着就又问他的辩论对手："请问，朋友偷走菜刀的这种偷盗行为是道德的，还是不道德的？"这个朋友就说："这个小偷行为是道德的。"苏格拉底紧接着问："那么道德究竟是偷盗，还是不偷盗？"对方回答说："我也不知道。"这里面有一个非常重要的问题就是，苏格拉底认为，我们人到今天为止，不管是小学、中学，还是大学，老师或者课本教给我们的任何一个知识都只是知识的一个方面。

　　20世纪有两个著名学者，一个叫做阿多尔诺，一个叫做马尔库赛。其中主要的人就是阿多尔诺，法兰克福学派的第二代掌门人，他写了一本书叫《启蒙的辩证法》，《启蒙的辩证法》说我们接受任何知识的同时也给我们造成了新的蒙蔽。在今天没有给大家讲柏拉图之前，假定我们每个人对于柏拉图方面的知识、思想是空白的，空白就需要启蒙。启蒙以后，我教给你的、讲给你的柏拉图又会对你形成一种新的遮蔽，因为你理解的柏拉图就是我讲给你的柏拉图，也许柏拉图不是我所讲的那样。所以他就提出了一个启蒙的辩证法，任何知识的传授和接受都会对人造成新的蒙蔽，需要再次启蒙。所以阿多尔诺认为，启蒙是一个要不断地进行下去的过程。因为按照阿多尔诺的说法，徐院长给大家讲了一些知识性的东西，再启蒙的东西又对人形成了新的蒙蔽，还需要更高的知识和智慧以及人生的经验去解决这个蒙蔽。

　　苏格拉底提出了一个非常重要的问题，道德就是不偷盗。那么苏格拉底迫使雅典人把有时候偷盗也是道德的也加到道德的这个概念当中来了。这确实动摇了我们对道德这个概念的传统的习惯的认识，为什么雅典人后来要起诉他，要判他有罪，要处死他？苏格拉底告诉大家，以后要做一个有道德的人，过一种有道德的生活，是偷还是不偷？苏格拉底可能会说："我也不知道。"所以他动摇了雅典人的生活原则，苏格拉底说，一切知识都掌握在神那个地方，我们每个人的知识都是相对的和有限的，绝对无限的知识是神才能够掌握的。苏格拉底死了以后，柏拉图就要以知识和理论的形态探讨这个绝对永恒的知识是什么，他把这种绝对永恒的知识称为厄洛斯，我们把它翻译成理念。从苏格拉底到柏拉图，他们造成了这个世界的二分，就是我们生活在一个现象世界，柏拉图尽可能要给我们提供一个本质的世界。我们生活在一个现象的世俗社会,柏拉图、孔子想给我们指引一下方向,让我们生活在一个理想世界。他的哲学和政治哲学应该是相同的,现实世界和理想世界是有差别的,我们就生活在这样一个俗性的世界中,但是我们必须要向一个本质的、理想的世界追求。

大概是有了这样的一种理想和追求,人类才配有意义、价值、理想和信念。动物世界,或者是无机世界,它没有本质和现象的划分,没有现实世界和理想世界的区分,因此动物世界和无机世界也就不去谈理想和价值了。

陈积银:我的老师以前告诉过我一句话,他说所有的理论可能在现实的面前都是很苍白的,他给我们上课说了八个字,叫"山无常形,水无定势"。跨越了时空,很多东西它就没有绝对的正确,也没有绝对的错误,就像刚才那个偷盗的事情。我觉得他们在一定的阶段、一定的时空情况下肯定是正确的,在一定的时空里面他有可能是错误的。关于刚才说的现象,在我们电影方面有没有借鉴意义?肯定是有的。当然,我们的电影也不一定因为看到这个理论,然后才拍出来很多情节。我觉得这里面可能存在误解,误解的问题,本来是做好事,但是好心没有做成好事,最终的结果是让人很遗憾的。很多的片子都能打动人心,就是因为一些情节让我感觉到很委屈,流下了眼泪。比如说去年有一部片子叫《腊月的春》,据我调查,90%以上观看的人都哭了。看的人为什么要哭呢?实质上这个双联题材的片子,它打动人心的不是我们的党情,或者党恩。它打动人的是人与人之间的亲情。而且这里面人的亲情有误解,对不对,大家仔细分析一下,它是有误解的。正因为这种亲情的误解,让我们潸然泪下。第二点,很多电影很可能借鉴以前很多的理论,我觉得一定要放在一定的时空,用不同的阶段去看待很多问题。还有就是在这个过程中,不同的阶段,科技又发展了,我一直觉得很多问题是因为科技发展的原因导致这个人对社会的看法不太一样了。我们现在可能看古代的很多人,我觉得以前的农业文明,或者说工业文明,和我们现在的数字文明,这不同时代的科技发展是不一样的。

主讲嘉宾简介:李朝东,男,1984 年毕业于西北师范大学政治系,1986—1987 年在北京大学哲学系进修外国哲学,1996—1997 年在武汉大学哲学系做国内访问学者,2002—2005 年在西北师范大学教育学院攻读博士学位,2005—2007年在清华大学人文社科学院哲学系做博士后研究;1996年破格晋升为副教授,2001年破格晋升为教授;外国哲学和马克思主义哲学专业硕士研究生导师,马克思主义基本原理专业博士研究生导师。现任西北师范大学副校长,甘肃省哲学学会副会长,甘肃省行政学会副会长,甘肃省老子文化研究会副会长,兰州大学兼职教授,青海大学特聘昆仑学者,甘肃省人民政府特邀研究员,清华大学人文学院哲学系博士后。长期从事马克思主义理论、外国哲学等教学工作,先后为本科生、硕士生和博士研究生开设《西方哲学》《哲学原理》《中西哲学与文化精神》《西方伦理思想史》《马克思主义与现代西方思潮》等课程。

《理想国》究竟"理想"在哪里?
——李朝东教授访谈

正义论?极权主义?

赵婷：李老师您好，我记得您在节目中提到过，《理想国》是一部正义论，这本书自始至终贯穿着"正义"这条主线，但是后世的学者由此认为理想国中的正义论蕴含着集权主义思想。比如批判理性主义的创始人波普尔就在《开放社会及其敌人》中猛烈抨击柏拉图的学说，认为柏拉图是极权主义政治的祖师爷。您怎么看待这个问题？

李朝东：《理想国》与柏拉图大多数著作一样以苏格拉底为主角用对话体写成。它不仅是柏拉图对自己此前哲学思想的概括和总结，而且是当时各门学科的综合，它探讨了哲学、政治、伦理道德、教育、文艺等各方面的问题，以理念论为基础，设计了一个真、善、美相统一的政体，即可以达到公正的理想国。人类追求的正义与善是柏拉图理想国的主题，他认为国家、政治和法律要朝向真正的存在并与人的灵魂相关才有意义。在《理想国》里苏格拉底刚开始讨论的话题就是"正义"问题，由此我们可以看到柏拉图对正义有着多么强烈的憧憬与向往！

后世学者认为理想国中的正义论蕴含着集权主义思想，波普尔就在《开放社会及其敌人》中猛烈抨击柏拉图的学说，认为柏拉图是极权主义政治的祖师爷。其实，法国作家雨果在《1793年》中，讲述1793年法国大革命时期，戈万和他的老师有如下对话："老师，我们两人的乌托邦区别就在这里。您要义务兵役，我要学校；您梦想人成为士兵，我梦想人成为公民；您希望人拥有强力，我希望人拥有思想；您要一个利剑共和国，我要一个思想共和国。"柏拉图要的理想国中，人人都是国家的战士；戈万的思想国是一个开放的公民社会，是一个人人可以自由思想的共和国。波普尔的观点只是雨果观点的现代表达。无论是雨果还是波普尔，现代学者尽可以按自己的视域去理解柏拉图,也许,柏拉图的理论设想中的确包含并有可能导致集权主义,然而,我们必须注意到柏拉图理论创造的时代背景:拯救当时雅典城邦所处的危机。他坚信只有高超的智慧、真实的知识、完美的德行和绝对最高权力的结合,才能拯救城邦和人民,塑造一个正义的社会,《理想国》结尾的宣言是:"让我们永远走向上的路,追求正义和智慧。"波普尔说:世界受柏拉图著作的影响(无论好坏)是不可估量的。

柏拉图的理想国是人类历史上最早的乌托邦。在他的理想国里统治者必须是哲学家,他认为现存的政治都是坏的,人类的真正出路在于哲学家掌握政权,也只有真正的哲学家才具备这样的能力。这种信念构成了柏拉图成熟的政治哲学体系的核心。在他的眼里"哲学家"有着特殊的内涵。他认为哲学家是最高尚、最有学识的人,而这种贤人统治下的贤人政体就是最好的政体。所以,只有建立以哲学家为国王的国家才是最理想的国家。这个国家就是存在于天上的模范国家。

在他看来,哲学家的本质是具有知识,具有智慧、正义、善的美德,只有哲学家才能达到对国家最高理念的认识,即对"善"的把握,而其他人也只能把握"意见"而已。治国作为一门知识,也只有哲学家才能掌握它,进而有资格执政,也就是说,只有哲学家才能达到对于国家理念的认识,知道"理想国"应该怎样组织、怎样治理。这样,所谓哲学家执政,就被柏拉图理解为高超的智慧、真实的知识、完美的德行和绝对最高权力的结合。他坚信只有哲学家才可拯救城邦和人民,哲学家是理想国必然的统治者。

正义和智慧不仅是国家的主题,也可以说是整个宇宙存在的本质,因为国家的起点"就是永无止境的时间以及时间带来的变化"。

现实中的理想国

赵婷:《理想国》是从"什么是正义"这个问题开始谈论的,为了找到这个问题的答案,柏拉图构建了一个理想国,在这个城邦中定义正义,但是这种正义论的前提纯属人为的抽象设定,脱离理想国,正义论在实际社会中是否有意义?

李朝东:这个问题有两个方面:一、《理想国》讨论正义论的前提纯属人为的抽象设定；二、脱离理想国，正义论在实际社会中是否有意义？关于第一个方面，正义论的前提是不是纯属人为的抽象设定？如何理解抽象设定？柏拉图在《理想国》中认为统治者的德性是智慧，国家的保卫者的德性是勇敢，普通民众的德性是节俭，智慧、勇敢、节俭结合在一起就是正义，由此构成的社会就是一个正义的社会。我们可以说这是柏拉图的抽象设定，但他不是"纯属人为"的任意虚构，而是理论家和思想家构造理论体系的必要设定。他们的具体论证现在看来也许有进一步讨论的余地（如把每一种德性专属于某一个等级），但统治者应该具有智慧、卫国者应该勇敢、全体社会成员应该节俭，这就不仅不是人为的抽象设定，而是对一个理想国家中担当不同社会职责的人的正当要求。我们无法设想一个管理国家者愚蠢、卫国者怯懦、全体社会成员贪婪的社会，这样的社会也许存在，但它绝对不是一个好的、理想的社会，思想家不会设计这样一个社会作为人类理想的社会的。

关于第二个方面，脱离理想国，正义论在实际社会中是否有意义？这个问题的实质是：现实社会中我们是否还需要追求理想和正义？我们是否还需要思考人格、道德、法律、权利、义务、责任、尊严等问题？我认为，如果我们的社会还充斥着平庸、滑稽、无序、浅薄、粗陋、伪善、麻木和贫富分化，我们的现实社会还存在着实际的不公平和不正义，追求理想和正义的"正义论"就还具有永恒的意义！人们尽可以奚落从柏拉图到马克思、孔夫子到梁漱溟等辈的社会设计方案，但其恒心道心却不是每个人都配发言的。如果社会没有了公平和正义，思想家没有了责任和使命，那这个社会还有何希望？

男女平等

赵婷：柏拉图的《理想国》中关于教育假想是非常重要的一部分内容。其中值得一提的是柏拉图主张女人接受与男子平等的教育。他认为：在治理一个国家方面，没有一件事是只有男子才配担任而女人担任不了的。看守羊群的狗不分雌雄，卫国者也应不分男女。根据自然，各种职务，不论男的女的都可以参加。您能给我们讲讲在那个时代他是如何产生这种先进想法的吗？

李朝东：首先，我不太同意你用"假想"这个词，似乎柏拉图在

《理想国》中关于教育的论述是一种完全的臆造或瞎想；你所说的"先进想法"是相对于"落后想法"而言的，孔子的学生中就没有女弟子。柏拉图主张男女平等教育的设想是一个伟大的思想，他认为："做女孩的应该练习各种跳舞和角力；结婚以后，便要参加战斗演习、行营布阵和使用武器……因为一旦所有的军队出动去打敌人的时候，她们就能保卫儿童和城市。"柏拉图产生男女教育平等思想的根源，我认为不在于他的时代条件，而在于思想家哲学理念总是超越了他的时代。如前所述，柏拉图设想并追求一个公平、理想的正义社会，男人和女人只是人的自然性别差异，作为生命个体，虽然有自然的分工，但其人格、价值、尊严是平等的，理应通过教育培养他们共同成长，使男女都能身心和谐发展。所以，柏拉图的教育平等实际上体现的是男女平等，是他的哲学观念的具体体现。

选择性教育

赵婷：当然，柏拉图的教育思想并不完全正确。以武士阶层的教育为例，柏拉图认为为了培养勇敢无畏的护卫者，诗歌应该删去那些对神不敬的话语，对英雄有损害的话语，删去那些关于死亡、恐怖的描写，更要废止那些悲伤、绵软的音乐。简单来说就是洗脑，您怎么看待这一现象？

李朝东：这是个有趣的问题，属于教育内容的问题。我认为任何国家在任何时代，都会对教育内容有所取舍。当然，国家对教育内容的取舍和思想家对教育内容的取舍可能有所不同。秦孝公任用商鞅变法，一直到秦王嬴政继位，都选择法家理论和思想作为教育的内容，排除儒家思想，以至于出现秦始皇的焚书坑儒。如你所说，柏拉图认为对武士阶层的教育是培养勇敢无畏的护卫者，所以要删去诗歌中对神不敬的话语，是为了培养护卫者坚定的信念；删去对英雄有损害的话语，是因为英雄是护卫者的榜样；删去那些关于死亡、恐怖的描写，是为了培养护卫者在战争不惧怕死亡和恐怖的心理素质；废止悲伤、绵软的音乐，是因为这类音乐会消磨军人的意志，任何一个国家都不会允许军队中弥漫着悲伤、绵软的音乐。所以，我不认为柏拉图对武士阶层的教育内容的取舍是为了洗脑。

当然，柏拉图在理想国中，对音乐、绘画、诗歌等艺术没有给予足够的地位和重视，甚至要求把艺术家逐出理想国，有其时代的烙印和历史的局限性。

法律，进步还是退步？

赵婷：《法律篇》是柏拉图生平所著《理想国》《政治家篇》和《法律篇》三部曲中最后一部力作，可以说它集中反映了晚年柏拉图关于法律的思考。然而徐兆寿老师的《荒原问道》中有这样一句话："大道废，仁义出，仁义隐，律法制。"法律，是社会的进步还是退步？

李朝东：我细致阅读过兆寿的《荒原问道》，并在评论文章中小心回避了对"大道废，仁义出，仁义隐，律法制"的讨论，你的提问使我无处可逃。你的问题有两个层面：一是如何理解"大道废，仁义出，仁义隐，律法制"的语义和逻辑关系；二是法律是社会的进步还是退步？

"大道废，仁义出，仁义隐，律法制"的语义大致是，大道废止，仁义治国；仁义隐遁，律法治国。具体说就是：远古时代，民少而人际关系简单，氏族部落似乎凭借大道即可安邦；从汉朝独尊儒术始，以仁义治国；从近代到现代社会转型，仁义隐遁，只能无奈地选择律法治国。从大道到仁义再到法治，治国理念与方略越来越律法化和技术化。然而，何谓大道？或称天道，幽冥难以捉摸、难以命名，实即无为，顺其自然；汉朝开始，仁义也并非安邦治国的全部内容，而是仁与法结合而成的礼治，即德法并治；而现代社会发展程度越来越高，社会关系越来越复杂，依靠无为大道或仁义道德，难以调节复杂的社会关系，越来越依靠具体细致的律法规范来处理和调节各种社会关系，应该是社会发展的必然选择。兆寿借好问先生之口道说的这句话，隐含着作者对中国古代及后世在治国理念和方略上递退的逻辑关系理解，并隐含着对大道或仁义安邦治世的无限憧憬，多少表现出现代文化人的思古之幽情和对律法治国的拒斥。这里还有一个很重要的问题：人性之善恶。我认为，人性本善或本恶，在哲学上是个伪命题，但在具体科学中是个真问题。法律必须设定人性本恶，每个个体都是犯罪嫌疑人，法制就是要先行规定律法条文，对可能出现和已经发生的一切不法行为进行惩罚；教育学必须假设人性本善，以便使教育成为可能。中国古代思想家在哲学上错误地假定人性本善，进而主张依靠善良人性就可以自觉遵守天道秩序，多少有点一厢情愿。

需要说明的是，中国传统社会是个宗法社会，所谓"宗法社会"，就是以"宗法"为本位建构起一整套相互关联的价值体系、政治制度和经济结构的社会制度。与西方古代不同，中国先民更重视血缘传承在生活中的重要性，因而形成了中国文化中别具特色的祖先崇拜和宗法制度。质言之，"宗"之要义在于对血族与先祖之本根关联的强调。这种祖先崇拜又受到英雄附会的神化，神的祖先化或祖先神化意味着血统的圣神化。只有禀赋神性的宗祖先王才能成为统治者，即神权与君权合一；并且神权又受血缘限定从而只承认自己祖先的神性和王者的合理性。能入于庙堂祭祀禀赋神性祖先者，是为"正宗"。

殷商时期由血统证神性、由神性证君权，如此完成了以"宗君合一"的原则去组织国家结构的宗法制度之圣神性，它在本质上是家族与国家的合一、宗法与政治的合一。它用血缘关系来表达政治关系，用政治关系再造血缘关系的家、国复合体；它既有在血缘温情中发育出来的人文精神（宗族中的亲亲关系），也有在政治铁血中铸造的专制倾向（君臣之间的尊卑关系）。任何宗法国家的稳定存在都需要国家统一、土地国有化和臣民安居不迁三个条件，即所谓普天之下，莫非王土和王臣。但是，成于商、盛于周的宗法国家到春秋战国时期却因上述三个条件的消失而趋于解体，以"贤"代"贵"使等级贵族退出了历史舞台。

从周礼中拯救宗法文化的使命历史地落在了孔子的肩上，他既顺乎时势要求体现了"事其大夫之贤者"即择贤而事之的新兴士人对意志自由追求的精神风格，又有感于礼崩乐坏造成的社会动乱而要求由"礼"而悟"道"以稳定社会秩序。"道"即天道，表现为王道和人道，一般而言，得天道者必践王道和人道。但在孔子看来，商周宗法文化只将祖宗与天道相接，攀附神性而由血缘直接得"道"，并构成血缘意义上的亲尊、长幼、男女之等级。他剥离了商周在天人关系上的神族血缘性质，以"不语怪力乱神"否定了人—神在血脉上相通的可能性，又突出和发挥了周礼中"以德配天"的道德要求。与商周靠神族血统来保证"以人德配天道"不同，孔子把"人道"的宗法性道德范畴抽象为君子理想，即"仁"；又把"王道"理解为体现宗法道德规范的典章制度，即"礼"。仁与礼、人道与王道构成宗法道德内在规范和外在制度表现，"君子博学于文，约之于礼，亦可以弗畔（同叛）矣夫"（《论语·雍也》），即明仁义，执礼制，行王道，是为"仁政"。如此，不以宗法血缘而以人道精神来规范人的行为、整理社会秩序的"内圣外王"的宗法文化理论体系得以建构完成。它抹去了商周宗法道德的粗糙使之变得精致而促成了文化转型，并将由血缘传承的贵族担任的宗法道德主体资格让位于谙熟诗书礼乐的儒士，"学而优则仕"，由内圣而外王。但后来以武力一统天下的秦始皇只愿在政治层面上认同商、周宗法社会形态原型，却造成了文化传承上的断裂和真空。直到汉代董仲舒提出"罢黜百家，独尊儒术"，才使汉朝建立起与孔子文化同构的政治结构和经济结构，至此，政治、经济、文化内在一致配合的宗法社会制度才正式定型完成，其主要特征表现在"家—国同构"、"孝—忠互渗"、"嫡长子继承"、"科举取士"等方面，它们对中国古代的法律意识具有十分重要的影响。

传统的宗法制度要求并形成了一整套"宗法伦理"，即宗法政治伦理、经济伦理和代表文化统一的士人伦理，它对中国古代的政治制度以及法律意识和法律观念具有深刻的影响。

宗法政治伦理决定了法律制度的基本特征，它使传统政治、法律关系及其观念具有道德化和非道德化二重性。宗法政治伦理是伦理化的政治或政治化的伦理，它不是建立在对正式制定的规则和法令的正当行为的要求之上，而是建立在对习惯和古老传统的神圣不可侵犯的要求之上。质言之，宗法政治不是一种理性的法理政治，而是一种伦理政治。由于"移孝作忠"，任何政治和法律关系都只是蕴含特定的道德关系，即将政治、法律关系理解为道德施政，用家族道德伦理调节政治、法律关系，因而孔孟及宋儒都论证了"以德治国"的必要性和合理性。但这种道德施政只有在圣贤人格或"内圣"的前提下才有可能；因此，"以德治国"的道德施政理念在进入政治操作层面时，却表现出马基雅弗利所说的"政治无道德可言"的悖论。因为，政治的运行规律和操作规则是从统治者的利益出发来分配权力和配置利益，并不断调整权力和利益关系的，因而政治、法律操作过程中的非道德化就不可避免了。

政治、法律关系的道德化和非道德化的结果，使法律在古代中国被视为君主意志的体现，由此所表现出来的政治便是人治而非法治。在理论和实践上，不仅法典上的律法条文，而且君主的口谕、诏书和敕令都具有伦理性质的法律效力，或者说，皇帝所颁布的行政令谕，并不是法律的规范，而是法典化的伦理规范。这使得律法具有相当大的主观性和不确定性；又由于中国古代独立行政机构和司法机关的缺乏，更没有形式化的诉讼程序法律，使执法官吏可以随心所欲地解释法律，舞文巧诋、弄法营命的酷吏代不乏人；政治操作和司法实践中表现出"权、术、势"合一的非道德化，即察势、弄权、玩术而无法使政治、法律按理性程序运行。就其根本而言，宗法社会没有形成实体法和形式法的社会学基础。

宗法经济伦理对法律程序有着十分重要的影响。在传统宗法经济伦理中，对于经济的态度，是个消费问题，而不是工作或生产问题，"有教养"的士人对经营是不屑一顾的。其原因并非在原则上拒绝财富本身，相反地，人们以穷困为耻。经济的学问是个做官的学问，传统的官吏道德反对官吏直接或间接地参与营利的行当。参与营利被认为是道德上的缺陷，并与其个人的身份地位不相符。官吏的薪水本身并不高，所以，官吏越是在实际上依赖官薪，他就越迫切地利用其职位来谋利。这种功利主义的经济伦理使官吏的每一项公务活动都必须以"礼物"来回报。因此，官吏在其任职时，以及逢年过节之际，必须尽可能地献上"大礼"，以博取对其命运有决定性影响力的上司之欢心。此外，他还必须对上司的幕僚们（即秘书）甚至看门人礼数周到暗给赏钱，因为这些人也影响着他的命运；许多无法估量的礼节上的束缚陪伴着人的一生，礼节上避免不了的送礼和以某种形式对礼品的婉言谢绝，带有礼节性质的拜访、馈赠，以及敬意、悼念、庆贺的表示等，使"举态和面子"成了中国人生活的基本心态。

另一方面，这种"礼尚往来"也破坏着法律的基础和观念。比较可知，作为西方国家理性法律来源的罗马法，其特点是具有系统的分类、严格理性的概念、严厉措施以及形式主义，它借助司法的规范、机构和机制进行法制治理；而在宗法社会的家长制政权中，没有经过职业训练的官吏们，蔑视生产却又垄断了经济，把持着政权必然造成营私舞弊的结构；以权代法，不按形式法对案件作出判决，而是按物质公平的原则作出判决，必然导致作为社会生活最重要的调节器的法律与诉讼程序成为一纸空文；并且，由于没有理性的法律与司法程序来运作，也缺乏西方观念中的律师制度，加上家长制的官吏具有权与法的直接合一的司法裁决权力，使经济伦理中形成的"送礼"行为直接渗透到司法实践中，行贿和受贿严重腐蚀着法律的公正和尊严。

传统士人伦理制约着"理性—形式化"法律意识和法律精神的形成。一般说来，国家的统一表现在"文化的统一"里，作为文化统一性载体的文人体现着习俗、礼仪的统一。作为家族和社会习俗的体现者，士人饱受"五伦"的熏陶，由"五伦"衍生出来的家族伦理，使农村的血缘组织（氏族）借助孝道和祖先崇拜这两根精神支柱，把其成员的行动牢牢地限制在血缘与私人关系的小圈子里，既剥夺了他们渴望追寻内在的"统一的人格"的权利，又助长了血缘关系的维系和发展。这种以孝道为核心的家族伦理，扩展到支配整个中国社会的人际关系。作为国家礼仪的体现者，通过科举而获得官职的士人阶层对"彼岸"毫无兴趣，他们在宗法社会里拥有最大的累积财富的机会，做官成为谋取土地和财富的手段，通过政治性的财产积聚，并伺机进行纯粹政治性的官职剥削。他们利用自己的地位搜刮民脂民膏，并用搜刮来的财钱培养家族中的优秀成员入学、中举、捐官；这些人出任官职后，又会回过头来设法增加家族的财富，提拔家族的其他成员任官。

因此，中国传统士人作为官员或候补官员的价值取向，使他们既厌恶数学和自然科学，也不像西方学者那样从事专门的逻辑学研究，而始终以全然实际的问题和官僚体系的等级利益为其思考的取向，其思维方式是极其实践的、务实的，这使得中国缺乏西方的法律学所具有的那种"理性—形式化"的特征，即缺乏形式的法逻辑。在这种实践理性主义的支配下，官吏阶层没有理性的科学和理性的技艺训练，没有理性的神学、法律学、自然科学和技术，也没有神圣的权威或者势均力敌的人类的权威；而只有一种切合于官僚体系并在对鬼神的信仰中才会受到限制的伦理。由于士人官僚阶层要求治理与立法合一、反形式主义的基本倾向，使有伤风化的行为不需要引证专门的法规就可以加以惩处。这里，伦理取向所决定的立法的内在性质是为了维持社会治安和财产的分配尽可能平等，因为关心民众生计是个重要的社会伦理问题，所以士人官僚阶层虽想尽力成为最富有的阶层，但为了让天下民众感到满意，也尽可能普遍地分配财富；但其最终的理想是物质的公平和实际的公道，而不是形式法律。法律所保护的唯一制度是现有的物质财产，个人自由及其权利的任何领域都未得到法律的保证。

总之，传统宗法社会现世的功利主义孕育了一种世所罕见的"精打细算"与知足常乐的心态。中国人在日常交往中分文必争，锱铢必较，开口不离金钱和金钱利益，但却没有发展出一种理性的经营观念和用理性—形式化的法律维护个人利益的法律意识。现代法律既要求严格的形式法和司法程序，从而使法律在一种可计算的方式下运作；又要求将系统制定的法典和法律交由一个受过合理训练的官僚体系来执行。更为重要的是，它要求一种从内部发展出来的，而不是从外部培植起来的法律观念和法律意识，而法律意识觉醒的前提是人作为个人的自觉。

所以，第二个层次的问题不言自明：律法治国是社会进步的表现。西方民主一词的本意是"由人民进行统治"。古希腊政治家伯里克利在《演说》一文中指出，民主政体就是"政权在全体公民手中，而不是在少数人手中"。他提出了民主政治的三条基本原则：第一，自由，雅典的政治生活是自由而公开的、自己决定自己的政策；第二，法治，即人人遵守法律；第三，平等，法律对所有的人都同样的公正。民主的核心是法治，"法治"与"依法治国"是有区别的："法治"起源于自然法思想，它把法律看成是被人们能动地发现的自然法则，而非统治者的权力意志，服从法律即是服从普遍的、客观存在的自然法则，法治基于自然法的契约观，把宪法视为最大的契约，要求通过宪法来保障公民权利，限制政府权力；"依法治国"则起源于实证主义法学观念，强调法律乃是统治者的意志，服从法律就是服从统治者的个人意志，因而作为立法者的统治者的意志及其权力是至高无上的，必须被无条件服从。正是由于法治强调服从法律即是服从客观自然法则而非统治者的个人意志，法治才与人治有着根本区别，而依法治国把服从法律定位于服从统治者的个人意志，因而依法治国与人治并无根本的差别。依法治国仅仅主张依法办事，它不特别强调正义原则而使所依之法可能沦为长官意志；而法治则更要求所依之法必须合乎正义，所依之法绝非长官意志。法治的基石是以宪法界定、限制政府的权力，保障公民的基本权利，就是说，宪法保护公民权利和限制政府权力是法治的本质特征，宪法做主导的法律高于政府的运作。中国传统的"礼治"实际上就是"依法治国"，既没有宪法的主导，也不是法家之刑法，而是一种"治法"，即政治统治的工具，人所获得的是人伦义务而丧失的是人的基本权利。

著名学者亨廷顿在《第三波——二十世纪末的民主化浪潮》中从形态学上把民主分为两种："一种是理性主义的、乌托邦的和理想主义的民主概念，另一种是经验的、描述的和程序的民主概念。"乔·萨托利称之为"理性主义民主"和"经验主义民主"，国内有些学者则表述为"应然态民主观"和"实然态民主观"。

西方现代民主制度的建立是具有一定的人性论基础的：（1）理性主义民主观以性善论为依据，它关注权力的归属和行使，以至忽略了在制度层面上对权力的制约性设计，以至于出现法国大革命中多数人的暴政。（2）经验主义民主观以性恶论为依据，关注权力的范围和限制。出于对人性的不信任、对人性中的阴暗面、负面性的正视和警惕，休谟提出了著名的"无赖原则"，即假定所有人都有可能成为无赖，因而民主政治的主要功能就是防范和制约无赖成为政治权力的掌握者；孟德斯鸠则断言"一切有权力的人都容易滥用权力，这是万古不易的一条经验。有权力的人们使用权力一直到遇有界限的地方才休止"。所以，应该以权力限制权力。（3）以上述两种民主观整合而形成的宪政民主观以双重人性预设为依据，对统治者持"性恶论"的假定，基于此，才有宪政、法治的制度设计，才有对统治者滥用权力的防范；对民众则持"性善论"的假定，基于此，就要尊重他们作为人所应具有的尊严并保障他们参与政治事务等应有的权利。如以性恶论民众，则为防止民众作恶而严刑峻法的暴政提供了依据。

这就是说，在民主政治时代，对政治权力的制约，仅仅通过法律和分权等制度结构以及社会力量等外在的他律是不够的，外在的制度性的他律并不排除内在的道德自律，而是需要道德自律的辅助和支持。儒家把国家之治理完全寄托在统治者道德自律能够为圣人的理想上，这是不现实的；但在现代民主政治的制度框架内重视政治人的道德自律或自我约束，也是现代社会的一个必然要求。如此，既有民主政治的外在的制度性的他律，又有政治人的道德自律，二者相辅相成、互相配合，才能建构适合现代人类社会需要的生活秩序。

现代社会本质上是契约社会。从契约法的理念看，法律就是自由意志的公平的协议、契约、合意、同意。"法"可分为人性法和神性法两种。人性法是由"实在法"、"伦理法"或自然法等不同层次的规则和理念组成的，它们共同追求、实现人类社会的秩序需求和正义向往。其中，实在法的核心内涵是利用恶去平衡和限制恶；伦理法则与之相反，主张以善制恶。它们被称为"崇恶的法"和"崇善的法"。在法律实践中，实在法是一种比伦理法更有效的秩序规则，它对恶行更有控制效力。但实在法不能自我评判，它要依赖伦理之善的背景支持，才能有合理、正义的内涵，或者说，实在法是由伦理法评判的法现象。伦理作为善的规则体系，是人类意志自觉的呈现，其善意不是一成不变的，随着人类意识自觉的自足、升迁、复杂化，它也同态地自足、复杂化，这就是善的无限性的表征。善之自足、升迁、进化、复杂化的无限性，最终决定和支持实在法超越其原初的本意，进化为更高的秩序形态。

罗尔斯指出，如果不希望暴力成为获取机会和资源的唯一或主要手段，那就当有非暴力的方法和规则、制度去设计这样的社会共同体，由于社会合作和社会冲突，"就需要一系列原则来指导在各种不同的决定利益分配的色会安排之间进行选择，达到一种有关恰当的分配份额的契约"，"一个社会，当它不仅被设计得旨在推进它的成员的利益，而且也有效地受着一种公开的正义观管理时，它就是组织良好的社会"。本质而言，伦理契约要求一种理想化的应然社会秩序，它设定的善既是目的，也是制度规则本身，它要求每个成员都能毫不利己、专门利人，放弃自我并以社会利益为最高利益；法律契约则是一种现实的、非善的、非伦理的制度安排，它认为人是有缺陷的且必须予以关照，个人对社会的关心是以社会对他的关照为前提的。这种缺陷表明，人首先是自私自利的，如果利益足够大，他会牺牲他对社会的协合责任而不以为愧。与我们假定的利他、利公、利社会的德性是善相对应，这种自私自利的德性就是恶。阿奎那认为，既然自利、恶是人的天性，那就满足这种天性，让每个人成为他自己，然后形成公共的合力，增进社群的秩序与和谐。就是说，人类需要法律和伦理这两种互相补益的契约约束方式来寻求人类的公平和正义。

当代人类社会的道德实践处于一种危机之中。这一判断的本质并不表明我们对人类社会进步性质的怀疑，而是对社会转型过程中所表现出来的道德状况的事实判断。当代道德实践的危机征候表现为严重的道德无序状况，社会生活中的道德判断是主观的和情感性的，个人的道德立场、道德原则和道德价值的选择是没有客观依据的主观选择；与传统社会相比，德性在社会生活中的地位已从中心位置退居到生活的边缘。因此，从契约伦理的角度和宪政民主的要求，正确理解依法治国和以德治国的科学关系和现代内涵，是个亟待深入探讨的重大政治问题和伦理道德问题，并对建构新时期我国的法制制度和道德体系具有重要的理论和现实意义。

我们很难想象，现代社会废除律法将会是一幅什么样的景象。柏拉图从《理想国》《政治家篇》到《法律篇》，表明西方古代思想家对天道人性的不信任，国家治理者诚然需要智慧，护国者需要勇气，民众需要节俭，但调整复杂的社会关系必须依靠律法，由此形成西方社会的法制传统和法治秩序。当然，理想的国家治理应该是信仰、道德、法制结合为一的治理模式。

不义者幸福,正义者不幸?

赵婷:有一句俗话叫做:"好人不长命,祸害活万年。"这类似于《理想国》中的核心问题:"不义者幸福,正义者不幸吗"您是如何看待这一问题的?

李朝东:俗话与其说是经验的观察和总结,不如说是民众的心理情绪的发泄,更不是统计学规律。好人长命、坏人短命的也不少。《理想国》中"不义者幸福,正义者不幸吗"用的疑问句,就是说这种现象是存在,但如何看待这个问题,需要讨论。首先是如何理解幸福?有人把金钱、享乐、不劳而获视为幸福,有人把劳动、创造、奉献视为幸福。那些追求正义、探索真理的人,他们肩负使命、承担责任,往往会在使命的追求中献出生命,我们可以视其为不幸,但这取决于我们赋予幸福的含义。

理念论的质疑

赵婷:美国实用主义哲学家杜威曾对理想国的基础"理念论"提出质疑,他提出如果在理想国中"生活的最终目的是固定的",并要根据这一目的来组织并管理国家,可为什么即使是对于城邦中音乐曲调这样"很小的细节"都要进行严格的监管呢?您对此有何看法?

李朝东:众所周知,杜威是美国人,是实用主义哲学家,实用的美国人能够在多大的程度上理解"理念",是个有趣的问题。

理念论是柏拉图的哲学理论,"理念"的德文是 Eidos 或 Idea,是柏拉图哲学的核心范畴,该词的中文译名达 20 多种,陈康主张译作"相";贺麟、陈修斋、汪子嵩、王太庆等早年主张译作"相";美学家朱光潜力倡译作"理式";朱德生、赵敦华《西方哲学通史》中译作"型相";到了现在,在汪子嵩、范明生、陈村富、姚介厚合著的多卷本《希腊哲学史》第 1 卷还采用"理念"的译名,从第 2 卷起改用"相"的译名,《柏拉图全集》的译者王太庆后来也主张译作"相"。在汪子嵩先生最近撰写的回忆文章中指出,王太庆先生"认为柏拉图的'相论'(Theory of Ideas)就是'是论'(Theory of Being)……这样才解决了长期困扰他翻译

《柏拉图全集》中的这个关键问题"。"柏拉图懂得苏格拉底所问的'是什么'的'是',就是巴门尼德所说的那个'是'。他用'相'(Idea)回答苏格拉底的问题。这个'相'是确定的、永恒不变的,是普遍共同的,……它们是理性的对象,而具体的感性事物则是感性的对象。"(汪子嵩:《介绍外来文化要原汁原味》,《读书》2000.9)

Eidos 或 Idea 一词和德谟克利特的"影像"一样,都来自动词"看",即 idein,法国当代著名哲学家 Paul Ricoeur 据此认为:希腊文化的根本特征在于其"视觉中心论",即它的全部哲学的立场和追求都是以视觉的隐喻为基础的,由此得出的一切往往都是一种共时性的结构关系。相比之下,希腊人的历史意识就显得非常淡薄;希腊人只是"看",而不怎么"听"过去的声音。这使得"直观"成为希腊"本质主义"哲学的一个特征。"影像"是流射出的"可见的东西",由此引申到"灵魂可见的形象",具有了抽象的性质,即事物的内在结构和本质。柏拉图的"相"既具有本质的含义,又具有"种"、"类"的含义。与巴门尼德的存在有别:存在是一,相是"许多个一";与德谟克利特的"原子"有别:原子是质料性的,相却是形式性的。

在早期相论中,柏拉图主张相与个别事物相分离,个别事物分有或模仿相而存在。这导致了两个根本困难:相与个别事物相割裂;相与相相割裂。随着柏拉图思想的成熟,他开始批判早期相论,提出了"范畴论"。这一工作始于《巴门尼德篇》而终于《智者篇》。在《巴门尼德篇》第一部分里(126a—137b),柏拉图对前期相论的"分有说"和"模仿说"进行了批判;从《巴门尼德篇》第二部分(137c)以下,柏拉图把相认作"最普遍的种",即纯粹范畴,他通过八组假言推论来探讨对立的范畴体系的矛盾辩证运动过程。在《智者篇》中,柏拉图选择了六个最普遍的相来考察范畴体系之间的对立统一关系:"存在"、"非存在"、"运动"、"静止"、"相同"、"相异"。相也叫"种"或"相",关于它们在什么意义上或者分离或者相通(分离或结合)的研究叫作"通种论",这对西方后世如黑格尔等人的辩证法产生了巨大的影响。

柏拉图首先考察了"是"与"存在"的关系。在希腊文中,"是"和"存在"用同一系动词的动名词 On(英文 Being 或德文 das Sein)表示。柏拉图认为,它们二者有不同的含义:"在所是的东西之中,有些因自身而被说成存在的东西,另一些则是与其它东西相关联的东西。"即 On

作为"因自身而被说成存在的东西"就是"指示事物存在"的"是",其形式为:"A 是"或"A 是自身";On 作为"与其它东西相关联的东西"就是"表述主词与宾词相关联"的"是",其形式为:"A 是 B"。他进而认为:语言中的名词和动词只是事物和行动的名称和符号,只有通过"是"把它们结合成一个句子,才是关于某一个东西的"言谈"(逻各斯),才有"真"和"假"的属性。这样,存在"既是又不是",反过来,非存在"既不是又是"。当然,柏拉图关心的不是语言的表达方式,而是语言所表达的对象,即联结判断的"是"所指示的概念之间的"分有"关系:"A 是 B"的意义就是"A 分有 B";"A 是自身"的意义就是"A 分有存在"。

总之,在柏拉图看来,哲学的真谛是"爱情":凡人对不朽的真善美的追求。哲学是对永恒的真善美的追求。这样的人就能孕育和哺育出真正的美德,与神为友达到不朽,达到凡人所能达到的不朽。

柏拉图的理念论或相论辩证法具有重要的启示:第一,辩证法是在思辨语言中言述真理的体系,它以概念演绎为根本特征;如果把它移植到想象性语言(汉语)中,就有可能变成了讲道理(即人生的得失祸福)的辩证法。真理的辩证法求真、求善、求美;而道理的辩证法求善却遗忘了真和美而成为一个以圣贤话语为依据的叙述框架。前者为西方科学的发展提供了精神动力,并试图对科学于世界和人类生活意味着什么给予说明和引导;后者则使中国人在圆融贯通中对祸福得失有相当辩证的考虑,但这样的辩证法却不支持科学。第二,思辨语言体系中的辩证法具有形式化特征,强调"名不副实"式的抽象逻辑思维训练;象形语言体系中的辩证法则忽视形式化,强调"名副其实"式的经验思维。第三,如果把人类思维能力或形式分为感性经验的、逻辑理智的、诗性的三个层次,那么,以"相论"(Theory of Ideas)或"是论"(Theory of Being)为体系的辩证法在中国哲学思想中的缺乏,使中国人的思想经验在逻辑理智层面上思维能力极不发达,而锻炼和发展逻辑理性思维在现时代显得十分重要和迫切。

以 Eidos 作为观念或本质的理念论构造的是个观念世界、意义世界,而不是日常伦常世界,实用的美国人质疑作为观念或意义世界的理念论完全正常,否则他就不是实用的美国人了,这在同样实用的中国人中也很容易找到知音。

理想国是柏拉图的国家理论，在理想国中，如果柏拉图提出对于城邦中音乐曲调这样"很小的细节"都要进行严格的监管，那只能说明，思想家长于思想，短于具体设计，在落实到具体的国家制度的设计时，思想家有时会显得愚笨而可笑。

柏拉图之爱

赵婷：您在节目中提到柏拉图认为人们生前和死后都在最真实的观念世界，在那里，每个人都是男女合体的完整的人，到了这世界我们都分裂为二。所以人们总觉得若有所失，企图找回自己的"另一半"。二者之中没有哪一半是比较重要的，男女是平等的。而"柏拉图之爱"的定义却是只有男子之间的同性爱才是高尚而珍贵的。这两种说法之间不是矛盾的吗？

李朝东：你可能有点误解。柏拉图时代是个从神语文本向人语文本的转化时期，即从对自然、社会、人事的神话式理解和解释向人的理解和解释的转变。柏拉图有关爱情的阐述主要见于其《会饮篇》中，其中有从低到高各种层次的爱，有凡人的爱，也有近神的爱。《会饮篇》的主题是Eros，这个词汉语不能准确翻译，它有三层意思：只有肉体关系的"性爱"、两情相悦的"爱情"、热爱智慧的"爱神"。在《会饮篇》中，每个对话者在对Eros的颂词中，都要在神话中寻找Eros含义的语义源泉。柏拉图提到了这样一种神话：起初，世界上有三种人，太阳之神代表的男人，大地之母代表的女人，以及月亮代表的阴阳人，两倍于人的官能和力量。宙斯为了削弱人类，把人劈成两半，一方面个体人类只有原来一半那么强大，另一方面他们的数量加倍，由此可以更好地侍奉神族。所以，人类一直在寻找自己的"另一半"，原始的男人和女人的后代便有同性恋倾向，原始的阴阳人的后代便是异性恋倾向。二者之中没有哪一半是比较重要的，的确是男女是平等的。但柏拉图和我都没有说过"柏拉图之爱"表达的"只有男子之间的同性爱才是高尚而珍贵的"。柏拉图式的爱情，不是所谓纯粹的精神恋爱（没有任何肉体接触的纯浪漫情怀），而是指"身体爱欲与灵魂爱欲"的统一，强调爱情高于性，也暗示着性与爱情、爱情与婚姻、性与婚姻的可分离性；柏拉图式的爱情，是通过爱慕一个又一个美的身体而追求"美本身"（"美的理念"）的一种永无止境的"理想"。柏拉图的爱神是走向至善形式的灵魂冲动。灵魂是爱的基础，至善是爱的终极追求。在《会饮篇》中，先知迪奥提玛说道，爱就是对不朽的期盼，而一切可朽者都在尽力追求不朽。以生育繁衍为目的的交往是延续轮回的低级追求，而最高等级的爱是最终可以达到善的形式的智慧和哲学。人的肉体是可朽的，唯有精神不朽。一个人的品格愈高尚，雄心壮志也就愈大，因为他们爱的是永恒。纯粹的、高尚的、以至善为最高目的、以智慧和哲学为追求对象的爱情，沉浸其中的两人关系会更加牢固，他们的交往会更加完整，胜过夫妻的情分，这是因为"他们创造出来的东西比肉体的子女更加美丽、更加长寿"。就此而言，爱情是人生最主要的理想，与它相比，财富、门第、权柄都不过是浮云腐土罢了。

（采访者：西北师范大学传媒学院戏剧与影视学硕士 赵婷）

后网络时代的《娱乐至死》

主讲嘉宾：曹　进（西北师大外语学院院长，教授）
主持人：　徐兆寿（西北师大传媒学院院长，教授，作家）
互动嘉宾：任志明（西北师大传媒学院教授）
　　　　　白丽梅（西北师大外语学院副教授）
时间：2014 年 10 月 24 日
地点：西北师范大学四号楼演播厅

曹进

娱乐是传播的重要功能之一。媒介技术的不断进步，不断将人类推向娱乐的巅峰。但是，过度娱乐造成精神的"营养过剩"——信息过载问题。技术应当是赋予人类，而不是操纵人类。本文概述了"娱乐至死"、"网络至死"的主要观点，提出了娱乐至死的基本遵循路径。受众要警惕的是：毁掉我们的，不是我们所憎恨的东西，而恰恰是我们所热爱的东西。

威尔伯·施拉姆在《传播学概论》一书中，将传播功能定为：雷达功能、控制功能、教育功能、娱乐功能。可见娱乐也是传播的重要功能之一。但是，过度娱乐也会造成精神的"营养过剩"——信息过载问题。网络媒介加速了现实社会向媒介化社会嬗变的进程，网络媒介直接将人类抛进了信息大爆炸的"黑洞"。在网络条件下，人们愈加频繁地通过"媒介真实"接触外部世界，并且通过媒介语言与他人沟通。作为一个"超级媒介"，互联网不仅对媒介化社会中人们的思维方式造成重大影响，而且对他们分析、理解、处理信息的能力提出了更高的要求，也对人们如何有效表达传播信息提出了一种前所未有的压力。电视缩短了时空距离，网络则消弭了时空距离。奥尔德斯·赫胥黎的《美丽新世界》、尼尔·波兹曼的《娱乐至死》、弗兰克·施尔玛赫的《网络至死》以及尼古拉斯·卡尔的《浅薄》、福塞尔的《恶俗，或现代文明的种种愚蠢》都不约而同地指向一个命题：毁掉我们的，不是我们所憎恨的东西，而恰恰是我们所热爱的东西。

波兹曼与《娱乐至死》

尼尔·波兹曼是美国著名的媒介文化研究者和批评家，首创了媒介生态学专业。他出版的《娱乐至死》《童年的消逝》和《技术垄断》，被称为"媒介批评三部曲"。在《娱乐至死》中波兹曼指出：在以电视为代表的电子技术引领下，公众话语开始解体并向娱乐艺术转变，我们的政治、宗教、新闻、体育、教育和商业都心甘情愿地成为娱乐的附属品，电视在一成不变的笑脸下，悄无声息地改变着我们的思维方式和话语结构，最终将使我们成为一个娱乐至死的物种。波兹曼指出："电视最大的长处是它让具体的形象进入我们的心里，而不是让抽象的概念留在我们脑中。"《娱乐至死》的封面呈现了这样一个画面：一家四口围坐在电视机前，画中的父母孩子都没有头颅，只有躯干。这颇为诡异的画面，配合着"娱乐至死"的标题，体现了作者想要表达的观点——电视将受众变成了没有灵魂、没有思想、丧失判断、任人摆布的空壳。

波兹曼认为，阅读过程能够促进理性思维，培养对于知识的分析管理能力，但是插图、照片和无主题语言的大量使用摧毁了惯常的语境。18世纪的公众人物被人熟知，是因其文字表达，而非长相外貌；19世纪，随着摄影术和电视进入公众生活，公众人物进入受众脑海的是一幅幅图像，或电视屏幕上的面孔，受众并不关注他们说过些什么。这便是思维方法在以文字为中心的文化和以图像为中心的文化中的不同体现。到了19世纪末20世纪初，以电报和摄影术为中心的种种交流媒介创造了"躲躲猫"的世界。

波兹曼在该书中分别对新闻、宗教、政治、教育四大电视内容进行了详尽分析。他引用大量的数据和实例向我们证实：电视具有娱乐性无可厚非，问题不在于电视为我们展示娱乐性的内容，而在于所有的内容都以娱乐的方式表现出来。电视的思维方式和印刷术的思维方式是格格不入的；电视对话会助长语无伦次和无聊琐碎；"严肃的电视"这种表达方式是自相矛盾的；电视只有一种不变的声音——娱乐的声音。除此之外，他还想证明，为了加入伟大的电视对话，美国文化机构正竞相学习电视的术语。换句话说，电视正把我们的文化转变成娱乐业的广阔舞台。很有可能，到最后，我们会接受它并且喜欢它。这正是奥尔德斯·赫胥黎50年前担心过的，现在终于发生了。

娱乐至死

电视何以"娱乐至死"

电视因其技术的便捷性、节目的丰富性、受众的普及性，丰富了人们的业余生活，消弭了受众群体的种种差异，建立了不同类型受众的沟通平台，众多频道可以让受众各选其乐。电视使受众根据自己的兴趣进入了一个个或

电视节目

陌生或熟悉的娱乐世界。恰如波兹曼所言，我们要反思和批判的并不是电视的娱乐性，而是一种"泛娱乐"文化的泛滥，泛娱乐化表征的背后，必将是"一切公众话语日渐以娱乐的方式出现，并成为一种文化精神。我们的政治、宗教、新闻、教育、体育和商业都心甘情愿地成为娱乐的附庸，毫无怨言，甚至无声无息，其结果是我们成了一个娱乐至死的物种"。

第一，电视狂欢替代思考。

口语传播塑造了众多的神话，文字与印刷媒介的出现要求人们必须以具象的、严谨而富有逻辑的文字材料来进行理性的思考。而到了电视机主宰生活的时代，持续不断的画面冲击使人们变为电视传播内容的被动接受者，独立思考的能力弱化。在电视制造的"娱乐至死"的时代里，人们习惯于依据电视构建的"拟态环境"来与人交往和认识外部世界，"远在天边"的物理存在业已变成"近在咫尺"的虚拟幻象。电视重新定义了人们的生活方式与会话内容，一旦我们的文化和思维被这种构建在技术垄断上的会话工具所掌控，娱乐至死也就指日可待了。电视节目的"泛娱乐化"使电视文化越来越走向赫胥黎的预言：文化将成为一场滑稽戏，等待人们的或许是一个娱乐至死的"美丽新世界"，在那个"世界"里，人们"感到痛苦的不是他们用笑声代替了思考，而是他们不知道自己为什么笑以及为什么不再思考"。对众多受众而言，电视瘾皆因电视依赖，源于电视产生的幻象和诱惑，哪怕不看电视，哪怕翻遍所有频道，只要有声音，只要有画面，心里就踏实。

诞生不过百年的电视已将整个世界变成了一场喧嚣的"杂耍"。在电视的方寸天地里，无论多么残忍的灾难，多么恐怖的信息，多么荒诞的丑闻，只要主持人温柔地说一声"好，接下来……"一切便从人们的脑海中消失得无影无踪。电视固有的娱乐倾向和人们对电视娱乐的态度又决定了电视内容要有足够的娱乐性才能吸引受众眼球。电视需要的是喝彩，并不是反思。与阅读不同，看电视没有足够的时间反思。电视过度娱乐化导致了信息过剩以及电视告知功能的弱化。娱乐已经成为这个时代的传媒霸权，电视媒介挖空心思不断出新、出奇、出噱头，其努力的最终结果成为罗兰·巴特所说的现代"神话"，而这种"世俗神话的影响力就在于它提供满足和安慰，被放大的平庸获得了神圣的价值，并成为平凡生活的润滑剂和催化剂"。因此，保罗·福塞尔犀利地指出，"电视最善于推销假牙清洁剂、不能自理的人用的尿布、啤酒、通便剂、汽车和洗涤用品，一旦涉及书籍、思想、历史意义，以及文明对话中所有的复杂性、精妙性和讽刺性，电视就会死得很惨"。

当下，国内的电视传媒文化经过一轮轮的竞争，也朝着娱乐化的方向一路狂奔。节目制作遵循如此吊诡逻辑：娱乐节目教育化，教受众如何养生、家装、烹饪、锻炼等；教育节目娱乐化，诸如"讲坛"、"解读"、"解密"、"鉴宝"等。过度娱乐的节目四处横行，充斥着取悦受众的内容。曾经红极一时的《超级××》到如今的《非诚勿扰》，都铺陈了电视娱乐的本质。自2012年浙江卫视《中国好声音》火爆开唱，全国各大卫视频道纷纷引进、运作海外节目。这些娱乐节目从"相亲"到"反目"，从"歌唱"到"跳水"，从"爆灯"到"转椅"，从"古装剧"到"都市剧"，既是受众的娱乐场，也是众星的狂欢秀。许多娱乐节目为了争夺观众，节目雷同度奇高，受众所见不过是同一类节目在不同时空中的搬演而已。因此有观众抱怨电视剧创作堕进了没有生活基础的俗套："恋爱就拥抱，做菜就切手，瞎扯电视剧打死不变的剧情！"在丰富的电视节目表象下，电视的绚丽变成了老子所云："五色令人目盲；五音令人耳聋；五味令人口爽；驰骋畋猎，令人心发狂；难得之货，令人行妨；是以圣人为腹不为目，故去彼取此。"

电视本身的一种娱乐倾向和人们对电视娱乐的态度又决定了电视内容必须要有足够的娱乐性才能吸引大众眼球。"电视的功能就在于挑起观众的欲望，它承诺的是放在遥远的未来，但是它的策略却是让我们在满足欲望的期盼中进行永无休止的消费。"电视过度娱乐化导致了信息过剩以及电视告知功能的弱化。娱乐已经成为这个时代的传媒霸权。不管以何种方式，都只为博观众一笑。电视媒介挖空心思不断出新、出奇、出噱头。

收视率唯上的娱乐化倾向使得"电视造假"顺应了某些受众寻求感官刺激的心理，制作了一些迎合某些观众口味的"恶搞"和"八卦"

中国好声音

节目，以博得更高的收视率。在美国同样如此，由此，福塞尔说："恶俗是虚假、粗陋、毫无智慧、没有才气、空洞且令人厌恶的东西，但不少美国人竟会被说服，相信它们是纯正、高雅、明智或迷人的。"在某卫视的一档鉴宝类节目中，一位女嘉宾拿出号称是干爹送的价值不菲的翡翠项链，结果经鉴定是玻璃做的赝品（该女嘉宾又通过微博澄清，节目中的一切都是在演戏，所谓干爹和翡翠等都是节目组所设计）。波兹曼曾经的担忧似乎正在成为现实，我们最终会毁于我们热爱的无穷无尽的娱乐吗？

第二，商业利益驱动。

电视的运作模式都以营利为终极目的。广告的价位则是以收视率来衡量，收视率又取决于观众的喜欢和关注程度。这样一来便成了观众决定电视台的盈利，怎样聚拢大量的观众，提高收视率就成了电视制作人的首要问题。而电视本身的一种娱乐倾向和人们对电视娱乐的态度又决定了电视内容必须要有足够的娱乐性才能吸引大众眼球。收视率作为一个量化标准，间接与电视台的收益挂钩。电视需要的是掌声，而不是反思。电视过度娱乐化导致了信息过剩以及电视告知功能的弱化。

娱乐已经成为这个时代的传媒霸权。不管以何种方式，都只为博观众一笑。电视媒介挖空心思不断出新、出奇、出噱头。艺术价值和伦理道德都可弃置一旁。可谓是得娱乐者得天下。笑声可以缓解紧张，放松心情，对健康有利,所以我们不反对适度娱乐。但凡事有度,当娱乐日益成为操控话语的霸权力量时,它的负面作用必须受到足够重视。在今天的大学课堂之上,不能给学生带来欢乐的老师就不受欢迎。传统比较沉闷的教学方法最让学生反感。最吸引学生的是老师的课堂表演,知识的传播反倒位列次席。这种娱乐的"焦虑"让许多教师很不适应。

第三,躲躲猫的世界。

波兹曼认为,阅读过程能够促进理性思维,培养对于知识的分析管理能力,但是插图、照片和无主题语言的大量使用摧毁了惯常的语境。在18世纪,受众熟悉公众人物,是因其文字表达,而不是其长相外貌;随着摄影术和电视进入人们的生活,19世纪的公众人物进入受众脑海的是一个个图像,或电视屏幕上的面孔,受众并不关注他们说过些什么。这就是思维方法在以文字为中心的文化和以图像为中心的文化中的不同体现。19世纪末20世纪初以电报和摄影术为中心的种种交流媒介创造了"躲躲猫"的世界:忽而这个、忽而那个进入受众的视野并很快消失,既没有连续性也没有意义。波兹曼认为,电报引入的公众对话形式特征包括:新闻标题语言(耸人听闻、结构零散、没有特别的目标受众);新闻的形式类似口号,容易被记住,也容易被忘记;"了解"事实有了新的意义,因为"了解"并不意味着人们能够"理解"事实的言下之意、背景知识和与其他事实的关联。电视为电报和摄影术提供了最有力的表现形式,电视成为新的认识论的指挥中心。任何一个公众感兴趣的话题——政治、新闻、教育、宗教、科学和体育——都能在电视中找到自己的位置。电视的思维方式和印刷术的思维方式是格格不入的;电视对话会助长语无伦次和无聊琐碎;电视只有一种不变的声音——娱乐的声音……

美国人"满腔热情地在大西洋下开通隧道,把新旧两个世界拉近几个星期,但是到达美国人耳朵里的第一条新闻可能却是阿德雷德公主得了百日咳"。波兹曼引用这段文字来说明尽管电报使信息传得更加便捷,但也带来了信息的碎片化和冗余化,电报提供另一种想象空间——信息可以脱离语境并以一种极快极浓缩的方式传达给受众,而这些源源不断、互不关联的信息开始变得日益臃肿,与受众固定的接收和理解容量越来越不相称。这种话语方式还会慢慢侵入其他媒介,进而可能让整个媒介环境朝琐碎化、充斥大量噪声、信息过剩的方向发展。典型的例子就是报纸、电视总是慢慢学会了使用时下最流行的网络语言。

电视的"娱乐至死"并不孤独，因为"网络至死"接踵而来。两种媒介有着根本的差异，但同时，它们又具有高度的相似性、通感性和娱乐性。在一定程度上，它们又互相勾连，相互借力，彼此娱乐。

施尔玛赫与《网络至死》

网络以诱人的海量信息吞噬了人们，人类正被自己顶礼膜拜的信息技术逐渐异化。德国学者弗兰克·施尔玛赫在《网络至死：如何在喧嚣的互联网时代重获我们的创造力和思维力》一书中，就网络对人类的负面影响进行了细致分析，揭示了网络时代人被异化的新表征和新形态，在引起受众强烈的思想共鸣和情感共振的同时，也激发了人们的深层忧思和无限思索：注意力被吞噬、记忆力被消磨、创造力被抑制、阅读能力被扼杀。施尔玛赫关注人与计算机、人与网络的关系，关注网络时代人的境遇，探寻人类心灵的困惑与脱困之道。

网络

在网络席卷全球的今天，人沉沦于"网络统治一切"的危机之中，越来越依赖虚拟世界，人们已经无法想象没有电脑、没有网络、没有

"微文化"的生活。"错过信息的恐惧和消费每一条信息的压力会将我们吞噬。我们会忘记独立思考，因为我们不再知道什么是重要的，什么是不重要的。"人类好像患上了某种强迫症，自觉不自觉地点击链接，一遍遍地刷新网页、刷新微博和刷新微信。"刷"、"点"、"踩"、"顶"、"赞"、"链"、"查询"、"浏览"、"复制"、"粘贴"成为网络时代最常用的动词与动作表达。点赞太容易，当面夸太难。"网络使得主流与边缘的意念与行径重叠，使一个人与 N 个人的欲望寻找链接。时间与空间都在按照自己的轨迹行进，而网络却试图冲破一切时空阻碍，将瞬间的情景，或者情景的瞬间扩大、复制、发展……"网络上泛滥的信息使得人们的注意力难以集中，人们在海量网络信息面前越来越措手不及，越来越听由机器摆布。

尼古拉斯·卡尔指出互联网正在把我们变成高速数据处理机一样的机器人，失去了以前的大脑。网络是一个把使用者与使用对象集合起来的巨大体系，它成为了人们的电子地图、印刷机、收音机、电视机、文字处理器、旅行指南、餐饮指导和购物中心。"电视狂欢"变成了网络盛宴。每当网络吸纳一种媒介，该媒介很快就带有浓重的网络味道。当我们打开电视，往往就会听到主持人说："请发送短信到……"或"请登录某某节目微博和客户端"等，同时电视制造商为了竞争，也纷纷开发出网络电视，只要一根网线，即可收看网络电视节目。由此，网络传播的面更广，娱乐内容更多更杂。受众"多多益善"的心理使人们习惯于浮光掠影式的信息选择和接受，满足于浅层的表象思维，形成惰性思维。一方面，网络媒介作为一把双刃剑，在带给人们极大便利的同时又消解了人们的理性思维，使人变成了懒得思考的"平面人"或马尔库塞所说的"单向度的人"。另一方面，数字化复制的简易性使得重复信息、垃圾信息呈爆炸式增长，"海量"信息不一定海量，反而使人们面临有效信息的匮乏，信息的质与量呈现明显的不对称性。

社区、论坛、BBS、贴吧、博客、QQ、MSN、微博、微信等的替代更新构建了人们只会喧嚣不会说话、只会尖叫不会表达、只会发泄不会陈述的话语表达方式。施尔玛赫说："几乎在每个领域，我们都服从于机器的权威统治。我们的思想会逐渐散逸，逃离我们内在的自我，依附在键盘上。生活被预先精确地确定，人们对改变命运的无力感，都无疑是信息泛滥的后果。"《娱乐至死》出版时，互联网尚处萌芽状态，还没有表现出它的颠覆性潜力。如果我们把波兹曼根据电视推出的有关结论，放在当今网络环境下会更加令人不安。以社交网站、视频网站、SNS、微博、微信为代表的视觉化、感官化的信息传播模式正日益影响着人们的认知方式，最重大的变化就是从崇尚逻辑、抽象的文字阅读走向强调直观、刺激的视觉传播。"高清迷"、"视觉控"、"标题党"、"封面萌"等网络语汇暗示着人们越来越青睐表达方式的视觉刺激，媒介生产者们绞尽脑汁通过生产更强烈的视觉刺激来吸引受众，这样的文化语境重构着人们的信息环境和人们对世界的认知方式。"网络至死"并非危言耸听，人类被计算机和网络所异化已经不是假想，而是深入我们的生活和精神之中的国际性难题了。

网络缘何至死

技术手段的迅猛发展彻底颠覆了传播形态。人类的"行事方式越来越像电脑，而且我们正好乐此不疲"。人类文化和思维被这种构建在技术垄断上的会话工具所引导，个体间的网络联结使人际传播达到了令人瞠目的地步，自媒体的发展让每个人成为信息生产者与发布者成为现实。网络上任何"门"动"帘"飘的"蝴蝶效应"，都会掀起飓风般的信息风暴。网络媒介在时空上的突破使人们更倾向于无结构的观念和非理性的思维方式。这种开放、多元、虚拟、强调个性化与交互式的特点使思维也随着技术的发展进入新的纪元。网络俨然成为口语思维、书写思维、印刷思维和电子思维的超级思维搅拌器。

第一，新媒体的信息泛滥。

从人们进入了网络生活，尤其一些论坛、即时聊天、博客的兴起，已经彻底改变了传统的话语结构。网络创造了一个新的公共领域，并在此之上形成了新型的公共话语，它对人类文化的影响与电视相比，有过之而无不及。波兹曼认为电视文化促使了公众话语的解体和碎片化，而网络上这种现象更为突出。在网络的对话环境中，很大的比重是通过论坛、博客留言、即时通信软件进行的。网络的无限空间、无约束使任何毫无意义、支离破碎的对话、语言都找到了容身之处，甚至一些没有意义、只为表现情感的极端碎片化的文字，如"呵呵"、"哈哈"、"囧"都泛滥于网络。语无伦次、无聊琐碎更是通过个人博客一类的心情日志得到极端体现，在这

微信

里追求的不是逻辑严密的理性叙事，而是个人情感的随意宣泄，散乱无序的语句正是心绪的真实再现。网络媒介削弱了理性话语。虽然电脑屏幕可以像印刷品一样展示文字符号，甚至直接展示电子书，但是电脑和网络技术本身的特点决定了它不适合表现逻辑严密、论证充分的文字，同直观炫目的图像、视频相比，干巴巴的文字缺乏吸引力，难以得到人们的注视。印刷时代那种严肃且理性、充实且富有内涵的公共话语势必无法在网络媒介上得到体现。

　　网络信息泛滥也证明了赫胥黎关于人类将迷失于信息海洋的预言，网络空间的无限性和随意性为大规模信息的发布传播提供了条件。人们也意识到，在网络这个应有尽有的信息海洋中，越发难以找到自己需要的信息。在谷歌或百度中输入一个关键词时，我们往往需要花费大量的时间去排除干扰，寻找所取，而且冒着时不时被新奇有趣的信息转移注意力的危险。波兹曼认为在任何媒介文化中，信息的重要性取决于它可能促成某种行动，然而在网络文化中，信息与行动的比例严重失衡，人们将逐渐习惯于这一环境，形成新的获取信息的行为模式。一方面网络穷尽所能，以各种媒体形式呈现极尽丰富的信息，却导致了人们注意力难以集中在一个地方，只能进行浏览，没有精力进行深度阅读。另一方面网络信息全面丰富，人们不需任何思索便可找到答案反而不利于大脑进行主动、深度的思考，阻碍了思维的发展。可见，尽管网络赋予了人们搜寻信息的便利，提高了效率，但它的潜在影响不容忽视。

网络也改变了传统的信息传播模式。在网络世界，人人都是信息的来源，都可以成为信息的发布者。由于网络约束力差，缺乏监管，人们可以直接、随意地发布隐私，甚至造谣诽谤，借此达到情感宣泄的目的。于是没有根据、流于表面的信息得以传播，网络谣言泛滥。无论在信息数量和质量层面，还是伦理道德层面，都削弱了网络话语的真实性和可信性。反过来看，网络这头"失控的野兽"也给人们的认知结构、价值判断等造成了潜在的影响。

第二，"快餐文化"导致注意力涣散。

网络时代的"速食"文化高于一切，"点击逻辑"与"超链逻辑"引导下的发散性思考，培养出人们一心二用乃至多用的思维习惯，造成"散光"式的注意力涣散，"信息不断地吞食注意力，以其为养分"。在虚拟空间，人们打开几个网页，在浏览、聊天、购物、查阅等行为中同步跳跃，在做一件事情的时候，思维总是被其他的想法占据，难以全神贯注。"微"文化使人们的注意力更加分散，生活也更加碎片化。"淘宝体"、"凡客体"等"××体"的大热背后是思维趋同，这是网络带给思维的又一伤害——表达方式呈现同质性，创造力大大降低。"网瘾症"让大众对网络又爱又恨，因此《生于忧患，死于安乐》有了众多网络版本：天降大任于斯人也，必先断其WiFi，拔其网线，砸其电脑，扔其平板，封其淘宝，删其游戏，废其网卡，融其分文，洗其E盘，灭其硬盘……

伴随网络的飞速发展，新型的人际交往方式正影响着人们的行为和思维方式，传统的面对面互动交往方式也迅速被社会网络与虚拟社交逐渐取代。没有一个QQ或MSN这样的即时通信的号码，你仿佛就已被开除地球"球籍"。不用"人人"或"开心"，你一定拥有一份"可耻"的孤独。对每日相见的人熟视无睹，对于从未谋面的人却敞开心扉——人们在虚拟世界里的活跃与在现实世界中的沉闷形成了鲜明的对照。"世界上最遥远的距离，莫过于我们坐在一起，你却在玩手机"成为当下人们生活的真实写照，虚拟的人际关系依赖的是手机电池的续航能力、信息发送与反馈的速度。在网络社交中，交往双方借由各种网络工具，以一种"身体缺席"的方式互动，熟悉的"陌生人"成为网络人际传播常态。网络依赖症成了人们日常生活的基本路径。一则父女对话清楚地说明了网络的影响：

> 女儿："爸爸，我爱上了一个男生，但他的家离我很远，我在澳大利亚，他在英国，我们是在一个约会网站认识的，在'脸书'上成为朋友，在QQ上长谈，他在SKYPE上向我求婚了，现在我们已经通过VIBER恋爱两个月了，希望得到您的祝贺和祝福。"
>
> 父亲："哇，真的呀！那你们可以在'推特'上结婚，在微信上开心，在'亚马逊'上买几个孩子，通过'贝宝'付账，如果你厌倦了你的丈夫，可以到'易贝'上把他给卖了。"

网络作为一种媒介手段本身没有道德价值评判和思维驱使能力，网络传播对人类思维方式影响的核心在于作为网络使用主体的"人"，如何自我节制，调节适应对信息的欲望，实现自我完善与自我控制。网络处在不断的运动、发展与变化之中。一分为二地分析网络对人的思维能力的影响，尤其是负面影响本身就说明人具有不断反省与反思的能力。正是这辩证思考的能力使得我们能够趋利避害，逐步地进行完善与自我完善，让网络最终成为人类思想延伸与交流的利器。

"……至死"之缘由

在网络世界，所有对电视泛娱乐化的忧虑都得以体现。网络就像是一个大杂烩，它包含了所有的话语形式，甚至那些电视不愿表现、无暇顾及的信息都可以在网络展现。而这些展现自然也是以娱乐为噱头，只不过这里的娱乐少了电视台的条条框框的束缚而变得更加直白、更加露骨，网络成为了娱乐八卦的中心，使人们处于娱乐主义的裹挟之下，逐渐形成以娱乐视角看待所有问题的思维模式。

第一，视觉文化的滥觞。

美国学者贝尔指出："现代生活中有两个特别方面必须强调视觉因素。首先，现代世界是个都市世界。大城市的生活和它限定的刺激及社交方式，为人们看与想看（而不是读）事物提供了优先机会。其次，当代风尚的本质是渴求行动（和冥思相反），寻求新奇，欲求感官刺激。"

网络时空自由弹跳，网络思维自由漂浮，网络工具之快速发展催生了"超次生口语文化"，即文字、符号、图片被叠加在一起，形成了克里斯特尔所说的语言"半人马"。语无伦次、无聊琐碎、喋喋呓语更是通过微博、微信一类的心情日志得到了极端体现。在这里追求的不是逻辑严密的理性叙事，而是个人情感的随意宣泄。而散乱无序的语句正是杂乱心绪的真实再现。虽然电脑屏幕可以像印刷品一样展示文字与非文字符号，但是电脑和网络技术本身的特点决定了它不适合表现逻辑严密、论证充分的文字，同直观炫目的图像、视频相比，缺乏吸引力，难以得到人们的注视。波兹曼所推崇的印刷时代那种严肃且理性、充实且富有内涵的公共话语难以在网络媒介上得到体现。

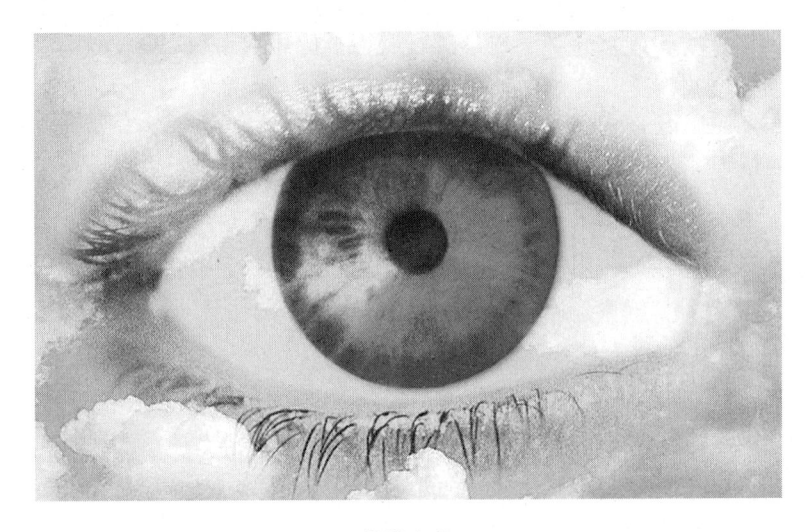

视觉文化

同时，人类高度依赖自己所创造的成果，人创造了机器和网络，反而要被机器和网络所激励，才能有所行动。例如，"咕咚运动"软件通过语音提示，数字标识，使运动者不停地游离于真实运动与虚拟赞扬之中。网络的放大功能，使得使用同一款运动软件的爱好者，借助地图定位、成就显示等功能向他人展示自己的运动量，通过相互比拼而获得内心的满足感。

网络读图时代的视觉愉悦放大了"读图"能量，浮光掠影式的扫视引发了断裂思维；通俗文化战胜了高雅文化，一夜成名的欲望消解了无数

咕咚运动

汗水。"江南 style"与"狐狸叫"的嫁接，喧嚣、发泄、吼叫式的表达；台北 101 快闪、国贸快闪、空姐快闪等"闪一族"的创意使得思想成为人们肆虐的对象。网络互动成了彼此消费，我们既消费他人，也同样被他人消费；人们那颗需要"短平快"的躁动的心已经盛不下冷静的思考。当挥臂、下蹲、蹦跳、呼喊成为人类表达方式的时候，表达的是内心的躁动、心底的郁闷、无奈的从众，还是视觉的狂欢？过度的"看"提供了视觉便利，五彩斑斓的信息使听觉主导让位于视觉主导，没有字幕的对白、台词、解说会让人焦虑恐惧。时空的压缩反而带来心理的藩篱，我们看得越多，认知得越少；听得越多，理解得越少，因为我们不再沉淀发酵，而是让言语的洪流肆意溢出锅边。缺失了强大的精神，灵魂便四处游荡。当文字成为可以任意玩弄的垃圾时，人类进入文化荒原的距离也就不远了。

第二，网络言语失范。

网络改变了传统的信息传播模式。在网络世界，人人都是信息的来源，都可以成为信息的发布者。人们可以直接、随意地发布隐私，甚至造谣诽谤，借此达到情感宣泄的目的。于是没有根据、流于表面的信息得以传播，网络谣言泛滥。无论在信息数量和质量层面，还是伦理道德层面，都削弱了网络话语的真实性和可信性。网络这头"失控的野兽"

也给人们的认知结构、价值判断等造成了潜在的影响。"群体极化"在网络中表现得淋漓尽致。网民的自我认同和群体身份认同，使互不相识的网民一呼百应，暴露出了"群体盲思"。勒庞认为群体的冲动、多变和急躁，易轻信和受暗示，情绪的夸张与单纯，偏执、专横与保守以及群体的道德等容易导致群体极化。而群体的数量、传染现象和易于接受暗示使群体中的个体表现失常。孤立的个体"可能是个有教养的个人，但在群体中他却变成了野蛮人——一个行为受本能支配的动物，他表现得身不由己，残暴而狂热"。网络暴力聚合语言暴力，演变出现实社会中的暴力行为。

柯曾·布朗论述了网上言论对他人的伤害："即使是旧时代的暴君也没有如此迅速而全面地毁灭人的声誉的方法，不管他们是一时兴起还是满怀恶意，它可以让人们像玩冲锋枪一样，在此发泄愤怒，发表不怀好意的、杀气腾腾的评论。他们只管开枪乱扫，然后就一走了之，决不会回头看一眼，决不会管受害者，而那些网络中的受害者将永远倒在血泊中。"网络言语传播失范行为的发生，必然会在不同程度上侵害他人的名誉。网络言语行为失范对客体所造成的侵害，在有些情况下是局限在"网上"的，但在更多情况下，则直接延伸到现实社会生活中。由网络行为失范而构成的名誉损害和权益损害，即便是那些属于发生在"虚拟空间"里的情况，也是"现实的"。探究猎奇、自我宣泄、趋同他人等心理动机驱使网络主体目睹客体承受痛苦，自己得到心理满足。网络上言语行为失范并不是网民个体的"独舞"，而是通过网语传播实现了失范行为的"合唱"；网上许多毫无依据的言论成为高科技的"匿名信"。缺乏理性的言语传播行为会刺激一些人的胃口，也会伤害另外一些人，甚至自我戕害。网络语言的力量一旦被异化，就很可能转向网络暴力。

由于网络言语传播失范行为的存在与扰动，使网络尚难以形成良好的网络语言生态环境。网络言语传播行为失范是一种"扰序"因素，挑战着网络生态环境的正常运行秩序。作为网络行为主体的个人的自我脱序，必然造成网络言语失范行为引发的"网上"社会乃至"网下"社会运行秩序的某种迷乱和无序状态，反过来进一步"促成"更多的网络言语失范行为的出现。"他们为看到暴乱而兴奋不已，而不考虑这'暴力场面'将付出何等代价和谁将对此负责。""从频频发生的'人肉'事件中可以看出，'人肉搜索'与网络舆论之间存在着结构依赖关系，二者互为幕后推手，共谋作用一步一步地将当事人推向舆论的风口浪尖，进而引发了'多数人的暴政'。"这种多数人的暴政的初始形态恰恰就是借语言之言，行言语之效，造成部分网民极度热情之后的癫狂，从而彻底瓦解正常的语言生态。

柯曾·布朗感叹："在一个没有藩篱的世界里，谁还需要门呢？"可见，在网络世界里，"把关人"缺失使得网民可以直接、随意地发布信息，于是缺少根据、流于表面的信息得以肆意传播。无论在信息数量和质量层面，还是伦理道德层面，都削弱了网络话语的真实性和可信性。"群体极化"在网络中表现得淋漓尽致，孤立的个体"可能是个有教养的个人，但在群体中他却变成了野蛮人——一个行为受本能支配的动物，他表现得身不由己，残暴而狂热"。为了图一时口舌之快，探究猎奇、发泄郁闷、趋同他人等社会心理驱使网络主体目睹客体承受痛苦，自己得到心理满足。网络上言语行为失范并不是网民个体的"独舞"，而是通过网络言语传播实现了失范行为的"合唱"。网络言语的力量一旦被异化，就很可能转向网络暴力。网络暴力聚合语言暴力，演变成现实社会中的暴力行为。"他们为看到暴乱而兴奋不已，而不考虑这'暴力场面'将付出何等代价和谁将对此负责。"

网络媒介解构了精英文化，草根文化得以抬头。公众话语呈现出倚重个人意识的趋向。公众话语日渐以娱乐的方式出现，形成了消解崇高、解构经典、恶搞历史、窥探明星、揭秘八卦的语言生态环境。人们只是在一味地看，一味地接受电子媒介传达的讯息，却忘了思考或来不及思考。过度娱乐让人们失去思考的时间和空间。阅读需要的"延迟"早已被网络的信息大潮冲刷得干干净净。人们只是在巨大的随意性下被自己的猎奇心理和窥视欲支配，大把的时间在不知不觉中被吞噬。这种话语方式还会慢慢侵入其他媒介，进而可能让整个媒介环境朝琐碎化、充斥大量噪声、信息过剩的方向发展。许多过去被媒体过滤掉的大众语言，逐渐被媒体人所青睐，典型的例子就是报纸杂志、电视总是渐渐学会了使用时下最流行的网络语言。

第三，交往的恶俗化。

在网络社交中，交往双方借由各种网络工具，以一种"身体缺席"的方式互动，熟悉的"陌生人"成为网络人际传播常态。依赖网络成了人们日常生活的基本路径。网络创造了一个新的公共领域，并在此之上改变了传统的话语结构，形成了新型的公共话语，它对人类文化的影响与电视相比，有过之而无不及。网络的无限空间、无约束使任何毫无意义、支离破碎的对话、语言都找到了容身之处，甚至一些没有意义、只为表现情感的极端碎片化的文字，如"呵呵"、"槑"、"囧"都泛滥于网络。恶言相向、肆意造谣、贬低英雄成为网络时代的恶俗症。"恶俗是商业欺诈时代的现象，当然，也是民众身上一种容易轻信的特质。"语无伦次、无聊琐碎更是通过微博、微信一类的心情日志得到极端体现，在这里追求的不是逻辑严密的理性叙事，而是个人情感的随意宣泄，散乱无序的语句正是心绪的真实再现。网络媒介削弱了理性话语。虽然电脑屏幕可以像印刷品一样展示文字符号，甚至直接展示电子书，但是电脑和网络技术本身的特点决定了它不适合表现逻辑严密、论证充分的文字，同直观炫目的图像、视频相比，缺乏吸引力，难以得到人们的注视。波兹曼所推崇的印刷时代那种严肃且理性、充实且富有内涵的公共话语势必无法在网络媒介上得到体现。

第四，多任务的伤害。

"多媒体所要求的精力分散进一步加剧了认知疲劳，从而削弱了我们的学习能力，降低了我们的理解程度。当我们给大脑供应思考原料的时候，并非越多越好。"

2009年，斯坦福大学克利福德·纳斯对日常生活中较多和很少进行多任务处理的两类人进行了对比研究，结果表明：多任务处理容易导致注意力的涣散，对网络信息失去基本的判断和抵抗力，从而导致人的精神世界的空白。面对网络，受众貌似有很大的选择权，但究其实质，选择权受制于网络媒体的议程设置、意见领袖发声以及网络销售的宣传诱导，也包括公共话题引发的"网络沉默螺旋"对独立思考的伤害。施尔玛赫认为多任务处理对身体有害，而且越来越无法集中的注意力也是对人类精神控制力的损害。

联想当下的微博，无疑是有过之而无不及，我们下意识地在地铁里、公交上、机场内甚至聚餐中，掏出手机刷微

多任务

博，即便没有短信、电话，也没有想要从手机上获取某些信息的目的。或者早上打开电脑，看到腾讯迷你首页上推送的新闻，我们的鼠标从 A 移到 B 再到 C，在超链接构筑的信息迷宫里乐此不疲，追逐着那些吸引我们眼球的标题，但在很大程度上，我们只是在巨大的随意性下被自己的猎奇心理和窥视欲支配。大把的时间在不知不觉中被吞噬，可我们却没有获得多少真正有用的信息，或者说这种阅读方式本身存在巨大的非现实性。

娱乐业时代的反思——媒介素养教育

让我们成为娱乐至死的物种的根源并不是电视，也不是网络，更不是娱乐本身，而是我们自己。既然如此，解决问题的根本应回归到创造媒介、利用媒介继而被媒介所左右的主体——受众身上。受众不应只是被动地接受信息，依赖信息；受众在接触和处理媒介信息时，应主动用理性和智慧去选择信息，而不是为铺天盖地的信息所控制。面对技术不断更新的媒介，面对全民娱乐、集体搞笑的时代，我们要做的并不是简单地拔掉各种电源插头，而是学会如何在高速运转的社会里面对形形色色的诱惑，保持独立思考的习惯，维护内心的平静和充实。

波兹曼在书中提出了三种解决办法。第一种方法是反对娱乐进入严肃的话语模式——如新闻、政治、教育、宗教,但这是不可能实现的。第二种是找到怎样看电视的方法——以娱乐反对娱乐,也就是创作一种新型的电视节目,让我们认识到电视对公众话语的控制,但是这种方式仍然要依赖电视自身的力量,难以实现突破。最后一个希望渺茫的方法是让我们的学校去解决这个难题。虽然希望渺茫,但我们仍然对此抱有希望。

网络技术的发展改善了传媒生态环境,也改善了传媒与社会公众的互动方式,这一系列改善给传媒业带来又一次质的飞跃,但是,学术理性又要求我们对技术变革带来的负面效应给予等值关注。在媒介素养教育中,无论是传者还是受众,首先要辩证地处理好工具理性和传播理性的关系,因为"从现代性的角度来讲,工具理性的增长导致现代社会中的经济和技术进步,而传播理性的增长则使社会达到更高的道德水平和政治成熟度,成为一个开放、公平和平等的社会"。其次,媒介素养教育要使受众能科学理性地辨别信息的意义,能区分与优秀传统文化和道德规范格格不入的内容,识别反科学、反人类、扭曲人性的糟粕,以及鉴别与法律和道德规范背道而驰的内容。道德在传播中的地位应当是"网络空间的终极管理者,为个人行为和组织政策划定边界"。

媒介素养教育更要使受众懂得权利与责任是相辅相成、对立统一的。受众在享有法律许可范围内的自由时,又要承担不妨碍他人权利的责任。哈贝马斯主张,"所有的传播行为都包括:可理解性、客观真理、道德正确性与真诚"。作为网络时代的受众,能否实现四个有效性,人人均需要具备媒介素养,即提高自己在大众传播过程中的主体性批判意识,减少媒介信息的负面影响,强化媒介与受众的社会责任,使其内化为受众素养,以便建立对传媒信息行之有效的批判—欣赏模式,做一个思辨的、对社会负责的及优化传媒生态环境的具有良好媒介素养的受众。

当代青年是媒介使用的一个特殊群体:与上一辈不同,他们是中国社会"电视陪伴成长"的第一代;与中小学生不同,这群人对于电视的亲近感以及唯我独尊的收视习惯在进入大学这个相对自由的环境后得到延续和释放。要培养他们的媒介素养,让他们用批判的眼光、思辨的头脑来看待媒介。网络时代的公民,应该合法生产信息,理性阅读信息,遵规传播信息。令人欣慰的是,党和政府及时采取了相应的措施来控制这一局面。2014年4月,"净网2014"专项行动。依法管网,推进互联网行业健康发展。2014 年 10 月 10 日，施行《最高人民法院关于审理利用信息网络侵害人身权益民事纠纷案件适用法律若干问题的规定》，制止"人肉搜索"。2014 年 10 月 15 日，习近平总书记在文艺工作座谈会上强调"低俗不是通俗，欲望不代表希望，单纯感官娱乐不等于精神快乐"。

白丽梅：网络的确是在非常深刻地影响着我们的生活，现实生活中没有哪位能够离开网络。就像网络输入法，从最初的五笔输入法到现在的拼音输入法，最早的五笔输入法是以笔画、字根，到成字的一种层次，然后再输入，字根让我们了解到中国传统汉字的结构等方面，但拼音输入之后，我们已经丧失了很多对汉字的认知，随后出现提笔忘字的现象。

讲座现场

任志明：我们已经毫无辩驳地进入了一个后网络时代。在这个时代，人们逐渐丧失了深度阅读和思考的习惯。前段时间也有相关的电影，赵薇当导演以后拍的电影——《致我们终将逝去的青春》。把这部电影的名称和波兹曼的另外一部深刻的著作结合起来看，应该是致我们终将逝去的童年、致我们终将逝去的青春年华、致我们终将逝去的思考的脑袋。

波兹曼的《娱乐至死》这本书主要是考察电视全面地成为第一媒介以后，电视对人类生活的各个方面所产生的影响和深刻的改造，同时也预言网络时代我们人类将何去何从。人类生活除了物质生活以外就是精神生活。一旦物质生活得到满足，我们必然要追求的，或者是更应该去追求的是精神生活，第三个层面可以进入到境界这个层面的，那就是灵魂的生活，这是世界上凤毛麟角的人才能达到的。人类是需要思考的群体，否则最后我们真正地会被我们热衷的或者是迷恋的所创造的一个又一个新事物所抛弃。

进入到数字化的、媒介化的、网络化的时代，实际上娱乐本身并无过错，电视天生就是用来娱乐的，当然它也是用来沟通和交流的。娱乐免不了通俗，让目不识丁的老者或者不识英文单词的孩童不要看电视，让他（她）直接读报纸和期刊，直接读波兹曼的《娱乐至死》这样一本光辉著作，实属强人所难。娱乐节目会伴随着庸俗、低俗，甚至是媚俗、恶俗，这是电视的本性使然。如果电视所创造的这种文化，也是人类创造的文化的一部分，文化本身天然地具有这一特性，它同时具有比前一个特性更厉害的一个特性，那就是文化的整合能力、文化的自我救赎能力、文化的自我提升能力，这就是我们所提倡的高雅。彰显高雅、提倡高雅相应地来削弱三俗，这是一个角度。那么另外一个角度，现在是一个和平时代，但仍有各种各样的局部战争存在，我们国内还有大量的留守儿童、孤寡老人等，首先应让他们解决温饱问题。其次给他们提供丰富的娱乐内容。若让他们猛然进入深度思考，着实为难。所以从此角度来看，他们的生活已经很不容易了。为了生活得更加快乐、更加丰富，没必要追求那么多的深刻和过于深入的思考，在解决温饱的基础上，让生活先轻松愉快起来。

理性面对网络

观众：曹老师您好，今天我们已逐步地走向了网络的生活、网络的时代，互联网与我们大家密切相关。同时，我们对于网络的依赖也是非常大的，如查字典、查手机、聊天、网络购物等，几乎所有生活都离不开网络。但是网络给我们提供便捷，提供快餐式的文化、快餐式的娱乐的同时，也引发了许多的问题。从几年前的"贾君鹏，你妈妈喊你回家吃饭"，产生了中国式的家庭寂寞。再到后来的人肉搜索犀利哥，网络事件、网络用词也是越来越多，可以在非常短的时间内造就一个人，也可以在非常短的时间内毁掉一个人。我们究竟应该如何理性、理智地去面对网络？

曹进：以我自己为例，当时家里人要上网必先养个宠物，叫猫，modem。后来又一度拨号不行，有时候断线，有时候速度慢。随着逐渐有了宽带，慢慢用得越来越多。

网络毕竟是技术的产物，人类之所以能够改造世界，推进世界的发展，有一个发展的过程。起初的石刀、石斧，后来的青铜器，以及其他的冶炼技术，包括印刷术等，每一个新技术的出现都会把人类社会向前推进一步。首先，网络本身没有对与错、好与坏，作为一个技术产物，我们如何去使用它，比如说刚才这位同学提到的人肉搜索，一把菜刀有罪过吗，搁在厨房里加工美味佳肴，只是厨具，但拎一把菜刀去杀人，它就是凶器。所以网络作为我们使用的一种工具，如何去合理地使用它、掌握它。我们被网络掌握是一个潜移默化的过程，你不由自主地就跟着它走。其次，网络在使用的时候，也有娱乐功能，可以把它称为一个娱乐的综合媒体，现在网络上把这些东西全部集成在一起，集成以后，信息之多、世界之大无奇不有，我们很难去甄别它。那么这时候怎么办？一、相信；二、不相信；三、既不相信也不不相信。作为媒介，作为工具，怎么合理地调度、使用它才是重中之重。

这个同学的问题分两个范畴。第一，道德范畴，我是否能够随意发布一些信息。第二，法律范畴，我发布这些信息不会违法，对别人是否会造成伤害。因此，网络极大地提高了我们的生产工作、生活效率，扩大了我们的交往范围，提供了我们未曾体验过的娱乐、学习、生活，以及曾经遥远不及的地方现在变得近在咫尺了。但同时网络的问题是在于，第一，工具的本身的矛盾，所谓的工具的本身的悖论问题。第二，正因为它的生产工具极为便捷，很可能就成为伤害他人的工具，或者利器，这时候恐怕就是需要生产信息、传播信息的主体，要把握好这个度。比如说现在网上它什么都有，很多网站现在应该已经关闭了，以前网站经常有一些成人视频，我们大人自然不怕，但是孩子们呢？网站是敞开的消费领域，谁都可以进，而恰恰儿童对电子产品的领悟力、掌握能力比成人更快。若进入这些网站，一旦成为媒介，发布这些信息，肯定会对这些未成年人造成极大伤害。孩子们不理解这些行为，甚至会把空间搬移到现实生活中，所以有的孩子打完游戏，举着雨伞就从8楼、10楼跳下来，自认为自己应该不会死，是充满能量，加了能量币的能量人物。影视作品中、网络中，随处可见持械斗殴但不死人的场景，那么在现实生活中，殴打他人，行凶伤人，他们也认为这死不了。为什么年龄越小的孩子发生的事件越残暴？因为他们没有这个认知。谁告诉他们的？媒体。所以作为普通人来讲，我们生活在一个二维世界。一、真实空间；二、想象空间。因为读书会给我们带来很多东西，我们要去想象、思考。网络介入我们生活以后，我们多了一个空间——虚拟空间，从某种虚拟的程度上来讲，它也是真实的，但它又不完全真实。所以如何去把握这个度，我们可以共同探讨。

标题党与职业规范

观众：今天我们在谈《娱乐至死》，在媒体行业我们也在提一个词，叫做泛娱乐化，我在交通广播台工作，负责交通广播的微信运营。开始时我是按照在学校所学内容，严肃新闻，标题也相对严肃，但随之出现的问题是，点击率不高。这时领导会提出："你要做标题党"，换一种思维。依旧是一件严肃的事情，可能标题中完全不说新闻是什么，只标明不点击会后悔。我们是应该迎合现在的新媒体传播规律，使用这种博眼球的方式，还是继续坚守？在这个问题上我自己很困惑，经常是这些"没节操"的节目，受到的欢迎程度和关注度是非常高的，面对这些矛盾和困惑，我们从业者到底应该怎么做？

曹进：我前年参加省广电总局办的广播节目评选活动，当时大家表示：全部媒体都合并起来，互联网、电视网、广播网，三网合一，其实，互联网从此是老大，统领了一切。我有一个看法：电视能不能存在，存在多久的，确尚无定论，但广播绝对不会消失。他们问我为什么，我说我是外行，因为外行，所以旁观者清。广播之所以不会消失是因为它的便捷性，这一点是电视和网络很难替代的。

如这位记者朋友提到的，这的确是一种痛苦，没有点击率，没人收听。但一个媒体也要有自己的立场，坚守一方。特别是在自媒体、新媒体层出的时代，我们这个媒体的特点、特色是什么？比如交通广播台的这位记者朋友，交通广播台在甘肃省的受众面很广。但是传播微信也罢，新闻也罢，严肃性新闻可以让它变得通俗一点，而不是将它以使用不当的言辞或方式传播，媒体要有媒体的立场。让严肃的话语、给人感觉官方的话语变得更大众化，只是语言处理的技巧而已。比如，昨天在微信里我看一条挺励志的一句话，我复制下来给我一研究生发过去，说"如果我不勇敢谁能替我坚强"，类似这样一些言语，还有我的微信里面一个头像的名字是，"我每一天的努力都让远方变得更近一些"。当时我把这个头像换了以后，很多人给我点赞，说这个挺励志的。所以通过一种话语的转换，是不是一定要挑比较惊悚的字眼才能博得人们眼球，我觉得未必，偶尔打车和出租车司机聊天，他们也不见得喜欢这样的标题，或者喜欢这样的内容。我倒有一个建议，不妨做一份网上问卷，或者微信问卷，同一条新闻故意做成比较刺激的，不太刺激的，很温和的，或者很严肃的，看看现在受众他更喜欢和容易接受什么样的信息。从普通受众的视角看，新媒体固然好，语言生产有很多方式，通过语言本身的调节，事情还是这个事情，希望受众更多地来收听，或者收看我们的节目，有很多种方式。

娱乐至死与审美文化

观众：曹老师您好，现今社会娱乐至死、泛娱乐化，是真正隐匿了审美文化中的喜剧性，因为喜剧应该是一种反思的笑和一种含泪的笑，不知道您同不同意我这个观点。传媒大学仲崇祥教授提出了文化养人、艺术养心、重在引领、贵在坚持，我们新闻媒体人如何做到引领呢？

曹进：我把枪战片视为我倾泄精神垃圾的一种方式，知道电视剧中的人物死不了，人头满天飞我也不觉得恐怖。看到《午夜凶铃》，我也不害怕。看完它之后，原本工作中、生活中的小烦恼也消失了，自己得到放松了。如果诸位不相信，今晚回去，宿舍里面你找几个人，你说咱们笑，有一个人带头开始笑，你就假笑，最后你就会笑得肚子疼，就像吸了笑气似的，根本止不住。这位同学说得没错，其实悲剧也好，喜剧也罢，同样会给我们启发。比如现在的相声、小品，为什么人们不爱看，这种节目越来越少，本来是占据了很大一块娱乐市场，为什么不爱看？它没有生活的基础了，包括郭德纲的相声，以人身攻击为主，攻击对方，攻击对方家人以取乐，这是娱乐的本质吗？如果娱乐就是欺负他人，那我们可以去欺负残疾人，可以欺负那些智力不足者，但这是极其残忍的事，不是人道。这位同学说得没错，喜剧也应当带给我们反思，但我们也不必将此看得那么严肃。就像任志明老师说的，任何作品我们都看得那么严重，一个幽默段子都得看成红与黑，战争与和平，也挺恐怖的，人需要娱乐。但是人不能一切都是娱乐，它还有一个一分为二的关系。

泛娱乐化也没那么恐怖，但只要没说所有都是娱乐，莫把生活当娱乐，莫把娱乐当生活。我们不必把一切东西都看得那么严肃，娱乐就是让人得到愉悦、放松。娱乐的本质就是让人放松、愉快的，看到一些故事，或一些煽情的桥段，当然也会让我们哭天抹泪。哭也是一种宣泄，宣泄之后是轻松。轻松了，娱乐的目的达到了。哭本身也没什么对错，悲伤地哭、同情地哭、激动地哭，关键在于一个度。因此娱乐和生活，别把它视为一体，都是我们生活的部分，但是娱乐不等于生活，生活也不等于娱乐。

中共中央总书记、国家主席、中央军委主席习近平15日上午在京主持召开文艺工作座谈会并发表重要讲话。习总书记强调，改革开放以来，我国文艺创作迎来了新的春天，产生了大量脍炙人口的优秀作品。同时，也不能否认，在文艺创作方面，还存在着有数量没质量、有"高原"没"高峰"的现象；存在着模仿抄袭、千篇一律的问题；存在着机械化生产、快餐式消费的问题。文艺不能在市场经济大潮中迷失方向，不能在为什么人的问题上发生偏差，否则文艺就没有生命力。习总书记这段话也就是说，低俗不等于通俗，欲望不代表希望，单纯感官娱乐也并不能构成精神上的愉悦。在整个20世纪80年代，电视节目很少，技术的不断发展逐渐丰富着电视文化的内容。到21世纪，电视节目出现了庸俗化、泛娱乐化的现象，大家开始追名逐利，电视台也开始竞争受众，并且根据收视率的高低来决定广告的投放种类和投放量。那么怎样的广告才能够让人印象深刻呢？我认为一种是做得特别精良，甚至可以称之为是一种优秀文化作品的广告，还有一种就是那种特别差的垃圾广告，因为不管什么东西，人们记得最清楚的往往就是最好的和最差的这两类。

简而言之，就是警惕过度娱乐或"泛"娱乐。

徐兆寿：《娱乐至死》，曾经有人把它质疑成把我们自己娱乐死，所以，从这个道理上来说，其实致死我们的不是娱乐，也不是电视，更不是网络，而是我们自己。那么我们怎么样才能在信息的汪洋大海中不至于死呢，我觉得有两点。第一，对我们所有的媒体人来说，一定要坚信，娱乐性和通俗性是大众媒体的一个追求，但是我们要有自己的导向性。这个导向性，我也借用习近平在文艺工作座谈会中的一句话："追求真善美是文艺的永恒价值。"我们所有的媒体里的很多节目一定要坚持对真善美的追求和引导；第二，从社会、学校、家庭等全方位加强对媒介素养教育的认识，我们不但会欣赏到音乐的美、美术的美，我们还能欣赏到各种媒体的美，我们才能认知媒体里面什么是真的，什么是假的，才能在各种不断出现的媒体当中更好地前进，更好地前行，才能达到真善美的彼岸。

主讲嘉宾简介：曹进，男，1964年出生，文学硕士，中国传媒大学传播学博士。现任西北师范大学外国语学院院长，教授、硕士生导师，教育硕士，英语执行导师。主要研究方向：符号学、语用学、跨文化交际、现代语言技术。主讲课程：综合技能、英语写作、英语阅读、英国文学、外事英语、语言符号学、语用学、第二语言习得等。

读《娱乐至死》：反思现今时代的视觉文化滥觞

——曹进教授访谈

选择"后网络时代"的原因

司雯雯：曹老师在《重返经典》中为我们生动地解读了后网络时代的"娱乐至死"。今天希望可以再向您学习。曹教授以美国媒体文化研究者和批评家尼尔·波兹曼的著作《娱乐至死》为切入点展开讲座，以引言、娱乐至死、网络至死、娱乐至死之缘由、国家行动和结论六大内容向在场学生解读了目前电视网络下的媒体环境。曹老师，您为何会将本次讲座定为《后网络时代的"娱乐至死"》？

曹进：这里所说的"后"，是针对"前"而言。"前"指的是 web1.0 时代，web1.0 时代的网络在很大程度上更像现在的电视。传播是单向的，最典型的特征就是点对面的传播，观众不能提出反馈或参与互动。"后"就是 web2.0 时代，这时候网民的力量越来越强，声音也越来越大了，人人都是出版商，人人都是记者，所以也就有了自媒体时代的到来。徐兆寿院长告诉我《娱乐至死》是《重返经典》系列讲座之一，考虑到《娱乐至死》是一部经典，所以就定了这个题目——《后网络时代的"娱乐至死"》。其实以波兹曼的《娱乐至死》这部经典来讲也可以讲得很深，但是考虑到既然是电视公开课，就要保证这次公开课的内容不易过时。就心理预期而言，电视受众与研究生不一样，不能讲得太理论化。给硕士和博士研究生上课是纯粹的学术交流，但是电视公开课不一样，它要同时兼顾三个方面：第一，是要体现思想的正确性；第二，是要有一定的学术性；第三，是保证有适当的趣味性。做《娱乐至死》电视公开课就是一种娱乐期待，觉得挺好玩，好玩的同时还能够有所收获，何乐而不为。上学的时候看了很多此类书籍，包括波滋曼的《消逝的童年》。后来，无意间找到了一本《网络至死》，波兹曼这本书主题是"浅薄"，他说人越来越离开深刻，堕入浅薄。而恰恰学者卡尔的著作中有一部就叫《浅薄》，几部书放在一起平行阅读、跨界去读我才发现，好像这几位学者对媒体传播内容的"泛娱乐化"多多少少都有一些忧虑，他们其实并不是反对人们使用互联网，而是共同倡导一个主题——"理性消费信息"。因此，我在反复琢磨之后加了这个"后"字。

大约是在 2007 年，博客这一社交媒体开始受到限制，于是红极一时之后很快就被微博所取代，这时候就出现了后网络时代自媒体的空前大发展。而这还只是导火索，紧接着 QQ、MSN、SKYPE 以及现在的微信陆续出现了。这些网络交际工具经过两三年的发展，现在使用起来相当快捷、便利，而且已经是多种交际媒体的集成系统。最便利的是终端，小型终端兼容性和通用性都非常好。依现在的发展速度来看，或许不久就会有新的软件出现来取代现在大家广泛使用的微信。

"后"和微文化、快餐文化的关系

司雯雯：那您觉得这个"后"和微文化、快餐文化有关系吗？

曹进：有，而且是有直接的关系，这个"后"只是为了和 web1.0 时代做一个区分，是一个时间界定，但是和微文化有着直接的关系。随着网络时代的到来，因为多任务处理，日常学习和生活的压力以及包括骚扰短信在内的多方面因素的干扰，使得慢性子的人变得越来越急躁。微文化促进了人们的网络交流，同时也使网民变得浮躁焦急，便催生了"一屏文化"。人们期待所有的文化内容一个屏幕就展示完，再多的内容写也是白写，没有人愿意耐着性子全部看完。如今还流行一种嫁接文化，特指短信、微信、链接等的转发。一天 24 小时，有限的时间没有变长，但是我们需要处理的事情更多了，我们更忙了，这种多任务处理的生活方式往往会给我们带来"焦虑症"。媒介技术不但影响人类的生活方式、学习方式和工作方式，而且还影响人类的思维，使人们很容易患上"互联网思维焦虑症"。我们每天都在手机里活着，我们在这个群里潜水，在那个圈里活跃，在这个论坛主导，在那个网站打酱油。我们的身体被手机操纵，我们的思维和意识被网络交际工具主导。一机在手的我们不看书了，甚至稍微长点的文章都无法专心阅读。一心扑在手机上，令人担忧的是，能够在手机上获得高点击率，得到广泛传播的文学作品也只剩下段子了，因为它短且刺激，能够迎合身患"网络焦虑症"而不自知的网民的猎奇心理。

网上辩论，只是情绪的释放，互联网正在把人群切成小块，以往全套的传播方法正在崩塌。首先是创新思维与趋同思维之杂糅交融，然后是集体思维与个人思维之合和共生，最后是断裂思维与嫁接思维之博弈共存。

因此，可以看出这个所谓的"后"是和微文化、快餐文化有着直接关系的，换言之，就是文化的浅薄性。快餐文化图一时之快，但是缺乏营养，如果"快餐文化"普及泛滥了，人们的认识自然就会变得肤浅，思想必然就会变得浅薄。

"文化精神枯萎"的两种方法

司雯雯：波兹曼在《娱乐至死》中的主要观点是：有两种方法可以让文化精神枯萎，一种是让文化成为一所监狱，另一种是把文化变成一个娱乐至死的舞台。让文化成为一所监狱，我们可以理解为是"画地为牢"吗？您能为我们解读一下这两种方法吗？

曹进：准确来讲让文化成为一所监狱，并不是让文化画地为牢，因为，画地为牢的文化是对人们思想的一种禁锢。英国作家奥威尔的《Nineteen Eighty-Four》、赫胥黎的《美丽新世界》和俄国作家扎米亚京的《我们》并称反乌托邦的三部典型代表作。奥威尔在《Nineteen Eighty-Four》中刻画了这样一个世界：一个假想的、以追逐权利为最终目标、令人恐惧到窒息的极权主义社会。作者通过对这个社会中一个普通人生活的细致刻画，揭示了任何形式下的极权主义必将导致人民甚至整个国家成为悲剧这样一个主题。这个观点和英国作家马洛的《马尔他的犹太人》，还有《浮士德》中的观点是极为相似的。在文艺复兴时期出现的《浮士德》所侧重描写的是一个不择手段地追求知识的社会。追求知识本身是件好事，但若是不择手段，在损人的基础上利己，那么这个知识得来了也没有任何好处。

《美丽新世界》也是一部科幻小说，作者引用广博的生物学、心理学知识，为我们描绘了虚构的福帝纪元 632 年（即公元 2540 年）的反乌托邦社会。这是一个人从出生到死亡，一生都在受着严格监视和控制的社会。在这个社会人们按照等级分别从事劳心、劳力、创造、统治等不同性质的社会活动。而且人们也习惯于自己从事的任何工作，视恶劣的生活、糟糕的工作环境与极高的工作强度为幸福。因此，这是一个"快乐"的社会，这种快乐还有别的措施来加以保障，比如睡眠教学。在这里，催眠术被广泛用来矫正人的思维，"帮助"人们忘掉不愉快的事情。正是在这个"美丽新世界"里，人们失去了个人情感，失去了爱情，失去了喜、怒、哀、乐和享受激情、经历危险的感觉。最可怕的是，人们失去了思考和判断的能力，失去了发明和创造的才智。

英国诗人艾略特写了一首诗叫《荒原》。这首诗主要描述的是：资本主义社会达到了高度的经济繁荣和资本主义物质文明之后，一场战争突然爆发，家园顷刻间化为灰烬，人们瞬间陷入一种干涸、绝望的境地，精神也在刹那间变得异常空虚。这就让人不禁要问：人和社会该怎么办？靠什么才能扭转这种局面？表面看来，这部《荒原》讲的是物质文明，而实际上它是在用物质文明的发展来反衬精神文明的滞后，也就是说精神文明才是这部著作所强调的重点。

波兹曼的两个观点，一种是让文化成为一所监狱，一种是让文化成为娱乐至死的舞台。这不是画地为牢，而是通过一种虚假的娱乐泛滥的舞台来禁锢人们的思想。就像《美丽新世界》中提到的，人们变得不再有痛苦，不是说他们不痛苦，而是更痛苦。这是一种连痛苦是什么感觉都感觉不到的痛苦。这种现象就是一种假娱乐，假幸福。

电视对我们的影响

司雯雯：我们一般认为波兹曼的《娱乐至死》是对20世纪后半叶美国文化中最重大变化的探究和哀悼：印刷术时代步入没落，而电视时代蒸蒸日上；电视改变了公众话语的内容和意义，那么今天，电视对我们又是什么样的影响？

曹进：电视已经进入我们的生活。它不但没有退出的迹象，反而在不断地发展、完善。而它的发展、完善也是隐形的，是悄无声息地进行着的，我个人对电视技术的蒸蒸日上是持赞成态度的。电视本身没有是非对错，真正在做这个是非判断的是电视节目的制作者和策划者，电视施展舞台最主要的场所就是家庭，而不是公共场合。于我而言，电脑已经成为一种工具，所以我回到家的娱乐活动主要就是看电视。我深切地感受到，电视传播正在不断地重组着家庭活动的时间和空间，正在悄悄地置换着家庭闲暇和家庭角色，正在多方面、深层次地影响着每一个家庭。

现代社会生活节奏加快，外界娱乐费用增长，社会安全隐患激增，因此，人们纷纷开始将他们的时间、精力、注意力和责任心从社区公共生活转入家庭娱乐和自我活动方面。人们渐渐地又开始习惯和家人一起围坐在电视前，温馨地、真情地话聊生活琐事，交流情感问题，畅享天伦之乐。

电视传播改变了社会的娱乐方式：从最初的大家挤在一起集体露天看春晚到现在的小规模化、家庭化，从室外走进室内；电视传播让家庭的生活模式有了节律，让家庭的生活趋向社会空间，让家庭成员角色的传统差异逐渐消解；电视传播对于农村家庭的经济发展、信息流通和文化教育起了很大的作用，电视传播也影响了城市家庭的装修风格与布局。但电视传播对于家庭生活也有一定的负面影响。这主要表现在：首先，电视在人们业余生活中的比重过大，大到几乎"独霸"、"垄断"了大众精神生活，电视束缚了人们的思想，使人们越来越懒于阅读；其次，电视节目中有时难免会在有意无意间传播一些不正确的思想观念和价值取向，容易对人生观、世界观、价值观尚未完全确立的青少年受众造成误导；再次，电视中的暴力和色情内容会危害个别观众特别是青少年观众的身心健康甚至引发治安刑事案件；最后，长期地、过度地看电视可能导致电视病，颈椎病、腰椎间盘突出、肥胖症都在所难免，甚至造成儿童智力低下也不是危言耸听。

媒介即隐喻

司雯雯：波兹曼有一个著名的理论，是他继承了麦克卢汉的理论传统，从而创立的一个新的理论，这就是媒介即隐喻的理论观点。关于这个观点有很多种解读，其中之一认为，它是指媒介用一种隐蔽但有力的方式，来定义现实世界，它指导着我们看待和了解事物的方式，但人们却不会自觉地注意到这双无形的手。您能把这一论断放在中国当前的媒介环境大背景下来为我们分析一下吗？

曹进：波兹曼认为，媒体能够以一种隐蔽却强大的暗示力量来"定义现实世界"。保证这一点的核心要素就是媒体的形式，因为特定的形式会偏好某种特殊的内容，最终会以此来塑造整个文化的特征。这就是所谓

"媒介即隐喻"的重要含义。借用波兹曼的话："媒介用一种隐蔽但有力的方式，来定义现实世界，它指导着我们看待和了解事物的方式。但人们却不会自觉地注意到这双无形的手。"

如果把这一论断放置于更大的理论背景中，我们可以认为人类会话的形式能够对要表达的思想和人类的思维方式施加很大的影响。因为任何一种媒介都不是完全中立的，而是一种有其自己独特偏好的某种形式和思维的载体。媒体携带的这种特定的形式和思维传播到人类的视听感官，作用于人类心理，便产生了隐喻的效果。每种媒介都会偏好某一独特的形式，都会寻找适于它传播的独特的信息类型和内容，这正是使媒介具有隐喻特性的原因所在。

当媒介发展到电子媒介阶段时，电子媒介是通过光一般的速度和注重视觉的图像来实现它在人身上的隐喻效果的。它们强调形象，而非理性和逻辑，那么它的内容必定要披着娱乐和轻松的外衣，与此同时某些本该不能娱乐的领域，也变得娱乐至上。电脑、电视和智能手机都是电子革命与图像革命相结合的产物，它们都偏好视觉、非逻辑、非线性、碎片化的思维。在这样的技术背景下，电子媒体比传统媒介更注重为大众提供图像或能引起人们图像式想象的信息。

波兹曼《消逝的童年》

司雯雯：提到波兹曼的《娱乐至死》就要提到他的另外一部重大的著作《消逝的童年》。在这本书中不是说特定生理年龄的生命群体不复存在，而是指"童年"作为一种特定的文化特征已经模糊不清。在童年与成年之间建立了一道文化鸿沟。而电视时代的来临则重新填平了这条鸿沟，儿童不再需要长期的识字训练就能够与成人一起分享来自电视的信息，两者之间的文化分界被拆解了，于是，童年便消逝了。但是，"童年"本来只是一种短暂的历史现象，我们又何必为它的消逝而担忧？或者说，童年的消逝在什么意义上是文化危机的征兆？

曹进：波兹曼的忧虑并不是童年的消逝，而是"成年"的意义的消逝，儿童成人化，成人儿童化，儿童与成人特质上的差距变小，甚至从某些方面来说，已无差距。网络介入我们的生活以后，宅男宅女们并未做任何重大的题材研究，他们玩游戏、购物、聊天。成人语汇开始儿语化，一方面是因为说儿语显得比较有童趣，另一方面也是因为社会压力太大，我们在繁忙中为自己寻求一点童趣，用童趣去尝试缓解这种压力。"童年的消逝"并不是说特定的生理年龄的生命群体不复存在，而是指"童年"作为一种特定的文化特征已经模糊不清。"童年"的概念来自与"成年"的文化分界，而这种区别并不是天然固有的，而是在历史进化中"发明"出来的。

　　波兹曼在书中提到，电视时代的到来填平了儿童与成人之间的文化鸿沟，儿童不需要长期的识字训练就能够与成人一起分享来自电视的内容，两者之间的文化分界被拆解了，于是，童年便消逝了。关于题目中问到"童年"本来只是一种短暂的历史现象，我们又何必为它的消逝而担忧，或者说，童年的消逝在什么意义上来说是文化危机的征兆这个问题。在我看来，波兹曼的真实论题可能被这个多少有些误导性的书名所掩盖了。他的确关怀只属于童年的自然与纯真的人性价值，但就整个文化的走向而言，他深切的忧虑却并不在于"童年的消逝"，而在于"成年的消逝"。

微文化、"速食"文化

　　司雯雯：微文化、"速食"文化伴随着互联网时代的到来相继出现，致使语言变得符号化，文字本身所拥有的文化深意被人们逐渐忘却。人们过度依赖搜索引擎，我们的社会面临着全民集体失忆、注意力被吞噬、创造力被抑制、阅读能力被扼杀等现象，青年人提笔忘字的现象也越发严重，而观众在听觉上让位于视觉，一味地追求感官刺激。那么，您觉得这种状态好不好，若不好，该如何改正？

　　曹进：Clay Shirky是纽约大学媒介研究领域的一位教授。Shirky一直允许他的学生将笔记本电脑、平板电脑和手机等电子设备带到课堂并随意使用。但他最近却严禁学生将这些电子产品携带到课堂上使用。他发现，当因为一些特定的原因要求每个人将手里的电子设备放到一边时，感觉就像有一股新鲜的空气进入室内，课堂对话顿时会变得活跃起来。而且最近Shirky要求学生们这样做的时候，学生们仿佛也如释重负。的确，研究发现多任务处理很容易使人在认知上产生疲惫感。网络行为正是这样的多任务处理行为，一个接一个的链接往往会把人弄得疲惫不堪。而且我们生活的网络社会，外延正在不断扩大、内涵却在逐渐干涸。用拉康（Lacan）

的话说，人类始终受两种"疯狂"的威胁：一种是精神分裂症，这主要表现为人们交流中遣词造句的极度随意。这种想要表述得清楚明白，却又并不讲究措辞的严密与合理的"精神分裂症"导致的结果就是交流的不畅，甚至彻底失败，达不到交流的预期效果；另一种"疯狂"便是个人的言语彻底地丧失了特色与个性。不会创造新词、新句而只会模仿、复制别人的言语，并以此为傲，以会说当下人人在用的时髦用语而沾沾自喜，就像格诺说"聊吧，聊吧，你就会聊"，言语因脱离语境而显得死板、僵硬、空洞无物，没有信息，最后导致对交流的否定。

网络行为、Aieplane mode、厕所社交、果取关（果断取消关注）、拍照消毒等都是目前非常普遍的社交行为。网络语言暴力等发生在"虚拟空间"里的情况，其实也是"现实的"。探究猎奇、自我宣泄、趋同他人等心理动机驱使网络主体通过目睹客体承受痛苦来达到自己的心理满足。

限娱令与娱乐节目

司雯雯：某卫视是以娱乐为主，广电总局在前几年就在下发限娱令，来限制各大电视台的过度娱乐。关于某些卫视以综艺娱乐为主的电视节目您怎么看？

曹进：就目前来看，国内综艺节目已经陷入了同质化互相模仿的怪圈。国产综艺节目若想走出模仿热映、同质竞争、审美疲劳的怪圈，就必须用心去认真策划，寻找属于自己的独特创意，并不断推陈出新。崇洋、混淆、奢华、大牌、拼歌、轻浮、冠名、虚假等问题经常会出现在娱乐节目中。这是电视台在愚人愚己，到头来自己把自己玩了一把。如果不能及时冲破这个互相抄袭模仿的怪圈，不及时改变这种不思进取的慵懒状态，不仅会导致娱乐传播的停滞不前，也会导致受众的越加浮躁，视野的愈加狭隘，人类创造力的愈加滞后，甚至彻底丧失。

对媒体从业者的寄语

司雯雯：请曹老师在最后，给我们未来的媒体从业者一些寄语。

曹进：钻研理论，深入实践，贴近生活，坚守底线；惩戒邪恶，弘扬真善，伸张正义，高度责任；关心社会、关注民生、关切百姓，正面导向，做一流好新闻。"梅花香自苦寒来"。读书，读书，再读书！阅读须以自主思维为内核，以独立评论为形式，以实现表达为本的哲学原命题，从而走向以"立言"来"立人"、以"立人"来做"好新闻"、"好节目"的职业境界。

（采访者：西北师范大学传媒学院广播电视专业硕士 司雯雯）

《学记》:"化民成俗,必由学乎"

主讲嘉宾: 王　鉴(西北师范大学西北少数民族教育发展研究中心主任)
主持人: 徐兆寿(西北师大传媒学院院长,教授,作家)
互动嘉宾: 任志明(西北师大传媒学院教授)
时间: 2014年10月31日
地点: 西北师范大学四号楼演播厅

王鉴

今天重返经典课堂讲儒家的教育经典——《学记》。《学记》之所以能称得上儒家教育的经典,有两个原因:第一,《学记》是对先秦时期儒家教育思想的一个系统的总结。《学记》是对孔子到孟子、到子思、到乐正克,整个思孟学派教育思想的一个系统总结。第二,《学记》作为经典,影响了 300 多年中国教育发展的教育思想和教学实践。从《学记》之后,经汉、隋唐、明清,一直到今天的教育实践当中,包括教育思想当中,明显地都带有儒家的这些教育影响在其中。然而儒家教育思想的精华就体现在《学记》当中。

我从几个方面和大家来探讨一下这本教育经典。

论"学"之本源

一 "学生"的含义

通过"学"字看,我指"论学"。"学",在甲骨文中,是两只手,中间两个叉、宝盖头、一个子字,"子"是象形的,就像小孩子的形状。古文字学家研究甲骨文当中的"学"认为,其义是将织网的技术、技巧教给年轻的一代。"学"本身就有教的意思在其中,"学"本身就是年轻的一代学习技能的一个过程、一种活动。"学"字从词源、甲骨文来讲,它本身就有教育的意思,它不仅是我们今天"学"这样一种活动,还更有广义的"教"。在"教"字之后,在"教育"这个词以后,"学"专指学生的学习活动,指年轻一代的一种学习活动。与"学"字相关的词很多。举例说明:"学生",包括了研究生还有本科生,当然还有小学生、中学生、大学生。"生"下部分的一横是土地,上部分是小草的象形,即土地上面长出一棵小草,意韵是生命在成长、在发展。将两个字组合在一起形成一个名词。学生,就是以学为生的人,即"学则生,不学则死"。其中"死"不是指肉体的死,而是精神之死。学生不学无术,没有任何学问,精神上是空洞的,那就是死的。诗人臧克家讲:"有的人活着他已经死了。"其中可能有一种含义,指那种没有精神的人、没有信仰的人,他们只追求一些物质的东西。所以学则生,

《学记》:"化民成俗,必由学乎"   155

因此我们要反思:我们是否在学,我们是否因学而生呢?曾子也讲:吾日三省吾身。即为人谋而不忠乎?与朋友交而不信乎?传不习乎?"传不习乎?"意思是老师教的、传授的,是否掌握?他把这作为一个君子每天思考的三件大事之一。学生首先要思考的一件大事就是"学则生",是否对老师所讲、自己所学已经掌握和应用。

二 "学习"的含义

与学有关的词是"学习",学生的主要活动就是学习。"习"在甲骨文中,上部分是羽,下部分是一个象形的鸟巢,圆圈中一点。鸟巢即一只小鸟站在鸟巢上不断地拍动翅膀,这就是习。小鸟为什么要不断地拍动翅膀?就是想飞翔,要练习飞翔的本领。所以就成了"习",不断地重复练习,直到掌握巩固,即是习。因"学"和"习"这两个动词,是指两种不同的学习活动。学是继承,习是练习。学习不仅要继承老师、书本所讲,而且要坚持练习,内化成自己的东西,这才是真正的学习。

三 "学校"的含义

与"学"密切相关的词是"学校"。学校是教育的场所,也是学习的场所。"校"字在甲骨文中是木字边,上部是六,下部是叉,在象形字中即犯人被绑在木桩上,要警示大家,警示别人,不能像犯人。这是一种教育。惩罚犯人时有很多人观看,让他们受教育,这种场所后来就变成了教育的场所。古代的汉字包括庠、序、校,都是这样来的。"庠"即饲养牛羊的地方变成了学校。"序"即射箭,拉弓射箭的地方变成了学校。即有一技之长,或者能够教育人的场所最后都变成了我们今天的学校。中国古代的学校,学记上讲家有塾,党有庠,术有序,国有学,即古代建立了学校系统,形成了学制。

还有一个与学有关的词，叫做"学问"。学和问是两个活动，问就是我们讲的要请教。在《学记》中要问两类人，第一类向老师问，第二类向同学问。《学记》中讲善问者，即由易到难逐渐地问，老师需善待问者，善待问者如撞钟，叩之以小者则小鸣，叩之大则大鸣。即学生要善问，老师要善待问，等待学生去问、被问。同时呢，还可以同学之间问。《学记》中有"独学而无友，孤陋而寡闻"，成语"孤陋寡闻"就是从此而来。一个人学习是孤独的，且没有趣味，因此同学之间相观而善之谓摩，即同学之间要问。就"问"字而言，门外一张口。因此我们有一个词叫入门。说学问的问是在门外问，门外问说明还是门外汉，门外汉的问就是外行的问，当入门了以后继续要问，那就是专业的问。这个要求是很严格的，比如说一年级、二年级、三年级的研究生，我们在一起上课，《学记》中讲，三年级的研究生就可以问，一年级的研究生不能问，只能听，叫"学不躐等"，就是你不能超越学长、学姐，这是很有规范的。所以"问"在古代是很有讲究的，例如程门立雪，要向别人请教的时候，主人没答应就不能进去，进去之后就要认同是一个弟子即入门弟子。所以入门、门外汉、问道等都是从这来的。"问"这个字在孔子《论语》中也很受重视。孔子也认同不耻下问，君子之学好问。在《中庸》中：博学之，审问之，慎思之，明辨之，笃行之。第二步就是审问之，"问"今天叫做追问，古代叫做审问，审问就是环环相扣，不断地问，直到你获得答案。不管是苏格拉底的教学法，还是中国古代孔子的教学法，"问"字是非常重要的。

四 "教"与"学"

同样，另一个与学有关的词，就是"教"。"教"字，在《说文解字》中，上有所施，下有所效，谓之教。在甲骨文中来讲这个字，左侧是弯腰的老人，右侧叉，下部分是象形的孩子。叉，是一种织网的技术和方法，即老人在旁边非常认真的样子，形态和体态非常认真，把这种技术和方法教给小孩子来掌握，这就是教。因此，"教"这个字中把教育的含义、内涵，教什么、如何教都浓缩在其中，老人是上有所施，是教育者，孩子下有所效，是受教育者，学的是一种生活的技能。现在教育的"教"演化到简体字中，即"孝"在左边，"老人"变成"文"到了右边，这个例子与中国文化密切相关，即人文化成，老人就成了文化的一种象征。今天的"人文化成"，包括《学记》中的"化名成俗"、"教化"，都是这样形成的,"人文化成"就代表了一种对教育的内容和方法。而右边的这个"孝"变成左边的这个"孝"字。这个"孝"字,就是来源于甲骨文的教。年轻人学习一种技能就是孝,这种技能是老人给你的。老人传给你,你能继承下来谓之孝。因此,《孝经》中讲,本孝,最大的孝就是传承。无后,就是本孝中无后就为不孝,无法传承下去。因此人类的传承包括两层,一层是指生命、肉体的传承,另一层是指精神文化的传承。所以"教"中的孝字有非常深刻的文化意韵,是指对文化的传承。曾子讲的"三省吾身"中,作为君子的"三省"之一,若你没有传承是不孝的,这个是对长辈的不孝。中国古代的孝不仅仅是针对父母的,天地君亲师中对君称之为忠,对师称之为敬,对父母称之为孝。忠、敬、孝都有传承的意思在其中。所以"教"和"学"在中国的文字当中,意义要比西文当中的教学丰富得多,一个字就可以把教育的内容、教育的方法、教育的形式都蕴含其中,这是非常智慧的一种表征、表述方式。

五 "学术"的含义

还有一个词,就是学术。术是"行"字中间一个术。从甲骨文来讲,从行术身,中间的术指的是一条道路,本意就是当中有一条路可以走。因此,学得好以后就有路可走,学得不好就没有路可走。达到学术了,就说明在学问上学有所成了。《学记》中讲,不管是小成,还是大成,学成之后就有路可走。今天有路可走就是找到工作就业,古代的学成可能在生活方式上有所改变。现代社会要人自谋职业找一个工作,那就是有路可走。实际上选择各种各样的专业,部分学生就会抱怨。专业之间没有什么好坏之分,关键是看你学成了没有。很多学生不是因为喜欢学问、学术来学,而是被迫学习,没有好奇心、主动性,都是被老师发脾气点名写检查才要来听课。应该有自己的一种选择和追求,这才是大学生的、研究生的一种取向,这样才有路可走,它是从被动到主动。所以从学生到学

学记

术,再到学者。学者,最简单的意思就是学习的人,《学记》中讲学习的人就是学生,就是学者。但是今天这个词演化成不仅有学问还肩负社会责任的人,就像很多哲学家、思想家讲的知识分子。知识分子和学者这个词在很大程度上是通用的,它不仅有学术的担当,还有社会责任的担当。因此,我想在讲《学记》之前,先从一个"学"字开始,讲到了学生、学习、学校、教学、学问、学者,从我们通俗的、日常的学校教学生活来对《学记》当中这些核心概念有一个基本的了解。

著作背景解读

我们要理解《学记》,就首先要了解《学记》的背景。《学记》的出版发行和成形,大概在公元前200多年到300年左右,这个时间概念大家思考一下,孔子是公元前550年到公元前479年,也就是在孔子之后200多年就出现了《学记》。郭沫若先生考察是乐正克写的,孔子的弟子有72贤人,其中有一个非常著名的弟子叫做曾参,也叫做曾子,也是孔子的学生中最得意的、学问最大的弟子之一。曾子的学生是子思,子思就是孔子的孙子。子思的学生叫孟子,孟子的学生就是乐正克。所以从孔子往下数,师傅带徒弟,五代传承到乐正克,大概就是200多年的时间。因此《学记》就是对孔子、孟子思想的一个系统总结,这是一个背景。其次,《学记》论述了教育当中的目的、作用,教师和教学的制度,教学的原则和方法,以及教师的标准,教育过程当中的师生关系,如何建立一种良好的师生关系,《学记》中都有涉及。因此,把《学记》放到教育史的背景下来看,它要比西方的1632年夸美纽斯讲教学的专著《大教学论》早了1900多年,这就是《学记》的意义所在。因此,它是中国最早的教育经典,也是世界上最早的论述教学的专著。

教育为本和教育兴国

《学记》作为儒家的经典,首先反映了孔子的教育思想、孟子的教育思想。例如,孔子的"有教无类"、"因材施教"、"愤悱启发"、"仁者爱人"、"文行忠信",这些思想都在《学记》中有所反映。尤其是"愤悱启发"作为一种教学方法,今天我们讲启发式和孔子讲的原汁原味的愤悱启发是指两种状态，愤是一种状态，悱是另一种状态。"愤"，学生有了学习动机的时候再去启，说不愤不启，学生没有学习动机不要启。不悱不发，学生虽然理解了，但是不能表达，这种状态叫做"悱"，只可意会不可言传，叫做悱。等学生进入这种状态了以后，再去"发"，再去告诉他们，启发教学是这样由来的。而现实教学当中，很多人把简单的问答法认为是启发式。所以启发必须是要考虑到学生的一个方面，学生的学习状态、动机、积极性、兴趣，教师要充分考虑这一点，而这一点在《学记》中讲得非常详细，即善教者和善学者中的问题。

《学记》中不乏孟子的教育思想，比如"尽信书则不如无书"、"不以规矩，不成方圆"，等等。孟子的教育故事有《孟母三迁》《断机教子》。孟子的教育思想，有一个核心要点就是性善论，这是他的教育思想的出发点。将孔子的思想一分为二，一支是由荀子传下去的，他的一个基本观点，人性本恶，从性恶论出发，因此发挥教育的作用以除恶。而孟子这一派叫思孟学派，认为人性本善，教育就是让他善良的本性焕发出来。所以《学记》中明显地带有对孔子思想和孟子思想的这样一个系统总结。

《学记》中讲到教育的作用时说："发虑宪，求善良，足以謏闻，不足以动众。就贤体远，足以动众，未足以化民，君子如欲化民成俗，其必由学乎。""发虑宪"：你制定一些原则、法则；"求善良"：做一些好事；"足以謏闻"：变得有一些小名气，但是"不足以动众"，不可以影响很大。"就贤体远，足以动众"，例如刘备体察民情，这就是足以动众。但是还不足以化民，不能教化老百姓。"君子如欲化民成俗，其必由学乎"，即作为一个君王，要教化老百姓，只有通过教育，教育是唯一的途径。因此教育要比"发虑宪"、"求善良"、"贤体远"都重要，用今天的话讲就是百年大计教育为本，教育兴国。

《学记》中的教育原则与方法

"玉不琢不成器，人不学不知道。古之王者，建国君民，教学为先。《兑命》曰：念终始典于学。其此之谓乎！"：玉石不雕琢就不能成为一个精美的玉器，人不学习就不懂得至深的道理、儒家之道。道比德要高，德家、儒家都讲道。今日也讲道，讲万事万物的规律。《学记》中讲："物有根本，事有始末"这些都属于道。德又是比道要低一层了，所以"道德"本身就很复杂。在《学记》中讲："人不学不知道"其中的"道"是指非常丰厚的人生哲理、生存之道、万物之道。《兑命》中讲"念终始典于学"即自始至终都不要忘记从这些经典当中去学习，不要忘记从《学记》当中去受到启发，学习《学记》当中的智慧。对古之王者是这样，对我们今人也一样。在《学记》中讲到教育制度和学校管理："古之教者，家有塾，党有庠。术有序，国有学。"因此现在看古代文献时就讲大学，说大学之教、大学之道。"比年入学，中年考校。一年视离经辨志，三年视敬业乐群，五年视博习亲师，七年视论学取友，谓之小成。九年知类通达，强立而不反，谓之大成。"即《学记》中讲的"小成"和"大成"，在大学中学习七年，能够成为有路可走的人。但路不宽，要再往前走。"比年入学"即隔一年入学。"中年考校"中间考一次试。"一年视离经辨志"即第一年读经能不能断句子、有没有志向。"三年视敬业乐群"即是不是喜欢这个专业、和同学们都相处得好不好。"五年视博习亲师"即五年看尊敬不尊敬自己的老师，更要亲近老师，向老师多问多学。"七年视论学取友"即七年的时候就分门别类了，物以类聚，人以群分；三年开始考研究生，开始有学术追求。"九年知类通达，强立而不反"即九年的时候触类旁通了，已经能够立住，三十而立，九年就是能够成立了。所以《学记》的最终培养目的是君子是大成，大成君子。

"大学始教，皮弁祭菜，示敬道也。《宵雅》肄三，官其始也。入学鼓箧，孙其业也。夏楚二物，收其威也。未卜禘不视学，游其志也。时观而弗语，存其心也。凡学，官先事，士先志。其此之谓乎！"即在大学中的一些规则制度。当今大学中并没有这些制度。例如，"大学始教"即开始教育时，"皮弁祭菜"即穿上礼服，祭菜等来表示敬道，对"道"、"学"的敬重。"《宵雅》肄三"即这三篇要唱，"官其始也"即知道做官应该如何去做。"入学鼓箧"即击鼓。"孙其业也"即对学业要有敬畏、要感兴趣、要有这种敬业精神。"夏楚二物，收其威也"即若要犯错，这两种刑具就会用上，再不敢犯错误了。"未卜禘不视学，游其志也"即不到夏季，皇帝不检查、不视察学业，要让他有一个志向。"时观而弗语"即便你看见了也不要说，即使别人做得不对，也先不要说。"存其心也"即让其心中有数，然后要因材施教。"凡学"即任何学习，"官先事"即做事一步一步要有程序，"士先志"即必须要有志向。《学记》中讲到有志地学非常丰富，例如孔子云："吾十有五而志于学，三十而立，四十而不惑，五十而知天命，六十而耳顺，七十而从心所欲不逾矩。"即十五就有志于学了。《学记》中讲："良冶之子，必学为裘；良弓之子，必学为箕；始驾马者反之，车在马前。君子察于此三者，可以有志于学矣。"即若能发现这三条规律，就会有志于学。冶炼的大师，教他孩子时先不学冶炼术，先学制作风箱；制造良弓的匠人，教他孩子时先学装弓，即用草编一个篮子，把东西装在篮子中；善于驾马车的人要训练小马，车前马后，老马拉着车，小马跟在后面看着学。如果能发现这三条规律的话，就会有志于学，就会对学习感兴趣。先易后难，从最基本的开始，从最简单的开始。

教育原则和教育方法是《学记》当中最多的："今之教者，呻其占毕，多其讯言，及于数进而不顾其安。"即急于教育的进度、教学的进度而不顾学生是否能够接受。"使人不由其诚，教人不尽其材。其施之也悖，其求之也佛。夫然，故隐其学而疾其师，苦其难而不知其益也。虽终其业，其去之必速，教之不刑，其此之由乎！""今之教者"即老师，"呻其占毕"即讲的很多。"多其讯言"即不断地问、教训、提问题，这样教只顾了自己的进度，不管学生能否接受，使学生感觉到没有信心，使学生的素质、特长不能发挥出来。这样教不但很辛苦，而且学的效果也很差。教育当中的问题，老师讲得多，学生学得少，因材施教少，老师问得多，学生答得少，学生讨论得少，只顾进度，不顾学生的接受能力，不顾学生的思考，这是大学之弊。

如何解决大学之弊？当然是大学之法。"禁于未发之谓豫；当其可之谓时；不陵节而施之谓孙；相观而善之谓摩。此四者，教之所由兴也。"这四种方法可以解决。"禁于未发之谓豫"即学生的错误还没有犯，但已经发现学生有犯错的苗头，就要控制学生。"禁于未发之谓豫"即防微杜渐。"当其可之谓时"即把握好时机，时在中国古代中非常重要，时本身是自然的，寸是计量太阳的一个单位，日是太阳，时即指"天时"，讲天时地利人和中的天时，"学而时习之"中有时，学了以后要把握好时机运用它。而教育往往是过了这个点，或者还没到这个点。"不陵节而施"即脱离环节。循序渐进，环环相扣，叫做孙，如果不陵节而施就是孙，那么陵节而施，没有章法，杂乱，这就是不孙。"相观而善之谓摩"即同学之间要相互观摩、相互促进，谓之观摩。古代的学习特别强调同学之间的学习，论学取友非常重要。"教之所由废"即做不好教育就会荒废。"发然后禁"即学生的错误行为已经表现出来,再去禁止、处罚。"则扞格而不胜"即非常难做,但是又没有什么好的效果。"时过然后学,则勤苦而难成"即过了这个时你再去学就很难成了。"燕朋逆其师;燕辟废其学。"即交朋友为狐朋狗友传输的信息和老师所教刚好是相反。"燕辟废其学"即不务正业,废了学的同时废了自己。"学则生,不学则死"即废了自己的学相当于要了自己的命。此六者,教之所由废也。所以《学记》中讲"既知教之所由兴,又知教之所由废,方可为师也",要知道兴教的四个方面,也要知道废教的六个方面才可以成为老师。

《学记》中还详细地讲了教学原则问题。"学者有四失,教者必知之"即学生有四个方面容易犯错误,当老师者必须知道。"人之学也,或失则多,或失则寡,或失则易,或失则止。此四者,心之莫同也。知其心然后能救其失也。教也者,长善而救其失者也。""四失"即:"失则多"、"失则寡"、"失则易"、"失则止"。"失则多有的人贪多"即什么都学到最后荒废了自己的学业。"失则多"即术业有专攻。"失则寡"即学得少。"失则易"即很简单,不去学习。"失则止"即不去学习。"此四者,心之莫同也"即每个人的心里的情况、内心的世界是不一样的,老师需要洞察他们的内心世界。"长善救失"即将其善良的、内在的方面发挥出来,同时将错误的东西禁于未发。

"大学之教,时教必有正业,退息必有居学。不学操缦,不能安弦;不学博依,不能安诗;不学杂服,不能安礼。不兴其艺,不能乐学。"即大学的学习课内和课外要结合,课堂上学习,课后还要学习。课后学习的和课堂学习的要相辅相成。课堂中为学,做作业为习,当学和习结合起来方称为学习。《兑命》曰:"敬孙务时敏,厥修乃来。""厥修"即大学问。"敬"即敬学。"孙"即谦虚。"务"即勤奋。"时"即时机。"敏"即好学敏思。启发诱导原则就是善喻,"君子之教,喻也。道而弗牵,强而弗抑,开而弗达。道而弗牵则和,强而弗抑则易,开而弗达则思。和易以思,可谓善喻矣。"即启发诱导中要善喻,善喻即举例子来引导学生,举例准确学生马上明白。"善歌者,使人继其声;善教者,使人继其志。"即善教的人让学生有志于学。"道而弗牵,强而弗抑,开而弗达。""道而弗牵"即你引导着他。"强而弗抑"即有时候需要有纪律来保证。"开而弗达"即开导、引导的时候不要全部告知。"道而弗牵"即可以产生一个状态,叫做和,师生之间是和。"强而弗抑"即做起来容易。"开而弗达"

即可以自己去思考。如果和、抑，再加上思的话，可谓善喻，就可以是好的教学方法了。

教师的作用和基本要求

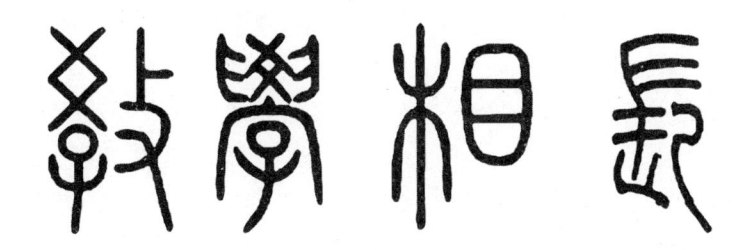

教学相长

《学记》中讲道："善歌者，使人继其声；善教者，使人继其志。"即教师要引导学生树立自己的志向。《学记》中讲道："教也者，长善而救其失者也。"要求学生择师要非常慎重。古代的先王们，三王四代，都是特别注重对老师的选择。因为老师直接决定了志向、发展方向。"凡学之道，严师为难。师严然后道尊，道尊然后民知敬学。""凡学之道"即凡是为学之道，做学问、学习的道理，"严师为难"即做一个严厉的老师很困难，严师是最负责任的老师。"师严然后道尊"即老师很严格，学生知道对学业要尊重、有敬畏之心。"道尊然后民知敬学"即老百姓、学生知道学业要敬畏它。因此，学生有时候就感觉害怕导师。若学生害怕导师，《学记》中讲到教学的效果就会不好。因此，老师还需要组织各种活动，和学生要舒缓、缓解这样一种紧张关系，让学生觉得老师也有可亲近的一面，可交往的一面，可交流的一面，这叫做严慈相济。

"师也者，所以学为君也。""学为君也"即学为君。皇帝能够统治天下，在学术圈中要有学术的权威，学术中才有规则、有规范。没有大师，战国时期就是百家争鸣，当然思想可能会很丰富，但是每一家中都有其大师、有权威。因此，"师也者，所以学为君也"。所以当老师的和学生能学为师、学为君，那就是最自豪的。"记问之学，不足以为人师"即心中全是死记硬背的东西，就不能做老师，因此要求老师要有广博的知识，而不是准备充分来上课，这叫记问之学。"其言也，约而达，微而臧，罕譬而喻"即当老师语言应当简约，但是能够表达意思。"微而臧"即以小见大。"罕譬"即比较、比喻非常少，而且一下子就明白了。对老师而言，"善待问者如撞钟，叩之以小者则小鸣，叩之以大者则大鸣，待其从容，然后尽其声。不善答问者反此。此皆进学之道也"。即当老师就要善待问，即善于回答学生的问题，就像叩钟一样，叩之以小声音就小，小钟就要用小锤来撞，大钟要大锤来撞，大钟能发出大的声音，小钟能发出小的声音，即因材施教。

对于老师而言，即"教学相长"："虽有嘉肴，弗食不知其旨也；虽有至道，弗学，不知其善也。是故学然后知不足，教然后知困。知不足，然后能自反也，知困，然后能自强也。故曰：教学相长也。""虽有嘉肴，弗食不知其旨也"即例如有一桌好菜，看上去色、香、味很好。色能看到，香能闻到，而味道却感受不到。"弗食不知其旨也"即不尝不知道味道。"虽有至道，弗学，不知其善也"即虽有高深的道理、大道，如果不学习就不知道它有什么用。"是故学然后知不足"即学习之后就知道自己的不足。"教然后知困"即成为老师就知道当老师不是容易事。"知不足，然后能自反也"即知道自己的不足就会加强自己。"知困，然后能自强也"即知道自己有很多困难，就可以自强、不断地学习。"教学相长也"即指老师的教、学促进了教师的专业成长、专业发展。凡是知足的人都是不学无术的人，凡是学问大的人都知道自己学有不足。

关于《学记》的研究角度，从两个方面去看。第一，放在中国教育历史的长河当中去看，《学记》影响了整个中国教育2300多年的发展历史，包括今天中国教育家的一些思想当中都有儒家的这样一种教育思想的根，或者说灵魂在其中。第二，要把《学记》放在整个世界的教育思想体系中去研究，这是世界上最早的专门论述教学的一本专著，因此《学记》在国际上影响也很大。

启示与收获

第一，把《学记》这样的儒家经典放到《四书》儒家经典之中去理解。

《大学》中讲道："大学之道在明明德，在亲民，在止于至善。知止而后有定；定而后能静；静而后能安；安而后能虑；虑而后能得。物有本末，事有终始。知其先后，则近道矣。""物有本末，事有终始"即客观的万事万物的规律。"古之欲明明德于天下者，先治其国；欲治其国者，先齐其家；欲齐其家者，先修其身；欲修其身者，先正其心；欲正其心者，先诚其意；欲诚其意者，先致其知；致知在格物。物格而后知至；知至而后意诚；意诚而后心正；心正而后身修；身修而后家齐；家齐而后国治；国治而后天下平。"即《大学》中讲的八条目，中国传统文化中讲的，八条目就是在《大学》中详细讲的，实质上就是教育要教人做的事。"格物，致知，诚心，正意，修身，齐家，治国，平天下"八个方面。最微观的从格物开始，从具体的小事开始。格物就能够致知，格物致知，正意诚心，修身齐家，治国平天下，最大要平天下。到王阳明的时候，"平天下"是两个意思，一是客观得天下，君临天下，例如柏拉图讲的哲学王、孔子讲君子、《学记》中讲的君。二是"平天下"即平自己的内心世界。中国学校教育德育恰恰相反，今日的德育从一开始教小学生爱祖国、爱中国共产党，但小学生知道中国共产党、祖国是什么？"明德，亲民，止于至善。从知止而后有定；定而后能静；静而后能安；安而后能虑；虑而后能得。知其事物之根本，万物之始末，才能够近乎道。"亲民就是格物致知，一直到平天下，《大学》中的思想，和《学记》中的思想是相吻合的。

《中庸》讲："不偏之谓中，不易之谓庸。中庸即天下之正道。庸者，天下之定理。""天命之谓性，率性之谓道，修道之谓教。"即所有的天命、人性都要通过教，通过修道来完成。所以《中庸》认为万事不变化，"不偏"和"不易"之道、之理都是要通过教育来完成和传承下去。"致中和，天地位焉，万物育焉""致中和"即在中庸之道时，"天地位焉"即天和地就有一个位，天在上地在下，即方位。"万物育焉"即将其定位在特定的地方再进行教育，这样才会有效果，天就是天，天不能成为地，地就是地，地不能成为天，天地有别；学生就是学生，老师就是老师。和《学记》中的思想是一致的。

中庸

《中庸》讲："博学之，审问之，慎思之，明辨之，笃行之"讲出为学之道的五个环节。孔子只讲了"学"和"思"："学而不思则罔，思而不学则殆。"《中庸》中就把"学"和"思"不断拓展，在"学"和"思"之间加入"问"，在"思"之后加入"明辨"和"笃行"，这就形成了一个系统的为学之道。

《论语》和《学记》的很多思想是相照应的，《论语》讲："学而时习之，不亦说乎！有朋自远方来，不亦乐乎！人不知而不愠，不亦君子乎！""学而时习之"即学习之后抓住恰当的时间练习、运用。"有朋自远方来，不亦乐乎"即有志同道合的朋友从远方来，非常愉快。"人不知而不愠，不亦君子乎"即孔子很有名气，别人提起孔子说不知道也不要生气。"人不知而不愠"即是君子。这是种谦虚，自己为学不是为别人知道，是为自己而学。

《论语》讲道："吾日三省吾身。为人谋而不忠乎？与朋友交而不信乎？传不习乎？"这其中还讲："温故而知新可以为师。学而不思则罔，思而不学则殆。敏而好学不耻下问。不愤不启，不悱不发，举一隅，不以三隅反，则不复也。三人行必有我师焉。则其善者而从之，其不善者而改之。"《论语》中的思想和《学记》中的思想也是一脉相承的。

《孟子》是四书中的最后一本，其中讲道："善政不如善教之得民也。善政，民畏之；善教，民爱之。善政得民财，善教得民心。得民心者得天下。"所以《孟子》是轻君重民。而且重民要重教化万民，重视教育，即得民心就要教化民心。"学问之道无它，求其放心而已矣"，"威武不能屈，富贵不能淫"。孟子讲的教学方法，是多种多样的。

第二，把《学记》和《师说》进行比较来学习和思考。

《学记》中讲到择师的很多标准，教师的为师之道。例如《学记》中讲道："君子既知教之所由兴，又知教之所由废，还有严师，还有教学相长。"所以《学记》中很多是针对老师讲的。韩愈在唐代写的《师说》明显地受到了《学记》的影响："古之学者

孟子

必有师",在《学记》中讲到"三皇五帝得有师,慎择其师"都有童谣的意识。"传道"、"授业"、"解惑"其中"传道"最为重要,包括以下三层:第一层,为人之道、处事之道、万物之道。万物之道即规律,自然法则,物有本末,事有先后,即是道。第二层,为人之道,即道德之道。处事之道即人和人之间,人和自然这个道。"吾师道也,夫庸知其年之先后生于吾乎?是故无贵无贱,无长无少,道之所存,师之所存也"即择师的一个标准就是看他身上是否有这份"道","道之所存,师之所存"即若有"道"就是我的老师。"三人行必有我师焉"即三个人在一起,有人身上就存在这种"道"。"师道之不传也久矣"即现在人们对老师所说所讲不重视,或者"尊师重道"也越来越淡化。"是故弟子不必不如师,师不必贤于弟子,闻道有先后,术业有专攻,如是而已。"因此,学生也可以有道,学生也可以成为道存者、道传者、传道者,可以超越老师,弟子可以贤于老师,老师有时候也不如弟子,而且更为成功的教育就是"师不必贤于弟子",弟子比师都强,这才是教育的成功之处。所以第二个启发就把它放到《师说》来比较一下,这恰恰就是我们儒家思想的一个传承,一脉相承的。

安富海

安富海: 我个人就是《学记》中的一些思想的实践者,印证了它到底讲得对不对，真的是非常好。尤其像《学记》中为什么一直要去谈老师和学生这种关系，即为什么要听老师的，自学就行了；为什么考核他的时候还要谈到和老师的关系是不是亲密无间。学得好的人经常和老师交流得比较多一些，学得好的人，他的同学上博士也好，上硕士也好，同学讨论得多一些。如果学得有什么问题，你就会发现他除了看书以外，可能还有其他的一些做得不太好的地方。

任志明

任志明：我是这部伟大的经典的著作《学记》的爱好者，当然我也是个爱学习的人。我们的祖先在那么早的时候，在先秦的时候就已经有了这样光辉伟大的著作。把《学记》跟《大学》《中庸》《论语》《孟子》打通，与《师说》上下前后呼应，确实对我的启发非常之大。那么借这个机会呢，到什么山上唱什么歌，砍柴吃饭量体裁衣，我更关心的是戏剧与影视学类的和咱们广播电视艺术学的在座的学子们。重返经典讲堂把王老师请过来，给各位解读《学记》，我们一定要借这个机会把思路打开，学习不光是学专业，也不仅是要精一行，而要做到三人行必有我师焉，包括择其善者而从之，其不善者而改之。对学习的理解要把视野放开阔，目光放高远。读书一定要读经典，今天我界定了我个人的一个心得，一定要站在经典的肩膀上去读，站在经典给你搭建的平台上去开拓你的人生，这是我个人的一点心得，我更坚定了这个信心。不要一读书就是教材，一读书就是英语单词，一读书就是找几篇文章凑到一起。大浪淘沙过来的经典都是了不起的。

为师之道

徐兆寿：关于"为师之道"，我想讲三个方面。

第一，闻何道。

我是听到王教授讲的时候有一句话"朝闻道，夕死可矣"，那么我们今天听的到底是什么？实际上我听到了一个字，就是"道"。那么孔子说"朝闻道，夕死可矣"这句话非常重，也非常大。若是早上我能感受道的存在，晚上死了都可以。今天我们就在闻道，觉得好像是一堂平常的知识的宣讲，实际上不是，是在讲道。

第二，什么是道。

我最近的小说也叫《荒原问道》。什么是"道"，我赞同他刚才的说法，"道"的含义在今天非常丰富，肯定不是简单的国家理念上的核心价值观，还有我们个人的，还有来自于经典的，不仅是我们中国的，还有来自世界的。但是"道"到底是什么？今天恐怕我们再一次又问了这个问题，这就是重返经典，如果在中国文化中就是重返的"道"，什么是"道"？

第三，就是老师和学生怎么相处。

作为一个学生怎么样去学习，作为一个老师怎么样去教，比如说发怒了，面有愠色，在必要的时候是发乎情。我原来的办公室里挂了一幅字，也是儒家的，叫"见贤思齐"。后来我搬去了教室，那幅字仍然在教室里放着。你们上课的时候经常还能看见，这就叫见贤思齐。现在大家可能对儒家经典看得少了，看得多的时候就发现儒家经典不会教你太多功利性的东西，它要教你做一个贤人，做一个君子，这是儒家经典最重要的核心。今天的教育似乎已经成为了功利教育，教你如何成为一个成功者，贤人退居其次了，这是我们今天教育的失败，与教育的原意背道而驰。所以，"重返经典"儒家经典的其他的经典呼应起来讲，这与我们前面讲的一些内容前后呼应，对同学们应该是很有收益的。

理论与实践的关系

李泽林：在我们《学记》当中专门谈到了这样一个问题，虽有佳肴，弗食不知其旨也；虽有至道，弗学不知其善也。然后讲到了教学相长，也就是说作为一个学生，他在学的过程当中也可能还需要做一定的参与、体验和实践，然后才能真正知道其中的道理在哪里。在我们今天的大学教学过程当中，我们如何去引领学生进入教育问题，去研究、处理好理论和实践之间的关系，这是第一个问题。第二个问题是我自己非常困惑的一个问题，因为讲到长善救失的时候说，学者有四失，教者必知之，人之学也，或失则多，或失则寡，或失则易，或失则止。那这四个方面的关系，作为老师应该如何导引学生找到学习之道？

王鉴：这是两个很好的问题，第一个问题就是讲到学生的学习和实践，怎么来介入到教育理论和教育实践这样一个二者之间的关系。对学生来讲，

李泽林

我们在学校中学得更多的是理论、书本知识，专业不同可能将来要面临的实践领域也是不一样的。比如说，大多数学生可能要到中小学，要到中学去当老师，像我们传媒专业的学生可能要到媒体、电视台这些去实习、去工作。那么我们怎么样才能做到《学记》中讲的教学相长，如果从教师的角度来讲的话，一个老师不断地学、不断地教、不断地发展。对于一个学生来讲，不断地学，学则生。学是贯穿于人的一生的，叫做终生教育，需要随时随地地去学。同时，特别强调，《中庸》中讲到的博学之、审问之、慎思之、明辨之、笃行之。最后一个环节就是笃行之，说中国古代学术中讲的，哲学中讲三个，学、思、行。现在我们讲的是两个了，就是读万卷书行万里路，这后者都是讲实践的。所以作为一个学生，先学再去实践，有学才能有实践，没有学，没有学问、没有学术就谈不上实践。就像做教育研究的研究生到学校去做研究，没有经过专门的理论和方法的系统训练，因此做不了研究，这就是没有学好。没有学好就没有路可走，你到现场还是没路可走。所以为什么我们要排那么多课，为什么我们要给学生倡导买书读书，重返经典呢？就是要学有所成，然后才有路可走，才可以谈得上学以致用，才可以谈得上实践，理论和实践才能够结合起来，我想这是一个问题。

第二个问题，泽林讲到了学者有四失，这四者对学生来讲心莫同也，每一个人的心理是不一样的，因此每个人的性格是不一样的。所以，学者有四失，教者必知之。当老师的人一定要洞察每个人的特点，尤其像我们现在带研究生、带博士，数量很少，对每个人的特点一定要非常了解，因材施教，包括做论文，包括将来的发展设计都是这样。刚才安富海讲了一个问题，这个问题我长期给他们讲，就是尊师，因为我是老师，他们都是我的学生。我给他们经常讲尊师，言下之意就是你们要尊我。他们往往会理解成说：哦，王老师讲这个意思就是让我们做学生的要尊重他、尊敬他，要对他怎么怎么样。不是这个意思，所有的人都要尊师。如果《学记》中讲了六个字的话，我想就是重道、尊师、敬学。重道，韩愈在《师说》中讲，传道授业解惑，道之所存，师之所存，师道之不传也久矣！这个道是什么？我们徐兆寿院长也是在问道，他是从文学的角度和笔法，以及方式来问道。我们教育中不仅要闻道、问道，还要传道。《学记》中，当时先秦的老师要传道，唐代的韩愈老师要传道，今天的老师也要传道，这个道是什么，我们可以讨论，非常丰富。传道靠的是什么？

靠的是尊师。《学记》中讲，为学之难，凡学之道，严师为难，师严然后道尊。严师是很难的，严师是要得罪学生的。某个学生没有来上课，我就要严格批评他，学生肯定不高兴的，但是我不怕你不高兴，不怕得罪你，因为我是老师，我就要批评你，我要对你负责任。绝大多数学生会感恩，会尊师。这样严格要求他们，他们就非常尊重你，尊重就是自然而然的，这就成了学派了。

王未

第三个就是敬学，尊师的最重要的一点就是要敬学。作为大学生骄子，作为研究生精英，不敬学就无学可谈。所以敬学就要读书，然后才有学术。所以，我在学生的专业教育中有三个要求，一个是敬学。我是你的老师，你要尊师。知道尊师以后就知道敬学了，就有专业的意识了。你就知道对师傅、师兄、师姐、师妹、师弟应该怎么样了。论学取友、博习亲师，它讲的前面一个问题，为什么要尊师，为什么要博习亲师？博习亲师就要敬学，有了敬学才有学业，所以说重道、尊师、敬学，这是中国儒家，包括整个传统文化当中、教育当中的核心的三个要素。

寓教于乐

王未：王老师您好，今天听了您讲《学记》之中关于教育的一些看法，我就联想到另一个人，他是古罗马文艺理论家赫拉斯，他在《诗艺》中曾经说过这样一段话，他说：寓教于乐，既劝谕读者，又使他喜欢，才能符合众望。就是说我们的教育要寓教于乐，比方说把教育融入到什么诗歌、音乐、舞蹈之中，然后我想问一下您，在我们现在的这种应试教育下，怎么能做到寓教于乐呢？

王鉴：寓教于乐是非常难的，正因为非常难，所以在教育的追求上永远是作为一个很高的目标来追求的。教育、学习从本质上来讲是非常艰苦的脑力劳动。因此从事教育工作的人,年龄不大头发都白了。我们和徐院长差不多,我这头发都是染的,但是我还不能全染成黑的,要不然别人说你也太年轻了还当教授。其实是我自己染的,也染不黑,就染了个花的,如果不染的话基本上都白了。包括徐教授写小说,还有我写那个研究性的论文、著作,都是非常辛苦的,我们付出的时间和精力非常多。做一个好学生,我经常讲,别人看一本书你看三本书,你就比他强,别人看三本书你看五本书,你就比他强。勤奋的、付出艰苦劳动的人学有所成,不管是小成还是大成。所以学习从本质上来讲是非常艰苦的脑力劳动,因此有的学生宁可到工地上去打工也不愿意在教室中去学习,说明那也很痛苦,学不进去的时候比在工地上打工还痛苦,与其那样还不如去打工,坐在那儿是精神上的一种痛苦。所以学习本质上讲,是一个脑力劳动。但是,如果说脑力劳动苦不堪言,那学生肯定不愿意学了,这么苦的差事谁愿意去学呢。既然这样我们还要有一种方法来引进,这就叫做乐学,所以苦学才是符合教育本质的,乐学是非常难的,但不是不可行的,乐学有其法,乐在其中。乐有两种,一种是精神之乐,一种是方法之乐。精神之乐指的是一种境界,比如说徐院长他写小说,那么多文字写下来他肯定是乐在其中,他有他的痛苦,但同样乐在其中。怎么样可以乐在其中呢?佛教中有一句话,叫做砍柴挑水。说所有的人一生来看都是砍柴挑水这件事,但是有人苦不堪言,哎呀,我这一辈子就砍柴挑水,就干这个辛苦的事,没意思。有人乐在其中,这是一种境界。第二个就是方法,乐学是有方法的,什么方法呢?《学记》中讲得非常好,"藏焉修焉,息焉游焉",就是时教必有正业,退息必有居学。什么意思呢?我发现我每次上课,中间休息 10 分钟,我走的时候就听见课堂中最热闹了,有说有笑非常好,这就是我理想当中的课堂,课堂应该是充满生机、活力的,学生讨论、交流,无拘无束,能够张扬个性。但是 10 分钟以后,我走进教室,我说:"现在开始上课!"学生非常机械古板,坐在那儿毫无表情,没有生机。我说有什么问题吗,没有任何一个问题,我说讨论交流一下,给大家时间。没有人愿意说话发言。这是正业,课堂教学当中应该有方法可以让学生乐学,必须要改变传统的教学方法。比如说,今天这个教学讲座就是非常好的,互动了,你坐在这儿不是那么痛苦了,既有听,又有互动和交流。

乐学的方法关键是教师在这方面的理解学习的本质的同时,从境界上引导学生,从方法上给学生创造这样一种机会,让学生在学习当中有乐趣，学习过程当中有一些快乐的经历，然后学有所成，这就是心理学的方法。当一个人在事业上成功，学业上取得了成就的时候，他就乐在其中，他学的时候就不是苦不堪言，而是乐在其中。这是我自己的一些经验！

授人以鱼

吴婧雯

吴婧雯：前天我在浏览一个网页，中国人大的博导他有一篇文章是应该做怎样的研究生，他提出了三点，第一点我记得是，首先要人品好，就是这个学生的品质是好的。第二点是要有学业的术专性，就说必须要热爱目前你所攻读的这项学业。第三点就是要学会做人，这个人指的是，不仅是跟你的师门，或者跟你的同学，还有就是这种先天的，或者是之前的为人处事之道。我记得有一句话是，授人以鱼，就是这个鱼类的鱼，还不如授人以渔，就是这个渔夫的渔。您是怎样看待这个授，教授的授与学的这个关系呢？

王鉴：研究生从导师这儿怎么去学习，我想有两个方面最重要。一个就是读书，没有捷径，没有他途，别人读一本书你就读三本书，别人读三本书你起码要读五本书，这就是你大成了，别人是小成，你是大成。你是研究生呀，你是大学生呀，必须要学，不学无术嘛，学了就有路可以走了。第二个呢，跟着导师去学主要是看导师是怎么学的，导师是大成者，你跟着他走，你起码也是小成，超出导师更是青出于蓝而胜于蓝。如果说你不跟导师，不择师，那你还要导师干什么呢。所以《学记》上讲，慎择其师。三王四代，那些皇帝都非常慎重地要选择他的老师。君子，就说国君不臣于臣者有二，不把臣民当作臣民的有两个，一个呢，这个大臣作为尸体，祭祀的时候，假装尸体的臣子，君主是不把他当臣子的。第二个呢，为其师不为其臣，比如说皇帝都是坐北面南，这是官位、主位、敬位，老师就没必要坐南朝北，坐南朝北就是臣子了，因此国君的老师不是坐南朝北的，都是在旁边坐的。就说择其师，慎择其师，择其善者从之，择师非常重要。现在我们双向选择，研究生就要选择老师。真的，过去讲程门立雪，现在我就碰到过这样的研究生，有一个研究生5次站在我的办公室门口一定要做我的学生，我劝他5次："你一定要做他的学生，否则会伤了那个老师的自尊。"他说："哪怕我伤了那个老师的自尊，我也要做你的学生。"我那一年招了5个研究生，他就是靠这样站在我办公室站了5次，最后感动了我，我说你择师是有出处的，不是随便给谁都能当弟子的，你既然这么看得起我，这么抬举我，那我只好收留你了，这个学生现在上学也很用功。所以说，择其师，然后从其善，看老师怎么做学问，怎么做人，我刚才讲的那些就会迎刃而解，不是说课堂中让老师给我们传授多少知识，拿这些东西我们就当成法宝了。我想这是最为重要的。

我的学生到办公室找我，4个研究生排成队，一个藏在一个的屁股后面，躲着我。我说为什么这么害怕我呢？我平时其实也不是很严肃、很严厉地批评他们，但是他们很害怕。我觉得这主要是学生对我的一种尊敬。那么我前面讲教育的教时讲到了孝字，我说人类的传承是两个传承，双重传承。一个是肉体的传承，这是父母给我们传承的生命，当然还有教育，所以是养育之恩。那么最主要的精神传承就是师生的传承，人类社会自古至今最主要的精神传承、人类文化的传承是通过师徒来传承的。因此我们尊师和敬父母、尊敬师长是相辅相成的。因此，那个老人的象形，左边的老人为什么跑到右边变成简体字中一个文化的文呢？就是一个符号的象征。

如何避免学习当中的错误

观众：在《学记》中提到学者有四失，就比如说什么不求甚解，不思进取，或者是说不太思考，这些都是我们平时在学习中非常容易犯的错误，对于学生应该怎么样避免这些错误？

王鉴：在《学记》里有"有志于学"，志气的志，志向的志。孔子讲他15岁就有志于学了，有志于学就是把志向放在学习上，放在学问上。学者有四失，这些学生有可能在这些方面容易犯错误，走弯路，也会迷途。失则少，有的人就说浅尝辄止，学了一点就觉得没有什么可学的了，

没兴趣了。有的人一上大学就想换专业，说这没什么可学的。有的学生考上研究生说，我这个研究生专业太差了，也没有什么可学的。那么这些老师应该在知道以后去引导，我想最大的一个问题就是，学生为什么会在这些方面有四失呢？主要是志不坚、志不定。"知止而后有定，定而后能静，静而后能安，安而后能虑，虑而后能得。物有根本，事有始末，近乎道也。"我们要有志，有志以后就定。怎么才能有志呢？《学记》中讲得很清楚，它说："良冶之子，善驾者用马"，都是由易到难，循序渐进。所以在专业上用我们今天的话来讲，就是要循序渐进，才能入门。因此入门很重要，按理说本科毕业就应该入门的，但是很多本科和上研究生的专业往往是不对口的，本科没有入门，研究生没有入门，甚至研究生毕业的时候连门在什么地方都没找见。这时候我们对专业、对老师都是误解的，因此我们就停下来不学了，学不进去了。要学得像徐老师那样太难了，反正也达到他那个水平，所以放弃了，志不定、志不坚。所以说学习重在立志，第一件事就是立志，《学记》中讲的第一件事就是立志，上研究生就是要志于学的。

主讲嘉宾简介：王鉴，1968年生，甘肃通渭人，教授，博士生导师。1999年西北师范大学教育学院课程与教学论专业毕业，获博士学位。现任教育部重点研究基地西北师范大学西北少数民族教育发展研究中心主任、教育部长江学者特聘教授，《当代教育与文化》杂志主编。兼任西北民族大学、南京师范大学等多所大学兼职教授，中国少数民族教育研究会常务理事、中国教育学会教育学分会常务理事、全国教育人类学专业委员会副理事长、全国教学论专业委员会常务理事等。主编和独著学术专著10余部。主持并完成国家社科基金项目2项，主持完成国家教育科学规划课题3项，主持完成教育部人文人社科学重点研究基地重大项目和一般项目4项，主持完成多项高校和地方合作研究项目。先后入选"教育部长江学者奖励计划"、"国家百千万才人才工程国家级人选"、教育部"新世纪优秀人才"、甘肃省"十大杰出青年"、甘肃省"五四青年"、甘肃省"领军人才"、甘肃省"555人才"、甘肃省"四个一人才"等荣誉称号。

《学记》的"为师之道"与"学习之道"

——王鉴教授访谈

《学记》诞生记

赵婷：王老师您好，首先请您给同学们讲讲它的诞生过程。您在课堂上也提到了，《学记》这部儒家经典据郭沫若考证是乐正克所写。您能不能具体谈谈？

王鉴：《学记》是中国古代也是世界上最早的一篇专门论述教育和教学问题的论著。它是古代典章制度专著《礼记》中的一篇，写作于战国晚期。据郭沫若考证，作者为孟子的学生乐正克。从孔子到乐正克，经历的学术传承谱系为孔子、曾子、子思、孟子、乐正克，时间跨度200多年。正如战国后期的思想家韩非子在《显学》篇中说："世之显学，儒墨也。儒之所至，孔丘也。墨之所至，墨翟也。自孔子之死也，有子张之儒，有子思之儒，有颜氏之儒，有孟氏之儒，有漆雕氏之儒，有仲良氏之儒，有孙氏之儒，有乐正氏之儒。……故孔、墨之后，儒分为八，墨分为三，取舍相反不同，而皆自谓真孔墨。"这里提到的"儒分为八"中包括了"子思之儒"、"孟氏之儒"、"乐正氏之儒"，即所谓的"思孟学派"。在中国思想史上，"思孟学派"有着显赫的地位，因为至少从宋代起，它已被看作是得孔子之真传，居儒学之大宗。所以我们可以肯定地说，《学记》乃是对我国先秦时期的教育思想和教育实践经验的高度概括和总结，是儒家学派的重要教育论著。

为师者"学为君也"？

赵婷：《学记》继承了先秦儒家的一贯思想，把教育作为实施政治主张、进行社会管理的最有效手段，为师者"学为君也"，您认为当今我们如何理解这一思想呢?

王鉴:《学记》开篇有言:"君子如欲化民成俗,其必由学乎!"又曰:"古之王者建国君民,教学为先。"尤其讲到为师之道时,《学记》精辟地指出:"故师也者,所以学为君也,是故择师不可不慎也。"由此而观之,《学记》确实把教育当作是一个国家实施政治、化民成俗的最有效的手段。正因为教育如此重要,所以尊师、重道、敬学成为历代政治家必须重视并倡导的社会风气。"凡学之道,严师为难。师严然后道尊,道尊然后民知敬学。"这样一来,儒家思想为统治阶级建立了一个"学统"体系,这个"学统"体系中需要"君王"统领,学高为师,师为学君。至汉代董仲舒独尊儒术以来,儒家之"学统"几乎成为了历代统治者"政统"的有力支撑体系,"道统"与"学统"合二为一,天经地义。《学记》讲师者"学为君也"的思想,不仅是对教师的最高要求,而且是对教师作用的充分肯定。师者传道授业解惑,其必学为君。从今天教师专业发展的理论来看,学为君乃真正的教师专业的权威性所在。如果教师在自己的专业领域不能走到最前沿,不能有效地引领学生,并成为学生尊敬的学术权威,教师则很难从事有效的教学工作。进一步而言,如果教师不能成为教学的能手与高手,则自然不能成为成功的教育工作者。而教师学为君的有效途径乃是教师成为研究者,中小学教师成为研究者重在开展校本教学研究,改进课堂教学,大学教师则要在专业领域从事相应的学术研究,才能高屋建瓴、深入浅出地开展教学工作,才能成为学生心目中最好的老师。

"新教师"革命

赵婷:《学记》中提到,如今的教师或者自己心里并没有领悟经文义理,只是看着经书读经文,这个问题现在仍然存在,在您看来,对于我们培养教师的师范类大学,我们应该如何解决这个问题?

王鉴:《学记》中大量笔墨用来描述课堂教学的问题以及解决这些问题时教师必须掌握的教学原则。"今之教者,呻其占毕,多其讯言,及于数进而不顾其安,使人不由其诚,教人不尽其材。其施之也悖,其求之也拂。夫然,故隐其学而疾其师,苦其难而不知其益也。虽终其业,其去之必速,教之不刑,其此之由乎!"这是对课堂教学问题的描述与批判,也是对有效教学方法的倡导与呼唤。这些现象在当今的课堂教学中仍然较为普遍，甚至愈演愈烈。教师如果照本宣科，不顾学生需求而只管教学内容的进度，这样的教学只能使学生"疾其师、隐其学"，即所谓的仇师、厌学。今天的学校教育，这种现象在应试教育的指挥棒下，更加严重，大中小学生厌学现象十分普遍，疾师状况堪忧。面对这种情况，《学记》认为："大学之法，禁于未发之谓豫；当其可之谓时；不陵节而施之谓孙；相观而善之谓摩。此四者，教之所由兴也。""发然后禁，则扞格而不胜；时过然后学，则勤苦而难成；杂施而不孙，则坏乱而不修；独学而无友，则孤陋而寡闻；燕朋逆其师；燕辟废其学。此六者，教之所由废也。""君子既知教之所由兴，又知教之所由废，然后可以为人师也。"所以，解决"隐其学、疾其师"问题的方法在于了解和掌握一定的教学方法。当今学生"隐其学、疾其师"的原因更加复杂，教师要解决这些问题，不仅需要掌握心理学、社会学等理论和方法，更要在教育学的方法上进行系统而深入的研究，在大班额下开展学科教学，不仅要因材施教，而且更重要的是教会学生学会学习。作为培养与培训教师的专业机构的师范大学，面对基础教育领域的重重问题，必须开展课程与教学的改革。基础教育的课程与教学改革已经经历了十余年了，而师范大学的课程与教学改革还有点滞后。教师教育的课程体系必须打破传统的"老三门"课程，而应倡导专业的必修课程与多样化的选修课程的密切结合，尤其是在教学方法与技术方面，更要适应现代教育技术发展的需要，充分利用网络资源与教育技术开展课堂教学。从这一点而言，师范大学的课程与教学改革更要走在基础教育课程改革的前面，而不是后面。唯有这样，才有可能通过"新教师"革命解决中国基础教育中普遍存在的教育问题。

东西方教育体系

赵婷：柏拉图论述的国家教育体系与《学记》中论述的国家教育体系有何具体的区别呢？

王鉴：《学记》曰："古之教者，家有塾，党有庠，术有序，国有学。比年入学，中年考校。一年视离经辨志；三年视敬业乐群；五年视博习亲师；七年视论学取友，谓之小成。九年知类通达，强立而不反，谓之大成。夫然后足以化民易俗，近者说服而远者怀之，此大学之道也。"这里的"大学"绝不是今天的"大学",《学记》提出的国家教育体系包括中央官学和地方官学,在中央国都或诸侯都郡所设立的学校才称之为大学,而按当时的行政区划各级地方政府均有不同的学校。与此同时,因为春秋时期就形成的私人办学传统,中央和地方还遍布大大小小的私学。这样形成了中国古代完整的教育体系,官学与私学并存,中央大学与地方小学同在。这一学制到了唐代达到了鼎盛时期。当然,中国古代的学制中主要分小学与大学,这两个概念与现代的小学与大学不同,小学教育从七岁至十二岁,教育目标在于正知正见,即所谓的"少成若天性,习惯成自然",小学教育多在生活之中进行,内容为洒扫应对、识字句读等。大学以"六经"为主,后来演化成了"四书五经",与此相对应有"小成"与"大成"之别。

柏拉图在《理想国》中认为,国家领导教育,学校必有定制。在西方教育史上,柏拉图第一个提出了从学龄前教育以至高等教育无所不包的教育制度体系。柏拉图重视学前教育,强调教育应从小抓起,甚至提出了胎教问题。依据他的规划,国家应厉行优生优育政策。3~6岁的幼儿则集中到附设于神庙的公共游戏场中接受教育。游戏场以游戏为主,因为游戏是儿童天性所需要的。经过学前教育,从7岁开始男女分别入国家举办的文法学校、弦琴学校和体操学校接受初等教育,主要进行音乐和体育。18~20岁的青年,在高一级的学校——国立青年军事训练团中,接受军事体育训练,并结合军事需要学习算术、几何、天文、音乐"四种自由艺术",简称"四艺"。年满20岁的青年,才智上平凡无奇者即离开学校,编入军队,终生服役。少数理性优异者继续深造,接受更高一级的教育。20~30岁这个阶级教育的主要任务,是发展智慧的美德,使之成为哲学家,以便担任政府的高级官吏。学习的科目除"四艺"外,主要是哲学。综上所述,我们可以看见,柏拉图的教育制度正好形成一个金字塔,而这个金字塔正是他的理念金字塔的反映。理性健全、天资聪颖的极少数人享受特殊的哲人教育,居于塔的顶端;为数稍多的理性不全、意志坚强的武士的教育处于中间;而缺乏理性,感情强烈的广大劳动群众的教育则在塔的底部。

通过比较我们不难发现,东西方学校教育的体系从一开始就是理想性的,都是为政治服务的。这就是现代教育理论中所谓的教育事业,经历现代化的学校教育运动之后,东西方学校教育的内容与方法方面基本趋于相同。而在古代的学校教育中却有明显的差异，东方中国更加注重士阶层的培养，教育体系中央与地方并存，官学与私学两立。西方希腊更加注重哲学家的培养，教育体系以国家官学为主。而有趣的是，时至今日，西方学制以私立学校为盛，而中国学制中公立学校最强。这主要是西方国家在经历了资本主义的工业化大生产需要及市场的调节而转变了其教育体系，中国经历了教育的近代化之后，则最终由社会主义新中国完成了国家的独立与自主，教育也因此以公立为盛。

"野性"和"血性"的张扬

——《红高粱》的经典价值

主讲嘉宾：丛治辰（中共中央党校文史教研部老师）
主持人： 张安宁（西北师大传媒学院广播电视编导专业研究生）
互动嘉宾：张晓琴（西北师大文学院教授）
　　　　　　任志明（西北师大传媒学院教授）
时间：2014年11月14日
地点：西北师范大学四号楼演播厅

丛治辰

关于莫言的《红高粱家族》，以及根据此书改编的电影《红高粱》、电视剧《红高粱》相关的一些问题，我想从以下几个方面来谈今天的话题。

认识和评判经典

第一个方面我首先想谈谈关于经典的问题：我们怎么认识经典？何为经典？经典的价值和意义又何在？据我所知，之前的几讲里面我们已经讲了一些经典著作，据我了解，应该有《论语》《学记》《理想国》《娱乐至死》等，这几部书当然是无可置疑的经典，它们在漫长的历史时间里接受了人民群众的考验，几乎成为中西方文化的一个源头，并且在某种意义上也成为我们每个人文化基因、文化血脉里的非常重要的一部分。

我们怎么确定当代的作品是一部经典，在很长一段时间里，当代文学是不是能成为一个学科都还有争议，现代文学都觉得当代文学这个学科是没有任何学理性的。那个时候当代文学这门学科非常年轻，大家都知道按照毛泽东先生对历史的划分方法，1919年之前的文学我们称为古代文学，1919年到1949年的文学我们称为现代文学，1949年往后的文学我们称为当代文学。大概在30年的时间里面，当代文学比现代文学年度是要少的，然后研究现代文学的人就说：当代文学就这么几年的时间，也能称为一个学科吗？而且慢慢地在大学里面成为一种学术的高价值分。我看前两天习近平主席的文艺工作座谈会上的讲话也提到说，文艺创作有高原无高峰，这个说法其实在文学界已经说了很多年。但是这个高原和高峰真的是这样吗？在座的肯定也有人读过鲁迅的作品，鲁迅的作品肯定是高峰了，但除了鲁迅之外，现代文学的那些被称为"高峰"的人的作品就真的很好吗？还是被我们认为很好，我们以现在的态度再去读那些作品真的觉得非常厉害吗？而当代文学是不是真的没有比现代文学出色的作品，但长久以来，这是一个大家都觉得当代文学不如现代文学的一个论调。不过好在当代文学现在出了个莫言，有一次，在一个会议上，一个专家发言的时候说："哎呀，莫言同志获奖，一下子提高了一个学科的地位。"在莫言获奖之后，大家一下子确定说：中国当代文学有经典了。因为莫言获得了诺贝尔文学奖，似乎中国文学就得到了承认，中国当代文学的经典就得到了承认。莫言相关的小说，比如说我们讲的《红高粱家族》，应该被视为经典。我想，不管从内在作品本身的质量、作家本身的创造力，还是从外在的、国际上、国内对于莫言的肯定，对于莫言作品的肯定，我们可以暂且认为《红高粱家族》是一部经典。

在座的有很多都是学电影的，作为第五代导演成名作、代表作的电影《红高粱》当然也是经典。那我想今天我们是要讲这部作品的经典的。那什么是经典？有一个人叫做卡尔维诺，是一个意大利的小说家，写的东西非常多，然后他有一个作品比他的小说流传更广，是一篇小文章，叫做《为什么读经典》。当然他的说法非常复杂，但我大概总结出了四个要素。第一个要素是"不可穷尽性"。他说经典是那些我们经常说在重读而不是在读的作品，我们不断地重读经典，但是经典的内涵还没有被耗尽，而且我们每次读都好像第一次在读它一样。但他同时又说，我们第一次读它的时候又好像在重读一样。然后第二点是弥散性。什么叫弥散性？那些经典的作品总是会对后来的，甚至包括文学以外的很多方面产生重要的影响，而且这些影响很多时候是我们根本不知道的。我们在座的每一个人可能都不觉得《红高粱家族》对你产生过什么影响，它跟你有什么关系，但是也许我能够告诉大家，它跟大家有关系。第三点，经典有一种累积性。什么叫累积性？每一部经典一定在经典的谱系里面占据一个位置。什么叫做谱系？就是一部经典一定携带着此前经典的相关的要素，并且它又开启了后面的很多经典。第四点是艰苦卓绝性。就是卡尔维诺强调说读经典是很难的。此前我们讲过了《论语》和《理想国》，我相信在座的也不是每个人都去拿过来读了，因为它确实很困难。但是卡尔维诺告诉我们说这个困难是值得的，他甚至举了一个例子，苏格拉底临终之前还在弹奏一曲乐曲，毒酒马上就要调好了，旁边的人问他说："在你马上就要死的情况下，你还弹奏这个乐曲干什么？"苏格拉底说："至少我可以最后再练习它一次。"卡尔维诺把它作为这篇文章的终结，也作为我们对待经典的态度。

我们回到《红高粱家族》的经典意义、经典价值。我说一部经典的产生总是跟它的时代，跟它当时所处的环境相互印证、相互呼吸，然后相互作用产生了一个凸显的地位。因此我们要去了解《红高粱》这样一个经典的价值，必须要回到当时那个时代，甚至回到更久远的时代，回到一

莫言

个作品所处的谱系，我所讲的是有些文学专业的学生比较了解的我们的文学史的情况。在座各位都是 90 后，我是 80 后，我想 90 后可能有更严重的病症，就是 80 后、90 后在面对他们的前辈的时候有一个先天的劣势，或者说有一个先天的不敏感，就是我们对于宏大的事情，对于历史是非常不敏感的。所以必须要我们一起来重新唤起一些时间感，当我们每天可以看《红高粱》，可以看《北平无战事》，可以看一些现在看起来习以为常的故事的时候，我们可能想象不到在很长一段时间里这些故事是绝不可能出现在大家的阅读体验和你们的观影体验当中的。大概在 20 世纪 80 年代之前的很长一段时间里面，大家可能不是很了解，但应该可以想象得到，在"文革"之前很长的一段时间里面，我们的文学写作也好，我们的电影创作也好，基本上处在一个非常简单机械的结构里，所有的故事基本上都在一个固定的套路和规范内，超出这个规矩是要受到批判的。在座各位一定学过电影史，学过文学史，那你们一定了解在新中国成立之后的一个重要事件就是对电影《武训传》的批判，文学上一个重要的事件就是对于《我们夫妇之间》的批判。一个人遭到了批判，意味着他这一辈子在社会的层面上已经毫无希望了，那这种附着于个人批判的行为在我看来是有一定的价值的，当然这个价值可能要打上引号，对这个价值如何认识，它不一定是完全正面的，但它确立了我们国家的一个独特的文艺的范式。这个文艺的范式在我们现在看来，都觉得不能接受，我们一定要在某一种规范下去讲故事，一定是阶级斗争的，一定是宏大叙事的，有很多故事我们是不能讲的，比如说像《红高粱》这样偷情的故事是不能讲的。

在很长一段时间里，文学层面上大概只有那么几部作品，后来我们总结为八个字，叫做"三红、一创、保林、青山"，是那个时候的经典，但现在我们一定不会提它。什么叫三红、一创、保林、青山？《红岩》《红日》《红旗谱》《创业史》《保卫延安》《林海雪原》《青春之歌》《山乡巨变》。这几部书有哪部你们看过，可能《青春之歌》大家还看一看，其他的我相信你们都没有看过。很长一段时间里面我们只能读这些东西，当然也不一定，讲起这个历史可能会非常复杂，在"文革"期间也有很多地下的潮流在涌动，但是真正在地面上让广大人民群众看得到的变化发生在 20 世纪 80 年代。在 70 年代末的时候开始一直到 80 年代，一直在进行一个思想解放的过程，我们的一个非常严格的规范、一个框架终于被打破，一些来自西方的潮流，一些此前被压抑的思潮开始涌动出来，然后我们的小说开始有了很多可能性,但是这个可能性也不顺利。比如我们都说80年代文学发生了巨大的变化,但是在80年代前期,文学的变化似乎并不像我们想象的那么具有突破性。在70年代末,我们的文学潮流叫做伤痕文学。什么叫做伤痕文学?就是写一些自身受苦,"文革"摧残等。当然还有一些右派的作家归来,不断地书写自己的苦难:我这么多年以来,从五几年开始,一直到整个"文革"我都是被损害的、被伤害的,但是我依然对党充满了忠诚。那个时候文学是这样一个话语你们现在听起来觉得很可笑,因为这套话语依然是跟你们非常陌生的话语。你们听到这样的一种表达情感的方式,依然觉得肯定不是跟我们这个时代相连接的方式。后来紧接着的是反思文学,然后是改革小说。什么叫改革小说?讲一个厂长是怎么样挽救了一个即将破产的国营工厂,很像我们现在的商战小说,其实看起来是蛮爽的。但是,总之这样的一种叙述一直是在一个体制内的叙述,一直是在一个怎么样重新唤起这个国家生命力,重新唤起我们那种继承的体制和规范的生命力的这样一个状态下。然后是一种宏大趋势,一直在讲述一个国家社会层面上的、历史层面上的大故事。而这样的一种大故事的讲述是在"文革"之前的漫长的30年里面的讲述方式。

寻根的潮流

到了1985年,文学上称之为"八五新潮"。在1985年的时候发生了一些非常重要的事件,第一是出现了两篇现代主义的小说,文学的写法开始有了变化。第二是在1984年底开了一个会,会议讨论的主题是寻根的潮流。什么叫做寻根的潮流?韩少功的《文学的根》,他说我们要去找到文学的根,文学的根是什么呢?是文化的根,文化才是文学,才是一个民族立足于世界民族之林的最为重要的东西,我们的文学要去揭示这个东西,要去抵达这个东西。然后大量人开始写这些宏大的叙事,尽管有一些老作家已经触及了,就是写一个地方的风土人情。

如果我们读过《红高粱》,我们就会想到我说的这种作品,以及整个寻根的这样一个思路。《红高粱家族》,莫言的这个创作在文学上归类我觉得是莫衷一是的,但很多人把它归为寻根小说,发表在1986年的《红高粱家族》之所以在当时能够赢得那么大的声誉,跟它与寻根潮流相契合是有关系的。而寻根潮流又跟什么有关系呢?很多人说之所以那个时候开始写这些跟文化有关的小说，是因为那时候有文化热，但恐怕大家也都没有去阐释为什么有文化热，我想是因为那个时候改革开放已经进行了一段时间。改革开放的过程是非常曲折的，不断地往前走，往回退，不断地左右摇摆。西方的思潮不断地进来，我们在这个时候开始诉求和打破之前的一种话语范式，不要再像以前一样只能在一个固定的规矩、规定的范式中，一个阶级斗争的话语里面去讲述我们的故事，需要引入新的元素。他们认为，文化可能是一个更具恒久性的元素。《红高粱家族》的横空出世，正好应合了这个潮流。但是，我在反复读《红高粱家族》的时候，越来越对这样的一个论断产生极大的怀疑，《红高粱家族》真的是这样吗？我们现在看到《红高粱》讲的是一个非常简单的故事，跟现在的这些商业电影比，尤其跟那些成功的好莱坞大片比，是个非常单纯的故事，小说跟电影实际上差不多，这个电影根据莫言《红高粱家族》里的两篇改编，一篇是《红高粱》，一篇是《高粱酒》。那这两篇几乎每一个细节都被他融到里面去了，当然讲述的方式非常不一样，我刚才说了，电影是一个非常直线的讲述。在我们看过了《盗梦空间》这个电影之后再去看《红高粱》，会觉得这部电影的讲述方式非常的体贴和亲切，它没有给我们设置任何障碍，就是从头到尾讲述了一个单纯的故事，连支线都很简单。

电影《盗梦空间》

但是小说非常不一样，这部小说极其复杂，一开始就是打鬼子的场景，打鬼子的场景又不断地和戴凤莲出嫁这个故事交叠。也就是说，鬼子来之前和鬼子来之后，或者说打鬼子那场戏，和这个戏以外的所有的戏不断地交叠、不断地交叉，如果用电影的术语来说，就是像蒙太奇一样不断闪回。然后把两个时间段像两条线索一样交叉，再交叉。在这样的交叉进行当中势必会对叙述造成一定的影响，对叙述提出一定的要求，就是如何连接这两个现实，如果说打鬼子这场戏是现实的话，又如何连接现实和回忆，小说里面有相当冗长的叙述，这可能也是造成我们现在读这部经典读不下去的一个原因，就是小说不老老实实讲故事，小说有大量的抒情、议论、描写、喃喃自语。当时一些评论家称之为意识流，就是大量的作家的心理活动、主观的因素、主观的声音和这个故事交叠在一起。比如说豆官，在小说里面他已经14岁了，在电影里面大概只有七八岁吧。豆官在跟着干爹打鬼子的时候不断地想起这片高粱地——我老妈在这里躺过。这些想象都是很奇怪的，但是他那个小说的表述方式是：我奶奶在这里发生过很多风流韵事，我父亲不知道，而我知道。这样的一种讲述方式不断地进来，把这个故事从现场当中不断地拉出来。而在这样的喃喃自语当中，向我们提供了这个作家在小说当中投注的很多想象，投注的很多野心，他不是要简单地讲一个打鬼子的故事，他把这个故事赋予了很多的意义，他经常重复的一句话也成为后来很多评论家去解读莫言的创作的一个很重要的入口。他说：在我们高密东北乡如何，在我们高密东北乡生长如何，我们高密东北乡的人都充满了野性。他不断地提到高密东北乡。这不是莫言第一部写高密东北乡的小说，但是高密东北乡第一次在《红高粱》这样的小说当中得到了非常张扬的体现，莫言不断地把高粱飞舞与杀人越货的这样一种血性的行为跟地域连接在一起。后来他又写了以高密东北乡为空间地域的一系列小说。

记忆中的那个地方

大家知道，专写一个地域的作家很多，比如马尔克斯的《百年孤独》，他写了很多小说，但是大家记得最清楚的就是"马孔多"，他把那个地方写活了。大家称赞莫言替中国文学在世界文学版图上面抢了一块地。大家都知道房地产这个生意很重要，在世界地理版图上面抢了一块地，树起了一个名字叫做高密东北乡。很多人因为他对于这样一个地域的书写，因此认为他是寻根文学，我是不大赞同的，因为我并不认为莫言的野心是跟寻根文学一样是在对一个地域的文化进行阐释。前两天有一位同学跟我聊天，他说："老师，你是山东来的，我们是西北的，我有个问题正好问问你。"他说："我看了陈忠实的作品，看了贾平凹的作品，也看了莫言的作品，我发现陈忠实和贾平凹笔下的农村跟莫言的农村很不一样。贾平凹和陈忠实的农村是一个传统文化意味很浓的农村，而莫言笔下的农村是一个疯狂的农村。"在这里面几乎找不到什么儒家教化，是一帮疯子，一帮野性的人奔跑在这片野地里，这是不是跟你们那边的风土人情有关系。我说：我们真的不是疯子。我想在莫言后来的创作当中，他开始有意识地建构自己的文化身份，他后来不断地提及他的小说创作的祖先，他的老师是蒲松龄。蒲松龄是淄博人，淄博和高密，以及我的故乡一样都属于齐国。

高密东北乡

如果从这个角度来看，也许莫言所讲述的那个高密东北乡真的有一点我们那个地方的一种文化味道。但是我要负责任地告诉大家，山东的齐地文化，在我出生，甚至我爷爷出生的时候就没有了。我们现在是本分老实的农民，响马大概是唐朝的故事，术士是2000多年前的故事，后来出了个蒲松龄，讲了些鬼怪的故事，但这些鬼怪的故事后来被解读者一一跟人间的事情结合在一起。当然这是一件很无聊的事情，不过我想蒲松龄肯定跟2000多年前的术士也没有什么关系。但是在莫言此后的创作当中，包括现在的创作当中我们能够看到，他似乎在不断地追寻自己的这样一种文化根脉，但是我觉得在《红高粱》里面是没有的。我拿文本来说，当时几乎所有的寻根小说都在用一种复述——我们，都在不断地有意识地去追述我们共同的文化传统。但是我们翻开《红高粱家族》这部小说，莫言说得最多的是我爷爷、我奶奶、我家族的故事，我爷爷本人是一个土匪，我爸爸是个土匪种，他并没有复述，他并没有把这样的一种东西投注到一个地方上，或者投注到一个土地上所流传的文化上，他更多的是投注到人，他塑造了一个个漂亮的人物。我们再去读莫言的那些小说，从他的语气里面，从他的语言里面我们都看出来它跟寻根文学的不同，寻根文学总体上来说是相当冷峻的，它的语言的方式是一种偏冷的方式、偏理性的方式，甚至有一些斯文的方式。当然也有一些野性的部分，但是没有一个作家像莫言这么野性。莫言的那种野性可不是依傍着一种文化的野性，那是一种天才的，巨大体量的，像火山喷发一样的，抑制不住要爆发自己的想象力的那样一种语言的狂乱。那样的一种热情在我看来是属于诗人的热情，而不是属于小说家的热情，所以我一直都特别认同一种说法，就是本质上来讲莫言是一个诗人。但莫言的诗意特别具体地表现在他对于个人激情的这样一种看重，一种抒发。所以我更愿意认为，莫言的小说之所以成为经典，是因为他在寻根文学之外有更重要的意义，它的意义是当时其实还没有显露的，在后来的文学史、文化史和电影史当中慢慢显露出来的意义，这才是我认为它的经典价值，那就是他重新树立并开启了一种面对历史、讲述历史、认识历史和理解历史的方式。

历史的样子

《红高粱》其实归根到底是一个抗战的故事。鬼子进来之后，东北乡的人是没有什么家国仇恨的，那是很羸弱的。在莫言的小说里面，日本鬼子来之后，大家并没有要反抗，而是害怕，但是这里面讲述了一个非常重要的情节，就是罗汉大爷被杀害，尤其是骡子被杀害。罗汉大爷为什么被杀害，是因为日本鬼子要抢我们的骡子去运送物品，骡子对于农村来说那是非常重要的东西,这完全是一个物欲,这跟国仇家恨没有关系。然后罗汉大爷就为了抢骡子,后来惨遭毒手。惨遭毒手之后最要命的,是激起了余占鳌的反抗热情,主要还是在抢骡子的过程当中,两个日本兵企图对戴凤莲有所不轨。既然是这样的一个故事,这个是非常不高级的,放在我们那套宏大的历史叙事里面,这个抗战的动机是相当可疑的,更不要说这抗战的都是一帮什么人。莫言在用他的诗人般的这样一种讲述方式,他的这种想象力重新讲述了一个历史,这个在我看来是当时他最具爆炸性的一点,就在当时还没有人敢这样处理历史。

罗汉大爷

大概在他 1986 年写出这本小说之后,慢慢地出现了一个潮流叫做"新历史主义小说","新历史主义小说"一直到 90 年代都依然风起云涌,在我看来这样的一种写历史的方式彻底地颠覆了我们的很多观念,也彻底颠覆了我们的世界观。所以这是我说《红高粱家族》作为一个经典,可能在很大程度上隐隐跟在座的每一个人都有关系,如果没有这样的一部作品,如果没有这样的一种对历史叙事进行颠覆的写法,如果没有这样的一种想象力,如果没有由它引起的后来一系列的反思历史、重新书写历史的这样一些作品,那我们的历史究竟是什么样子的,现在是什么样一种想象历史的方式恐怕还很难讲。

从后面的小说里面我们能够看到,《红高粱家族》其实已经开启了后面想象的一些端倪。对于性的,对于暴力的,对于权利的争夺,在《红高粱家族》里面我们都看到了。在这样的一种叙事里面,莫言还非常精彩地给我们提供了一些非常饱满的人物,实际上在小说里面余占鳌的形象是很高的。在电影里面他完全变成一个痞子,就是天造英雄才把他推到那个英雄的境地里面,但是在小说里面,其实余占鳌真的是一个具有草莽气的,具有勇气胆识的这样一个人。他在电影里都是被动的,在小说里都是主动的,这真的是一个血性的汉子。但是我们以前的英雄不可能是这个样子的,在《狗道》这篇小说里面,竟然让我们党的这个游击队队长向余占鳌说:"哎呀,余司令,你杀死了这么多鬼子,你是大英雄啊!"让我党的人员承认他是英雄,这太奇怪了,什么叫做英雄,我们回想一下,大家如果没有看过文学作品,也肯定看过电影作品。以前我们电影里的英雄是怎样一个形象,就是晚上士兵们都睡着了,然后他过去挨个儿地给士兵们披上被子,温暖地注视着他。

大家知道在小说里面戴凤莲和余占鳌可不是一直相亲相爱白头到老,而是余占鳌后来出轨,跟戴凤莲的丫鬟好上了。戴凤莲也出轨,跟那个土匪搞上了,总之是一个非常混乱的故事。这样一个私生活不检点的人怎么能当我们的英雄呢?莫言就塑造了这样一个形象,一个完全不守规矩,但是非常饱满,充满了血性的形象。同时戴凤莲也是个很奇怪的形象,现在我们看戴凤莲当然一点都不觉得奇怪,而且戴凤莲是在现实生活中比比皆是,有什么了不起的。但是在那个时代,戴凤莲可是一个令人无法接受、无法想象的人物,那个时候的女性形象,你们想想整个30年代女性形象是一个什么形象,在整个30年代实际上是没有女性形象的。大家知道那个时候的女性最大的诉求就是跟男人一样。我们现在回去看人民日报也好,哪个报纸也好,30年以来,画的女战士,或者女民兵的绣像,把脑袋拿掉,换上一个男的长胡子的脑袋,说他是个男人都是没有问题的。

在这样的一个背景下,戴凤莲就显得非常的奇异了,用莫言的小说里的话说就是,这是一个无法无天的女人,这是一个做出什么来都不奇怪的女人,这是一个她想做什么就要去做什么的大胆泼辣的女人。这个女人反抗自己的父亲给自己安排的命运,然后到了这个家里之后,手持一把剪子不让她的老公近身。又大胆地在高粱地里和她的情郎野合,基本上默许了她的情郎杀死她的丈夫和她的公公。在电影里看上去特别忠厚老实的罗汉大爷对戴凤莲有好感,而戴凤莲只爱余占鳌。但是在小说里面可不是这样,小说里面有这样一句话,我的父亲趴在那个高粱地里面,准备伏击日本人的时候想起大概七八年前,想起了罗汉大爷,然后由罗汉大爷想起了大概七八年前我奶奶喝醉了,在高粱垛上九儿把这个罗汉大爷给扑住了,这是一个完全颠倒的性别关系,按住了罗汉大爷说:"你不要走,"她说,"你不看僧面看佛面,不看米面看面面,看水面看汤面,不看在我的面子上也看在豆官的面子上。"她说:"你留下来帮我们操持。"因为她一个女人是操持不了这个家业的,"你留下帮我们操持这个家业,我把我自己给你,你要我,我就把我自己给你,你是我的亲爹。"这两句话是在一起的,她说:"我把我给你,你是我的亲爹。"这是很奇怪的一件事情,所以大家看电影《红高粱》都觉得很刺激了,因为里面有野合。

蓬勃的欲望

莫言这样的重新讲述了历史,重新塑造人物,最后达到了一个什么样的效果呢?在我看来最值得褒奖的恰恰是戴凤莲对余占鳌这样的一种极富个性的、极富血肉的、饱满的人物的刻画。我们必须理解的就是,为什么莫言要在这样一个故事里面去讲述一个乱伦的,一个血腥的,一个通奸的,甚至野合的这样一个故事?我想是因为只有这样莫言才能写出他特别想写出的那个流荡在他家乡高粱地里的那种野性的美。还有什么东西能比性和暴力更能冲击一种桎梏。那样的一种框架,那样的一种长期统治着我们理性的历史和社会的想象,他为我们创造的最重要的东西恰恰是这样的形象,以及这样的形象所带来的,对于一种我们之前所没有想象到的精神的张扬,那就是个人原始的生命力——血性。

这种血性是非常驳杂的,它不一定是好的,或者说它超越了好和坏,杀人越货、通奸,这在任何一个时代可能都不是一个值得褒扬的事情。但是如果超越了这些文明,超越了这些时代呢,我们会发现恰恰是杀人越货、通奸,这样的一些行为背后的那个最内在的构成我们生命最本真的欲望,就是繁殖和争夺生存权的欲望。而这些欲望构成了我们具有血性,具有力量的一个因素。这为我们走向一个新的时代打开了一个空间,为什么我这样讲?我们再次把这个经典拉回到这个时代当中去。

1986年3月份,《红高粱家族》的第一篇《红高粱》发表,然后陆续地写出这些中篇小说构成了一个长篇。那么我们看一下那个时代大概在文学上、在电影上是一个什么样的时代。比如说从1984年开始算起，在那一年邓小平第一次南巡，到了深圳和珠海，对深圳和珠海特区所做的一些尝试表示褒奖。在那一年，中央下发了文件说，要开放国有企业的经营权。也在那一年中央下发了文件，要开放沿海的14个城市和海南岛作为改革开放的一个特区。我国的改革开放从点终于铺到了面，也是在这一年很多后来非常著名的大公司出现了，这一年被称为公司年。王石在这一年建立了万科的前身，健力宝在这一年成为洛杉矶奥运会中国代表团的首选饮料，像容声电器、TCL和三九胃泰这样的一些企业都在这一年诞生了。张瑞敏在这一年进入了青岛一家濒临倒闭的电器厂担任厂长，后来这家电器厂就成为现在的海尔。我们揭示了那个时代的欲望是多么的不可遏制，人们为了一个新时代的到来，为了一种新的可能性，为了他们的欲望能够实现，为了金钱成为触手可及的东西，如何的对这个时代充满了欲望。

在1986年，也就是在莫言发表《红高粱家族》的这一年，朦胧诗的诗集第一次能够借机出版了。北岛、舒婷和顾城他们的合集出版了，然后诗歌掀起了新的高潮。很多人回忆说，当年那些北大的学生们，白天在中关村那一带兜售盗版的软件和电脑，晚上就走进阴冷的地下室去听诗歌朗诵，腰里别着BB机。然后，也是在这一年5月份的时候，崔健创作出了那首后来非常著名的《一无所有》，《一无所有》在我看来像《红高粱家族》一样，喊出了这个时代内在的、驳杂的、不可抑制的个人欲望。这个个人欲望终于冲决了长久以来的一种规矩、一种规范，迎来了一个全新的时代，这个时代是好还是坏，我们今天对它有种种的评判。但是，在那个时候是具有划时代意义的，我想也同样是因为这样一个原因，同样是因为对时代精神的这样一种同情、理解和共呼吸，张艺谋选择了《红高粱》作为他电影的一个脚本。余占鳌的这个形象在电影当中实际上被大大地弱化了，就是原来余占鳌是一个杀人越货、无恶不作、奸人妻子、杀人丈夫的恶棍。在电影当中他变成了一个混混，当然是一个有担当的混混，他做每一步似乎都是不得已的，他并不是说我恶到了一定要为了这个女人去杀人家全家，而总是不得已，而且他杀人的这件事情实际上在电影当中被模糊处理了，画外音说，很多人说这件事情不知道是谁干的，但是我想是我爷爷干的，印象里是这样的一句话。在这个电影里面，余占鳌时不时地表现出那种孱弱的、怂的气质，比如说他走进那个肉铺时候的这样的一组镜头、这样的一个场景，实际上并不是一个像小说里那么一个汉子。

戴凤莲的形象在电影中也已经尽量淡化她，就是不要变得那么的张牙舞爪，戴凤莲不是一个淫荡的女人。而大家注意，在小说里面戴凤莲是有一个、两个、三个、四个，甚至五个、六个男人的，她是一个水性杨花的女人，她是一个会用自己的行为去反抗男人对她的背叛的女人。但是在电影当中，第一，余占鳌就没有背叛她，还没有来得及背叛她。第二，戴凤莲在这个故事情节的框架里面基本上变成了一个传统的观念可以理解的女人。她之所以要反抗不是因为她水性杨花，是因为她受苦受难，她之所以不想嫁过去，是因为她是被她老爹给卖了，她是一个受凌辱的女子，一个受欺侮的普通的劳动妇女，怎么就不可以反抗她的命运，这是在此前的讲述框架里面可以接受的。

在情节层面上电影尽量淡化，使小说当中的先锋性不那么的刺激，这跟电影本身跟小说的功能不同是有关系的，小说到底是一种私人阅读的作品，它是一个你可以想象、沉静、思考这样的一个作品，而电影是一个直观的作品，电影是一个公众性的作品，电影还是一个工业。既然它是一个工业，就必须照顾到方方面面的利益，照顾到经济利益，同时也照顾到政治效应，照顾到舆论的效应，照顾到观众的接受程度，然后才能完成它这样的一个艺术表达。但是我仍然认为电影不失为一个经典文本的原因就在于，张艺谋在那个时候同样抓住了时代的脉搏，时代的精神，并且已经尽其所能地用他当时所能够掌握的电影语言，对那样的一种内在情绪进行了展现。在他的《红高粱》里面我们能看到很多电影的影子，那是张艺谋努力向国外去求取新的电影资源的一种探索。比如，我们如果有时间可以把这个电影和日本的一个叫做《鬼婆》的电影对比来看，我们会发现那样的一种塑造情绪、塑造气氛的手法其实是有很多共同之处的。

最近一段时间看了一些电视剧，尤其看了《红高粱家族》，我发现我真的是看不下去。当然那个修改是我能够理解的。大家要理解一点，电视剧、电影和文学它本质上是非常不一样的东西，它的诉求也不一样，传播的途径也不一样，它要达到的效果也不一样。为什么很多知识分子看不上电视剧作品，是因为电视剧本身就是一种大众文化。

什么叫大众文化？它如果讲述特别深入的东西一定是失败的，是很难

"野性"和"血性"的张扬   197

成功的。那些抱得大名既叫座又叫好的影片,在我看来在很大程度上是靠这些知识分子鼓吹才获得这样的声誉,一般人民群众是不是真的在看,我很怀疑。电视要达到一个什么效果呢?要达到一个家庭主妇回到家里之后就打开电视,让这个电视一直响着成为它的背景音,成为孤独的三人家庭当中的又一个侵入者,成为你的个人生活跟更广大的通俗生活相连接的一个渠道。然后在这个过程当中它当然要给予你意义,但是由于它是作为你家庭的一个背景音,你可能在干着家务活的时候,在拖地,在哄孩子,在兑奶粉的时候,你根本没有时间去看它,所以电视剧一定要兑水,一定要你过了10分钟做完了饭之后再来看还接得上,一定要你打开不管从哪一集开始看都能吸引你。所以,它一定是被稀释了的,也就是为了吸引大家一定是要增加很多戏剧性,为了商业利益发展得非常繁复、具有一整套的规矩。

回到电视剧《红高粱》,我在这里面也真正看到了大量的技术堆积,就是为了吸引广大人民群众的注意,它竟然把一个中篇小说体量的东西,把一个90分钟电影的容量的故事拉成了60集。拉成60集之后,它一定要加入很多东西,增加一个嫂子,在九儿家增加一个嫂子,在酒厂再增加一个嫂子,这就俩嫂子。虽然老爹被害死了,老妈上吊了,但是这俩嫂子相当于两个婆婆,这就是婆媳关系戏,宫斗戏,种种这些东西都可以展开。然后里面又加入了县长、韩主席、剿匪等的故事,最要命的是竟然让九儿跟一个学生谈恋爱,当然最后她又跟余占鳌在一块儿了,这是一个文明和武力的争夺。最有意思的是,在这样的一个情节不断被稀释的过程当中,在电视剧当中我们其实很难看到一个人物形象真的像小说和电影里那么饱满。因为其实主要是要靠情节不断地吸引大家观影的兴趣,人们没有精力去分析、去感受一个人物的高大形象。我们在读金庸小说的时候,金庸小说最吸引我们的就是那些人物,像令狐冲这些人物那种浩然君子之气,那种大侠气概。但是在看电视

电视剧《红高粱》

剧的时候，这些东西一定是被削减的，看的是它那种武打的场面，这一集和下一集连接的那种悬念，电视剧不承担塑造人物的这样一个功能。由于它不能够塑造人物，当然更不要提人物所附载的内在的精神，时代精神也不断地弱化，九儿变成了一个特别单薄的形象。这个单薄形象从它的人物外形上就可以看出来，大家知道在《红高粱》里面，莫言是怎么样形容九儿的吗？戴凤莲身高 1 米 6，体重 60 公斤。你们想想，在座各位，现在流行一句话叫做好女不过百，在座各位一定都不过百。120 斤是个什么概念，而且是个 1 米 6 的女子，所以书中那个戴凤莲的形象，甚至巩俐都嫌瘦，那是一个很敦实的、面如满月、腰大能生的山东农村美女的形象，而绝不是一个瓜子脸的周迅的形象。莫言先生在开机之前还向大家承认说，哎呀，这个周迅就是我想象中的人物。这我也不知道，但是我们记忆总会出现差错，而且我想，一个作家在穿越时代之后，这个时代的精神也变得不一样，也会出现差错。80 年代莫言在写《红高粱家族》的时候，他笔下游荡的激情是 80 年代，我刚才讲过了那样的一种万物重新萌生的激情，当然在这里我讲 80 年代是不够格的，80 年代结束的时候我才 7 岁，当然各位老师肯定是比我更适合讲 80 年代的。徐院长刚刚出版的《荒原问道》里面 80 年代是一个重要的母体，也帮我重新认识了 80 年代。

获奖之后，莫言所认知的时代和时代精神肯定也不一样了，莫言对《红高粱家族》的这样一种体认也发生了变化。所以，在他的内心深处或许有一种想法就是，这不过就是现在的九儿，这不过就是当下的观众，一个观看电视剧的观众们所能够接受的九儿。那个曾经可以欣赏饱满的激情的时代已经过去了，我们现在最能够欣赏的无非就是宫斗、婆媳关系，那些琐碎的细节填满了我们的观影空间，那些抽象的、宏观的、超越性的东西都随风而去了。在这样一种情况下，我非常想念一段《红高粱家族》里面的话，作为今天演讲的结束。

莫言说：我的高密东北乡无疑是地球上最美丽、最丑陋、最超脱、最世俗、最圣洁、最龌龊、最英雄好汉、最王八蛋、最能喝酒、最能爱的地方。生存在这块土地上的我的父老乡亲们喜食高粱，每年都大量种植，8 月深秋，无边无际的高粱红成光洋的血海。高粱高密辉煌，高粱企望可人，高粱爱情激荡，秋风苍凉，阳光很旺，瓦蓝的天上游荡着一朵朵丰满的白云，高粱上滑动着一朵朵丰满白云的紫红色影子，一对对暗红色的人在高粱壳子里穿梭拉网，几十年如一日。他们杀人越货、尽忠报国，他们演出过一幕幕英勇悲壮的舞剧，使我们这些活着的不肖子孙相形见绌，在进步的同时我真切地感到种的退化。

历史的书写

张晓琴：1986 年，莫言的《红高粱》发表之后，大家都觉得非常震惊。今天回过头来，能找到其中的原因。就是书写历史的方法。刚才治辰已经谈到，我们在书写历史的时候，要拒绝此前 17 年和"文化大革命"时期那种书写历史的宏大叙事，否则我们是找不到人性的。在 17 年有一部长篇，刚才治辰也提到，就是吴强的《红日》，这个作品在当时是受到了政治上极大的打压和批判的，为什么？我们知道他写了最惨烈的孟良崮战役、涟水战役等三大战役。在写这个战役的时候，其中有一战，解放军取得了胜利。胜利以后，结果有一个小连长，好像是叫石东庚，他当时非常激动，结果喝了点酒，大家说："哎呀，你再别喝了，你醉了。""谁说我醉了，你们说我醉了，我给你们跑两圈马看看。"跑马不是重要的，重要的是他跑马之前换上了他们收缴来的国民党的帅气漂亮的衣服，然后他穿了国民党的衣服，还骑的是国民党的高头大洋马，同时他手里拿的还是人家的皮鞭，他很得意地在这个地方跑马，结果正好被他们的领导撞见了。这就是遭到很大的批判的一个原因，说他美化了国民党官兵的形象。我们都知道小说里边国民党那个被称为 74 师的灵魂人物叫张灵甫。这个张灵甫也是长安才子，长得很英俊，从小就非常有才，当时他是国民党王牌军 74 师的一个师长。在这部作品里面，为什么他被批判，被批判就是因为他"美化"了国民党官兵的形象，而"丑化"了我们的官兵的形象。刚才治辰也提到了说："哎呀，一看国民党的那个服装确实是比我们当时的服装要漂亮的。"可是我们今天回过

《红日》

头来看，这是一个客观事实，并没有政治上的反动和非反动之说。那么在莫言的小说里面，他开始写的时候，就站在了新历史主义的立场上。

他写到了土匪：他们杀人越货、尽忠报国。小说中的"我"受不了我母亲和一个和尚通奸，所以就手刃了他，之后又自己出去闯荡江湖。然后"我"看上了这个戴凤莲以后，和她在高粱地里野合。野合之后，我又杀了她的公婆家的人。最后，就是大家开始争议的时候，小说里面就有一段话说：谁是土匪，谁不是土匪，只要能打日本就是中华大英雄。这句话是非常重要的，这是颠覆了以往17年革命历史小说的一个惯有的思维模式。那么莫言的这种方式事实上是一直延续到了他的最后的一些创作，因为目前我们看到他最后创作的一个比较大部头的作品事实上还是一个剧本——《我们的荆轲》。在他获得茅盾文学奖的作品《蛙》里面，那个姑姑万心，她既是一个非常热爱国家和民族的女干部、女医生，同时她的身上也有那种女土匪的气息。为了抓计划生育，把村民家门前那个大树找一个拖拉机来连根拔走了，不管是谁，她只要完成任务就行。姑姑万心有一段对话，她就说："我们当年在那个日本人的碉堡里，我们是怎么反抗日本人的。"可是旁边立刻有人站出来说："谁能证明，谁能证明你当时是怎么做的？"那么我们把这两句话结合起来，第一，谁是土匪，谁不是土匪，只要能打日本就是中华大英雄。第二，谁能证明。这个时候就要说一个关于历史的态度和书写的问题，莫言本人说过很多的话，他说写战争，每个人心目中都有自己的历史，都有自己的一段战争史。从他的这些话里面我们可以看到，他书写历史的方式完全是一种新历史主义的方式，我觉得这是一个比较重要的问题。

女性问题

张晓琴：除此之外，我想就是女性的问题。刚才我们提到，1917年的女性都是女汉子。我曾经上课的时候给同学们看过《李双双小传》的电影图片，李双双那么的高大，表情也是那么的义正词严，她的丈夫喜旺就是远远地躲在角落里，背个包袱就离家出走的那样一个形象。

可是到了《红高粱》里边，戴凤莲她是一个有着完全的生命力，张扬了自己的爱和恨可以不顾一切的女性形象。这里边有一段话我想跟大家分享一下，她说："天，什么叫贞洁，什么叫正道，什么是善良，什么是

张晓琴

邪恶，你一直没告诉过我。因为这是她临死前的一段话，我只有按着我自己的想法去办，我爱幸福，我爱力量，我爱美，我的身体是我的，我为自己做主，我不怕罪，不怕罚，我不怕进你的十八层地狱，我该做的都做了，该干的都干了，我什么都不怕，我不想死，我要活，我要多看几眼这个世界，我的天哪……"这样的一段话完全不可能是1917年的那些革命女战士发出来的，只有在到了一个新的历史阶段、新的文学时期，才会出现这样一个张扬生命力的女性的形象。

我们曾经听到有同学在发言中说：我觉得她这样做是不道德的。我们在这里要说，你衡量文学如果完全是按照世俗的一套标准去衡量的话，这个文学作品我们是没有办法去很好地了解它，去完成对它的一个正常地阅读的，所以这是第二个问题。

《红高粱》的意向

张晓琴：第三个问题，就是关于《红高粱》意向的问题，我觉得莫言做了一大贡献。在1985年的时候，莫言写过两篇小说，《白狗秋千架》和《秋水》。事实上，最早是在《秋水》里，莫言就开始建立起来他的文学地图，建立起了他文学作品的一个中心——高密东北乡。而这个高密东北乡作为他最重要的一个意向,今天我们看来就是《红高粱》的意向。这个意向我觉得可以从三个层面去理解。第一,就是一个客观的一种粮食作物,是人的生存的一种物质的东西,比如说我们酿高粱酒。第二,它象征了一种顽强的生命力,包括刚才说的戴凤莲,也包括刚才我们提到的余占鳌,既杀人越货,又尽忠报国。第三,它是一种民族精神,这一点我认为是最为重要的,刚才志辰也已经提到了。我们看里边有一段话说:"每穗高粱都是一个深红的、成熟的面孔,所有的高粱合成一个壮大的集体,形成一个大度的思想,高粱与人一起等待着时间的花朵结出果实。"莫言表达了自己的一种焦虑、一种遗憾和一种失落。他说:"我的直觉正在退化。因为以前的红高粱它象征的就是我爷爷、我奶奶那样顽强的生命力,可是到了我辈的时候呢,就是一种,完全是一种退化的生命力了。"

在小说《红高粱家族》的结尾我们可以看到:"我反复讴歌赞美的红的像血海一样的红高粱也被革命的洪水冲荡的荡然无存,替代它们的是这种节矮、颈粗,叶子密集,通体沾满白色粉霜,穗子像狗尾巴一样的杂种高粱了,我痛恨杂种高粱,在杂种高粱的包围中我感到失望。"所以我们可以从这个小说大体看出我刚才谈的这三个层面,《红高粱》的一个象征意向。

张艺谋的《红高粱》

电影《红高粱》

任志明:《红高粱》这部小说著作,《红高粱家族》和改编成电影的《红高粱》之所以红红火火,至今可以在不长的时间内被确立为经典,是有它的道理的。文学是用来干什么的？文学是用于人和人之间交流和沟通的。物理学、化学和其他力学、工学解决不了的问题，那用什么来解决呢？文学和艺术来解决。

无限可能的传播，莫言实现了，张艺谋实现了。莫言通过他的《红高粱家族》和其他一系列的代表性的著作，把这个时代红红火火的、令人痛苦的、让人留恋的、让人反感的、让人向往的、让人面目可憎的这样一个时代和时代的人民、人民的生活传遍了全世界。而张艺谋通过对《红高粱家族》这部小说的改编，使得中国的电影一反常态，尤其是让全世界知道中国人也能拍一流的电影，这是了不起的。

接下来，我想谈张艺谋导演对小说《红高粱家族》的改编，我想谈我个人的认识，四个词、八个字。第一个词，野性。第二个词，色相。第三个词，生命。第四个词，自信。

我先说第一个词，野性。当张艺谋把初定稿的剧本拿给小说的作者莫言看的时候，莫言说："这是《红高粱家族》吗？"不是了，面目全非。但是转过来，莫言马上觉得："哎呀，这才是《红高粱》。"他们给大家描绘了一个视觉化的期待视野，描绘了这样一幅图景。其中非常大的一个改编是，把山东高密农民们种的红高粱改成了"野"红高粱，野生的、野长的，疯长的，自生自灭的那种红高粱，对电影视觉化的呈现非常重要。由自留地种的变成野生野长的，由此改变了对野性的呼唤，对中华民族的血脉与生俱来的野性的呼唤。而且这种野性不仅体现在红高粱上，更重要的是体现在对人性的感觉和人性的进一步探索、发现上。这也是对人性的张扬，对人性的失缺的某一个方面的修补，乃至于回归，这是非凡的。这种野性又大大地区别于刚刚结束的"文革"的那种肆无忌惮的野性，这种野性恰恰呼应了五四时代的生命张扬的野性，那种自由奔放的野性。这种野性恰恰是从莫言的《红高粱家族》到张艺谋的电影《红高粱》，把它探索、发现、折射，乃至于彰显出来了。

第二个词是色相，或者是色、相。首先是色，表现在色调，文字的内容改编置换成视觉化的光与影，视与听，影与像，那是不一样了。表现色调和色彩的恰恰是这部电影的摄影师也是现在大名鼎鼎的导演顾长卫。他对这部电影的摄影阐述，我当时就读过。张艺谋就是电影摄影出身的，《黄土地》这部电影的摄影出身的。他们学习了那样两种颜色呢？一、黄土地。生我们、养我们、哺育我们的黄土地。二、中国人特别喜欢的，特

巩俐饰演九儿

别钟爱的，红色。黄土地和红颜色，把这样两种颜色组合起来，折射和表现了中华民族的骨子里面的那一种性格。通过这两种颜色的组合，它的彰显恰如其分地表达出来了。而电影《红高粱》恰恰又对应了电影《黄土地》，即使是在摄影上也是一个超越，对色彩的表达更是一种超越。电影《红高粱》在《黄土地》的基础上又超越了《黄土地》，包括《一个和八个》，包括《大阅兵》，包括《盗马贼》等等一大批的电影。所以，站到了新的高度上，它能向全世界喊出中国电影人的一声。1988 年，它能在国际电影大型的电影节上捧回金奖，看似是偶然的，实则是必然的。色彩方面，高粱是红的，轿子是红的，盖头是红的，那个酒坛子上贴的那个字是红的，酿的酒也是红的，这种血脉，骨子里面的血脉和性格是了不起的。加上一种野性，表现在音乐的表达上，就是有热度的。这种音乐的表达是热烈和奔放的，是豪迈的。而且这种豪迈是张弛有度，非常美妙的。成为传诵一时，大街小巷都在唱的流行歌曲，"九月九酿新酒，好酒出自咱的手，好酒！喝了咱的酒呀，上下通气不咳嗽，喝了咱的酒呀……"而且年轻人更喜欢的是"妹妹你大胆地往前走呀，往前走，莫回呀头"。

我想跟各位交流和分享的第三个词就是生命，前面实际上已经谈到了。从 1986 年开始到 1987 年诞生了电影《红高粱》这样一部作品。这部作品在短短的时间里成为经典，成为大家公认的经典，为什么成为经典？我想引发一下，那就是生命。电影《红高粱》、电影《黄土地》彰显了什么呢？彰显了许多重要的方面，其中对生我们养我们的土地的热爱。《红高粱》它表达了什么呢？它为什么能超越《黄土地》呢？那就是它不仅仅是对土地的热爱，更是对在土地上生长出来的蓬勃生命的热爱，这了不得，对生命的尊重，对生命的探索，对生命的三个度的探索。第一个是对生命的广度的探索，生生不息的生命就是我们认为的那样的生命。我觉得20世纪80年代的生命广度要比21世纪的生命广度广，我们应该回到20世纪80年代，看一看当时生命的广度。在广度的基础上就是对生命厚度的探索，厚度的开拓，各位去阅读和观看作品吧。另外就是对厚度的增加。如果仅仅是说"我爷爷"、"我奶奶"的一个故事，它没有那样的生命厚度。而它为什么选取一个爷爷和奶奶的一个孙子呈现出来，而且成为画外音，自始自终没有具体形象的出现，这就是生命的厚度的体现之一。爷孙三代，还不厚吗？第二，它是从现在这一个时刻，20世纪80年代开始讲故事，讲一个那个时代的故事，它的开场不是穿越，又是什么呢？是一种回归，生命的厚度。有广度加厚度，整个呈现了生命的奔放、豪迈和不羁。

　　第四个词汇就是自信，这种自信太了不起了。就是"我爷爷"作为轿夫当中有威信的轿夫头。他在他的生命体验当中表现出非凡的勇气和高超的自信，这种自信看似是野性的一种表达，实则是一种民族性格的反映、折射和倾向。这种自信来自于哪里？来自于我们华夏文化几千年，甚至上万年的哺育。来自于这片土地，我们贫瘠的土地，让我们热泪盈眶的土地，赋予我们的性格，赋予我们的生命的表达，真情的流露。这种自信来自于哪里？来自于我们文化基因的刹那间的绽放。这种自信更来自于"我爷爷"那个时代，那一个兵荒马乱的我们民族有可能会国破家亡的时代，表现出来的自信，这种自信可以跟那个时代的我们的先贤们、我们的志士仁人们，对我们民族在生死存亡的时代所彰显出来的自信的一种呼应和惺惺相惜，包括毛泽东的《论持久战》，《论持久战》是在最艰难的时代所诞生的伟大的、光辉的著作。

　　野性、色相、生命、自信。这是这个电影所表达出它以外，它通过光与影，通过视与听，视觉化的呈现给我们，让我们觉得这个世界值得我们热情奔放、热烈地活下去！

主讲嘉宾介绍：丛治辰，1983年生于山东威海，青年评论家，中国作家协会会员，中国现代文学馆客座研究员。2002年至2013年就读于北京大学中文系，获文学博士学位。从 2013 年起执教于中共中央党校文史教研部，主要从事中国现当代文学与文化研究、城市研究、当代文学批评。在国内外期刊报纸发表研究论文及文学评论百余篇，2012 年获教育部博士研究生学术新人奖，2013 年获第十届《上海文学》奖理论奖。2014 年获第二届"紫金·人民文学之星"评论佳作奖。

理解，源于一种个人隐秘
——丛治辰访谈录

与文学的遇见

赵婷：丛老师您好，非常感谢您能来到西北师范大学传媒学院与同学们交流。虽然短短几天，但是我相信同学们一定收获不小。我们知道，您在写作上小试牛刀是从首届"全球华人少年美文大赛"中。您从小就喜欢写作吗？您有启蒙老师吗？

丛治辰：很高兴能来传媒学院和大家交流，这几天我也得到很多启发。谈不上从小喜欢写作，顶多是从小喜欢看书而已。其实很长一段时间里，我理科都比文科好，所以在我们那个对数理化有着莫名其妙迷恋的地方，我选择从事文学是让很多人难以理解的。当然写作的热情很早就有，但现在回头看，那能不能叫做"写作"还值得怀疑。

我最大的幸运就是遇到了几个非常棒的老师。我初中时代的班主任是你们兰州人，因为喜欢我的家乡小城，大老远跑去教书。在此之前她的足迹已经遍及全国各个省区，在我们那个循规蹈矩的城市，她是难得的见多识广的初中老师。她大学修法律，教的却是数学，但是最喜欢跟我谈文学。虽然遇到她之前我已经很迷恋读书，但是文学方面的最初启蒙是她帮我完成的。很多那时闻所未闻的书，都是她介绍给我的。后来她实在难以忍受我家乡极端官僚化的教育氛围，辞职去上海一所高级私立中学教书，走前把她大概四分之一的藏书都送给了我。还有我高中时代的语文老师，华东师大中文系毕业，那时这种学历水平在我家乡的教师队伍里可以说凤毛麟角。她扎实的语言功夫，系统的文学史知识，以及敏锐的文学感受力，为我进入文学的专业学习提供了非常重要的基础。不过我那时的理想是做一个小说家，因此她更多工夫花在指导我阅读和创作上。我至今记得，她曾花费整个下午的时间，陪我在电脑前逐字修改我的一篇小说。经过她极为苛刻的修改,我才知道我自鸣得意的文字是多么漏洞百出,并从此对如何精确、节制、有效地使用语言有了自觉。

我之所以觉得这两位老师于我而言极为重要,不仅仅是因为她们在文学上给我启蒙,最重要的还在于她们在人格上给我引导和影响。从她们身上,我发现真心热爱文学之人,是赤诚、单纯和有趣的,而我也想成为这样的人。我选择以此为志业与她们有很大关系。

赵婷:您被同学们所熟知应该是从 2008 年中国长安出版社出版的《寻找北大》收录的散文《三角地》开始的,我也拜读了这篇文章,真的很美,当时您是怀着怎样的心情写出这篇文章的?您想表达些什么?

丛治辰:《三角地》并非散文,而是小说。这篇小说我酝酿了很久,但是一直不敢动笔写。写北大,写三角地,写我的大学时代,对我个人而言是很郑重的事。后来刚好有师兄策划这本文集,跟我约稿,我才决心无论如何以此为契机写出来。否则我想我永远也不会动笔了。这是我很敝帚自珍的一篇小说,写得很难,很慢,最慢的一天写了 17 个字,我记得清清楚楚。写出来之后,喜欢的人很喜欢,不喜欢的人很不喜欢。我的朋友中喜欢这篇小说的,大多是跟我大致同时代在北大读书的人,见过北大同样的变化。所以我想这篇小说可能只适合部分读者,它并不打算向所有人敞开。至于我当时的心情和想要表达的东西,我觉得都在小说里了。我以前写小说的时候,特别喜欢跟别人谈论我的小说;后来主要写文学批评,却反而不喜欢谈了,大概是因为觉得很惭愧吧。

所迷恋的某种反差

赵婷:作为"80 后"作家,您如何看待郭敬明和韩寒的作品?

丛治辰:貌似很少人把搞文学批评的视为作家,而我的小说和诗写得又不算很多,所以我估计不大算是"80 后"作家。而郭敬明和韩寒也很难说是传统意义上的作家吧,尤其是郭敬明。我曾在一篇文章里提到郭敬明,我说我并不非常赞同大家指责他的作品"抄袭"。因为"抄袭"这一概念,唯有对传统意义上以个人智力创造为业的作家才有意义。而郭敬明并不是这样的作家,他是一个文化产品的生产者,更像是一种文化商人。对于文化产品的生产者而言,"来料加工"是理所当然的事,以个人智力进行文化/文学原创本来就不是他要承担的责任,所以不必用"抄袭"这么古典的词汇来指责他。只不过，即使按照现代商业的逻辑，"来料加工"而不标明原料供应商，也有失厚道，缺乏版权意识。至于拒不承认原料供应商的存在，声称产品完全由自家工厂的流水线生产，就有点商业欺骗的嫌疑了。韩寒和郭敬明不大一样，他走另外一种路线。

赵婷：前一阵，郭敬明的《小时代》与韩寒的《后会无期》在媒体上炒得火热，观众的评价也是毁誉参半，您对于"80后"作家转型导演这一现象有何看法？

丛治辰：每个人都可以有自己的选择，作家当然可以转型当导演，正如可以转型当官员、商人、农民，或者批评家。关键在于转型之后活儿干得怎么样。

赵婷：您如何看待鲁迅？能从他本人和作品两方面谈谈吗？

丛治辰：很多人说，他们在中学时代很不喜欢鲁迅，因为每逢他的课文就要背诵。但因为我觉得背诵是世界上最容易最不费脑子的事，所以我对他从来没有过反感——何况，在那时要求背诵的课文里，鲁迅的文字是最有质感的。

他本人我当然没有见过，所以谈不上什么认识。据说他对年轻人很不错，我如果生在他的时代，大概也会有胆子去拜访他一下。但是有人说他演讲的时候口音很重，听不大懂，估计我也不会常去烦他，因为沟通起来不大方便。他文章里说，对敌人绝不姑息，要打落水狗，他还说他的敌人大概都希望他死，但是他偏偏不要死，哪怕像苍蝇一样烦着他们也好。这种态度我觉得非常可爱。不过据说他生活当中没文章里那么别扭，交往起来还不错，这种反差让我更喜欢：文章不妨怒目金刚，做人须得温润如玉。但毕竟他是什么样的人只能听人转述，怎么说的都有，也不可全信。他的作品我很热爱，不过鲁迅研究的专家太多了，我觉得我没有资格谈这个话题。何况我觉得，对他作品的理解，乃是一种个人隐秘。

赵婷：在中国老一辈作家（五六十年代）中，您最喜欢哪一位大师？为什么呢？

丛治辰：你指的是活跃于五六十年代的作家，还是出生于五六十年代的作家呢？如果是后者，他们可远远谈不上老啊。我的阅读趣味貌似还很广泛，但是我从来不知道怎么回答"最"喜欢这样的问题，因为每个人都有让我热爱之处。文学的事，恐怕不能简单用优劣排序来谈论。

赵婷：外国呢？哪位大师对您的影响比较深刻？

丛治辰：同上一个问题一样，我很难说具体哪位作家对我有深刻的影响。我想那是一个群体，为数众多，很难一一历数。大致上，影响过国内其他作家和批评家的国外作家，都对我产生过影响。不过我的阅读量和理解的程度都很有限，和很多人当然没有办法比。

赵婷：您如何看待青年作家作品中个人创伤代替了老一辈作家作品中国家创伤这一现象？

丛治辰：我觉得很难以这样断然的定论，来区分青年作家和所谓老一辈作家之间的区别。文学作品中的任何创伤，我觉得归根结底都一定表现为个人创伤。不论多么宏大的痛楚，最终要沉结在个人体验当中，才可能是文学的。一种创伤，不管看上去伤口多么惨烈，多么深刻，又或者是多么有意义的负伤，如果不能触及个人的血肉之痛，那就只能是虚假的创伤。因此，老一辈作家中的国家创伤也是一种个人创伤；而青年作家的所谓个人创伤，又安知不联系着某种更宏大的创伤？

赵婷：我了解到您在一个采访中提到"我们不面向市场写作，我们是背对市场写作的，是面向作者内心写作的"。您如何保证写出的作品能被大众喜欢呢？

丛治辰：那是我本科时代接受的一个采访，是代表我当时所在的文学社发言的，采访我的貌似是一家网络媒体，因此我说这句话有具体的语境，也因此有具体的立场。不过的确，我想我骨子里对写作可能始终保持着一种精英的态度。

我想这个世界上有不同的文学，有不同的作者和读者，甚至不同的出版者和赞助方。有些文学是需要被大众喜欢的，有些文学不一定需要。而且大众也是一个很模糊的概念，或许同样需要辨析：你说的到底是哪些大众呢？有些作品会被一些大众喜欢，而不被这些大众喜欢的某些作品可能会被另外一些大众喜欢——抱歉，像是绕口令一样。不过我更喜欢绕来绕去的道理，胜过断然的结论，因此我现在看到我当年那么斩钉截铁地表态，也觉得十分羞愧。

赵婷：2012年10月11日，瑞典文学院宣布中国作家莫言获得2012年诺贝尔文学奖，获奖理由是通过幻觉现实主义将民间故事、历史与当代社会融合在一起。您认为这个对于莫言作品的评价准确吗？

丛治辰：评价准不准确，从来都是相对而言。评价是一种主观行为，必然带有主观的意图和偏好，对某些人而言的准确，对另外一些人可能谬之千里。外国人评价中国文学，经常因为提供了不常见的视角而让我们感到很受启发，不过也不必追究得太细致。对莫言的这个评价，对于诺贝尔文学奖的评委而言，我想是准确的吧。不过要在中国找能被同样评语来评价的作家，在莫言之外，恐怕也不止一个两个。所以准不准确，也很难说。不过是个授奖词，不用太认真了。

赵婷：莫言被称为中国魔幻现实主义的代表作家，而马尔克斯被称为拉美魔幻现实主义文学的代表人物，这两位作家的作品有什么异同吗？

丛治辰：魔幻现实主义什么的，马尔克斯从来都不喜欢被这么定义。我估计莫言也未必喜欢被人贴标签。马尔克斯当然对中国作家产生了非常重要的影响，但是我想，最大的影响大概还是让中国作家一下子醒悟过来：原来小说可以这样天马行空地写。能够给中国作家这样影响的人未必一定得是马尔克斯，不过是一个偶然。而除此之外，我想莫言和马尔克斯未必在小说技术和风格上有什么确凿的相似之处。莫言如果那样学，就太匠气了；而我们如果那样谈论，也同样太匠气了。

赵婷：马尔克斯曾经谈及，所谓魔幻现实主义最大的难度在于如何使之可信。您能谈谈您对魔幻现实主义的看法吗？

丛治辰：这是一个太复杂的问题。我写过一篇关于马尔克斯短篇小说《我只是来打个电话》的文章，谈到我对这个问题的理解，不过也只涉及问题的一部分。大致而言，我觉得不宜用某种标签限定一个作家的创造力，与其谈魔幻现实主义，不如谈小说这一文体的自由与开放。

提供多样可能的文本

赵婷：这次重返经典您给同学们解读的是莫言的《红高粱》，1993年，由葛浩文翻译的《红高粱》英译本在欧美出版，引起热烈回响，被World Literature Today评选为"1993年全球最佳小说"。《纽约时报》评论说："通过《红高粱》这部小说，莫言把高密东北乡安放在世界文学的版图上。"您能不能分析一下《红高粱》是如何在文化背景不同的欧美大受欢迎的？

丛治辰：实在抱歉，我觉得我对于欧美文化背景没有什么发言权，所以这个问题我想我很难给出什么像样的回答。不过我想一部文学作品的旅行大概至少有两种情况：一种是，恰恰因为作品书写了不同地域、民族、国家的故事，而得到海外读者关注，就像欣赏异域风情一样；一种是，文学作品包含了某种不同文化背景的读者都能欣赏的要素。我希望我们的作家不只是因为前者才受到海外关注，更希望不会有作家为了迎合海外特殊的观看需要而影响自己的写作。当然，莫言的写作受到如此褒奖，显然是因为前者。

赵婷：有人说"红高粱"这个意象是"原始意象"，承载着种族记忆和集体无意识。一方面无边无际的红高粱是作为凸显人物性格的特殊氛围，另一方面又是意象象征。作为红色意象，"红高粱"是生命之火、生命之欲的象征，整体而言，是生命强力的象征，是诗一般沉醉、升腾、勃发的生命意志的象征。是先辈们雄强生命的象征。您可以从意象方面为我们解读一下红高粱吗？

丛治辰：对于红高粱象征着什么，已经有太多研究进行阐释，你谈到的这些我都认可，在和同学们谈这部小说和这部电影的时候，我也提到过对此意象的一些解读。不过对于小说里类似的意象设计，我觉得不妨不要作过分索解，不必将意象的指涉固定在某一两种答案当中。以一种自由与开放的心态阅读小说，小说也会在不同的时刻——个人的时刻和宏大的时刻——生长出不同的意蕴来。优秀的小说是能够如此的。

赵婷：《红高粱》既是"寻根文学"的终结，也是"新时期"、"新历史小说"家族小说的起源。其中透出的强烈的生命意识和人物的历史边缘性都给新时期小说注入了新鲜的血液。无论是"我爷爷、我奶奶"还是罗汉大叔以及县长大人等角色的任务已经同扎根于故乡的黑土地一样融为一体了，他们粗鲁、顽愚，与正统的文明沾不上边，往往还带有破坏性，为什么莫言小说的主要人物往往不是那些由正统文明观念所认定的英雄式的所谓历史主体，而是那些被主流历史排斥在外的普通人群。难道是因为这些不开化的非正统历史的边缘人物往往才具有强大的生命力量吗？

丛治辰：我觉得所谓小说，本来就有别于"大说"。和那些堂而皇之的正史正典不同，书写边缘的普通的人群，或许本来就是小说题材中应有之义。但是难道类似莫言这样的小说就真的小吗？他真的没有写出历史的主体吗？抑或是为历史的主体到底是什么这个问题，提供了更丰富的答案选项？小说不负责正统，不负责一本正经，不负责提供答案，尤其是唯一的答案，但是它为以上这些提供了更为多样的可能。

赵婷：中西方传统战争观念和战争审美观念存在着巨大差异，然而《红高粱》呈现的却是典型的西方战争审美观念。小说对"武亦载道"模式的突破，对自由和原始生命力的张扬，对20世纪中国战争文学品格的塑造具有什么意义？

丛治辰：很抱歉，我对于战争几乎没有什么了解，对战争观念、战争美学也完全不懂。我推荐你采访我的一位朋友，青年批评家傅逸尘，他是军人，常年关注这一话题，我想他会给你更为专业和精辟的解答。

赵婷：您认为电影版的《红高粱》改编得成功吗？

丛治辰：你是电影专业的，这个问题可能你来回答更合理。从小说到电影，本来就是从小说的不同可能中选择、强化某一种。改编得怎样，根据不同的标准当然有不同的答案。就我个人而言，还是觉得不赖。

赵婷：周迅主演的电视剧《红高粱》在各个电视台热播，名著改编成电影、电视剧是当前中国影视界好剧本匮乏、烂片泛滥的解决良策吗？

丛治辰：小说和剧本是两回事，和电影、电视剧更是两回事。从文学名著到电影、电视剧，可以说经过了脱胎换骨的改变。前者依赖作者一己的精神力量，依赖读者的想象力进行自觉的再创造；而后者依赖电影工业生产体系内复杂的协同合作，依赖从生产到发行、流通，再到与观众及大众文化交流互动形成效应的整个过程。因此当然不是简单从名著改编，就能为电影、电视剧提供好剧本、好故事、好作品。无论电影《红高粱》，还是电视剧《红高粱》，都不必和小说《红高粱》作等量齐观。